대인
관계
능력

INTERPERSONAL
COMPETENCY

PREFACE

한 빅데이터 분석 업체가 1년간 SNS에 '행복'이란 단어가 들어간 게시물 95만건을 분석한 결과 '대인관계에서 행복을 느낀다'는 글이 가장 많았다고 한다.

바쁜 업무, 까다로운 고객관리로 회사생활이 고달프더라도 직원들과 원만한 관계를 맺으면 행복한 직장생활을 할 수 있다는 뜻이다.

이는 대인관계가 우리의 삶에서 얼마나 중요한지 알게 해 준다.

혹시 '지금 내가 말해도 되는 타이밍인가?' '반대 의견을 냈다고 기분 상해하면 어쩌지?'와 같은 생각으로 정작 하고 싶은 말은 제대로 하지도 못한 채 회의가 끝난 적은 없는가?

이처럼 상대의 기분이 상할까봐, 분위기를 망치게 될까봐 고민하고 망설이다가 결국 타이밍을 잃고 상대에게 끌려가게 되는 경험이 누구나 한번쯤은 있을 것이다. 원하는 것이 있어도, 상대와의 주도권 싸움에서 우위를 점하고 싶어도 행여나 어렵게 형성한 관계가 깨질까 봐 섣불리 행동으로 옮기지 못하는 것이다.

관계지향적이고 체면을 중시하는 한국 사회에서는 더더욱 그렇다. 그렇다 보니 직장에서, 친구 사이에서 늘 적절한 선에서 타협하거나 양보하고, 좋은 이미지를 유지하기 위해 주도권을 잡기 보다는 내어주는 쪽을 택하는 경우가 많고 이로 인해 대인관계가 스트레스로 작용하게 되는 상황을 쉽게 불 수 있다.

이처럼 중요하기 때문에 스트레스로 작용하기도 하는 대인관계를 위해 몇 가지 방법을 소개해 보려 한다. 이것은 조용히 생각해 보면 누구나 공감할 수 있는 것들로 '내가 좋아하는 사람들의 특징'을 나열한 것이다.

그 첫 번째는 일관성이다. 어떻게 행동하고 말할지 예측 가능한 사람이라는 것이다. 어떻게 나올지 모르는 상대는 처음에는 흥미를 느낄지 모르나 관계가 지속될수록 매우 피곤하고 피하고 싶은 인물이 되기 쉽다.

두 번째는 존중이다. 플로리다 대학의 티머시 저지교수는 2010년 직업 만족도에 영향을 미친 것이 무엇인지를 연구했다. 그는 86개의 연구를 살폈고, 1만5천명의 직장인의 경험을 평가했다. 연구결과 직업 만족에서 급여수준보다 더 높은 것이 있음을 알게 됐다. 그것은 '존중'이었다. 사람들은 직장 동료 등에게 존중 받는다는 느낌을 받을 때 직장 생활이 행복해진다는 것이다. 나를 존중해 주는 사람을 어떻게 싫어 할 수 있겠는가?

세 번째는 경청이다. 경청은 상대에게 존중받고 있다는 느낌을 주며 이때 적절한 반응이 수반된다면 그 효과는 더욱 커진다.

네 번째는 아이러니 하게도 실수이다. 심리학자 엘리엇 애런슨은 퀴즈대회에 참가 신청한 학생들에게 오디션 테이프를 들려 주었다. 하나는 그냥 퀴즈문제를 푸는 테이프였다. 그리고 다른 하

나는 퀴즈를 푸는 중에 유리잔이 깨지는 소리와 함께 참가자가 "아이고, 이런! 양복에 커피를 쏟았네!"라고 말하는 내용이었다. 그런데 매우 흥미로운 결과가 나왔다. 실수하지 않았던 때보다 실수했을 때 그 사람에게 더 큰 호감이 생긴 것이다. 심리학자들은 이러한 현상을 '실수효과'라고 부른다. 상대방의 약점과 실수를 접할 때 우리는 그를 더 인간적으로 느끼게 되고, 그에게 호감을 느낀다는 것이다. 물론 실수효과가 아무에게나 적용되는 것도 아니다. 학생들은 총 4개의 테이프를 들었는데 실력이 평범한 사람이 문제를 풀 때와 전문가 수준의 사람이 문제를 풀 때 다른 반응을 보였다. 실수효과가 나타난 것은 전문가일 때였다. 평범한 사람에게는 오히려 역효과가 났다. 이는 외모에서도 비슷한 효과가 난다. 평범한 사람이 수염도 깎지 않고 옷도 어설프게 입고 슬리퍼를 신고 나오면 예의가 없다고 생각하지만, 대학교수가 똑같이 하고 나오면 속된말로 '뭔가 있어 보인다'고 표현한다.

'실수'는 인간미를 보여주는 역할을 하는데 위의 실험결과처럼 자기 분야에 전문성이 떨어져서 이미 실력적으로 인간미를 보여주는 사람이라면 굳이 쓸 필요가 없다는 것을 기억하도록 한다.

위에 언급한 기술 외에도 호감을 주는 대인관계를 위해 수많은 기술이 있는데 이 책에서는 그 활용법을 5가지 분야로 나누어 정리기술하려 한다. 바로 팀 워크능력, 리더십능력, 갈등관리능력, 협상능력, 고객서비스능력이다. 이렇게 분야를 나누어 놓은 이유는 이 다섯 가지가 직장 생활에서 가장 중요하게 고려되는 자질이기 때문이다. 이는 바로 NCS대인관계능력의 하위요소인데 우리가 흔히 생각하는 대인관계능력과 다른 점이라면 NCS 기반의 대인관계능력은 조직의 이익이라는 목적을 수반한다는 점이다. 단순히 자기만족을 위한 것이 아니기 때문에 세분화 하여 더욱 전문적으로 기술해 놓았다.

인류 역사에서 큰 업적을 이룬 사람들의 특징은 개인의 능력보다는 관계능력이 뛰어났다는 것이다. 사람을 성공하게 하는 요인, 실패하게 하는 요인. 그것은 바로 사람과의 관계에 있다.

대인관계능력은 복잡하고도 험난한 현대사회에서 원하는 목적지를 찾도록 돕는 지도의 역할을 할 것이다.

당신은 지도를 가지고 있는가? 없다고 낙담은 금물이다.

지금부터 당신에게 맞는 지도를 제작하는 여정을 떠나보자.

저자 일동

활용

직업기초능력으로서의 대인관계능력이란 직장생활에서 협조적인 관계를 유지하고 조직구성원들에게 도움을 줄 수 있으며 조직의 내외부 갈등을 원만히 해결하고 고객의 요구를 충족시킬 수 있는 능력을 의미한다. 이에 따라 직업기초능력으로서의 대인관계능력은 팀워크 능력, 리더십 능력, 갈등관리능력, 협상능력, 고객서비스능력으로 구분될 수 있다.

따라서 이 교재는 모든 직장인들에게 필수적으로 요구되는 대인관계능력의 하위요인들을 자기주도적이고 체험 중심형으로 진단하고 학습하는 것을 목적으로 구성되었다.

구성

본 대인관계능력 교재는 크게 활용 안내, 사전평가, 학습모듈, 사후평가, 참고자료, 학습평가 정답과 해설로 구성되어 있다.

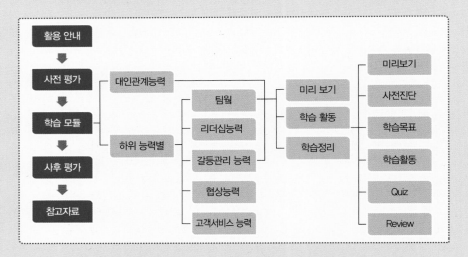

활용 안내는 교재의 전체적인 흐름과 구성을 설명하고, 학습자가 스스로 교재를 효과적으로 활용할 수 있도록 가이드 하는 역할을 한다.

사전평가는 학습 모듈의 학습 전에 대인관계능력에 대한 학습자의 현재 수준을 진단하고, 학습자에게 필요한 학습활동을 안내하는 의미가 있다.

학습모듈은 직업기초능력으로서의 대인관계능력에 대한 학습모듈과 대인관계능력을 구성하는 각 하위능력에 대한 학습모듈로 구성되어 있다. 학습목표에는 직업기초능력으로서 대인관계능력을 향상시키기 위한 학습내용이 제시되어 있으며 미리보기를 통해 학습내용의 중요성과 필요성을 인식할 수 있는 사례가 제시되어 있어서 앞으로 전개될 본문의 내용을 예상해 볼 수 있다.

각 학습활동은 사례탐구, Level up Mission, 내용, Quiz, 학습내용 Review 등으로 구성되어 있으며 해당 학습활동과 관련된 다양한 사례를 통해 이해도를 높였다. 또한 학습자가 스스로 생각해보고 정리할 수 있는 다양한 미션들이 제시되어 있다.

내용에는 해당 학습활동과 관련이 있는 다양한 이론과 정보가 제시되어 있으며, Quiz를 통해 해당 학습활동의 성취 수준을 파악할 수 있는 문항이 제시되어 있다. 그리고 Review를 통해서는 각 학습모듈의 주요 내용이 한눈에 정리할 수 있도록 도왔다.

사후평가를 통해서는 모든 학습모듈에 대한 학습을 마친 뒤 학습자들이 스스로 자신의 성취수준을 평가하고 부족한 부분을 피드백 받을 수 있도록 하기 위한 체크리스트가 제시되어 있다. 참고자료에는 이 책을 집필하기 위해 정보를 얻은 다양한 참고 자료 목록이 제시되어 있으며 마지막에는 각 모듈의 Quiz 에 대한 정답과 해설이 정리되어 있다. 이 책의 구성을 따라서 한 단원씩 공부해 가다 보면 어느새 대인관계능력을 폭넓게 이해한 자신을 발견 할 수 있을 것이다.

☑ 체크리스트

다음은 모든 직업인에게 일반적으로 요구되는 대인관계능력 수준을 스스로 알아볼 수 있는 체크리스트이다. 본인의 평소 행동을 잘 생각해보고, 행동과 일치하는 것에 체크해보시오.

문항	그렇지 않은 편이다.	보통인 편이다.	그런 편이다.
1. 나는 대인관계능력의 의미와 중요성을 설명할 수 있다.	1	2	3
2. 나는 대인관계능력 향상방법을 설명할 수 있다.	1	2	3
3. 나는 팀 구성원들과 효과적으로 의사소통한다.	1	2	3
4. 나는 팀의 규칙 및 규정을 준수한다.	1	2	3
5. 나는 팀내에서 나에게 주어진 업무를 성실하게 수행한다.	1	2	3
6. 나는 팀의 목표 달성에 필요한 자원, 시간을 파악하고 있다.	1	2	3
7. 나는 조직원들을 동기화할 수 있다.	1	2	3
8. 나는 리더의 행동 특성에 맞는 행동을 한다.	1	2	3
9. 나는 조직 성과를 향상시키기 위한 전략을 제시한다.	1	2	3
10. 나는 수시로 조직원에게 코칭을 활용한다.	1	2	3
11. 나는 앞장서서 바람직한 변화를 선도한다.	1	2	3
12. 나는 타인과 의견차이가 있을 때 원인을 파악한다.	1	2	3
13. 나는 타인과 대화할 때 생각과 가치관을 배려한다.	1	2	3
14. 나는 타인과의 갈등을 줄이기 위해서 노력한다.	1	2	3
15. 나는 타인과의 갈등을 조절할 수 있는 방법을 활용한다.	1	2	3
16. 나는 대화시 쟁점사항이 무엇인지 파악한다.	1	2	3
17. 나는 대화시 상대방의 핵심요구사항을 파악한다.	1	2	3
18. 나는 대화시 상대방을 설득하기 위해서 노력한다.	1	2	3
19. 나는 협상할 때 사전에 전략을 수립한다.	1	2	3
20. 나는 고객의 유형에 따라서 대응한다.	1	2	3
21. 나는 고객의 요구를 수시로 파악한다.	1	2	3
22. 나는 고객의 불만사항을 해결하려 노력한다.	1	2	3

☑ 평가방법

체크리스트의 문항별로 자신이 체크한 결과를 아래 표를 이용해 해당 개수를 적어보자.

문항	수준	개수	학습모듈	교재 (Chapter)
1~2번	그렇지 않은 편이다	(　)개	F-1 대인관계능력	Chapter 1
	보통인 편이다	(　)개		
	그런 편이다	(　)개		
3~6번	그렇지 않은 편이다	(　)개	F-2-가 팀워크능력	Chapter 2
	보통인 편이다	(　)개		
	그런 편이다	(　)개		
7~11번	그렇지 않은 편이다	(　)개	F-2-나 리더십능력	Chapter 3, 4, 5, 6, 7
	보통인 편이다	(　)개		
	그런 편이다	(　)개		
12~15번	그렇지 않은 편이다	(　)개	F-2-다 갈등관리능력	Chapter 8, 9
	보통인 편이다	(　)개		
	그런 편이다	(　)개		
16~19번	그렇지 않은 편이다	(　)개	F-2-라 협상능력	Chapter 10, 11
	보통인 편이다	(　)개		
	그런 편이다	(　)개		
20~22번	그렇지 않은 편이다	(　)개	F-2-마 고객서비스능력	Chapter 12, 13
	보통인 편이다	(　)개		
	그런 편이다	(　)개		

☑ 평가결과

진단 방법에 따라 자신의 수준을 진단한 후, 한 문항이라도 '그렇지 않은 편이다'가 나오면 그 부분이 부족한 것이기 때문에, 제시된 학습내용과 교재의 Chapter 를 참조해 해당하는 내용을 학습하도록 한다.

CONTENTS

Part 02 리더십 능력

Chapter 03. 리더십 능력

CONTENTS

CONTENTS

Part 03 갈등관리와 협상

Chapter 08. 갈등의 의미와 갈등해결 방법

Chapter 09. 갈등관리 유형과 대응 전략

Chapter 10. 협상의 이해와 협상 프로세스

Chapter 11. 협상과 설득전략

CONTENTS

Part 04 고객 서비스

Chapter 12. 고객 서비스와 고객 유형

Chapter 13. 고객만족경영

☑ 체크리스트

대인관계능력을 학습한 것을 토대로 다음 표를 이용해 자신의 수준에 해당하는 칸에 ○표 해보세요.

구분	문항	매우 미흡	미흡	보통	우수	매우 우수
F-1 대인관계 능력	1. 나는 대인관계능력의 의미를 설명할 수 있다.	1	2	3	4	5
	2. 나는 대인관계 형성시 중요한 요소를 설명할 수 있다.	1	2	3	4	5
	3. 나는 대인관계 향상이 무엇인지 설명할 수 있다.	1	2	3	4	5
	4. 나는 다양한 대인관계 향상 방법을 설명할 수 있다.	1	2	3	4	5
	5. 나는 다양한 대인관계 향상 방법을 실제 직업생활에서 활용할 수 있다.	1	2	3	4	5
F-2-가 팀워크 능력	1. 나는 팀워크의 정의를 설명할 수 있다.	1	2	3	4	5
	2. 나는 팀워크와 응집성의 차이에 대해 설명할 수 있다.	1	2	3	4	5
	3. 나는 팀워크의 유형에 대해 설명할 수 있다.	1	2	3	4	5
	4. 나는 효과적인 팀의 특징에 대해 설명할 수 있다.	1	2	3	4	5
	5. 나는 멤버십의 정의를 설명할 수 있다.	1	2	3	4	5
	6. 나는 멤버십의 유형과 그에 따른 특징을 설명할 수 있다.	1	2	3	4	5
	7. 나는 팀워크를 촉진하기 위한 조건에 대해 설명할 수 있다.	1	2	3	4	5
	8. 나는 실제 현재 소속된 팀의 팀워크를 촉진할 수 있다.	1	2	3	4	5
F-2-나 리더십 능력	1. 나는 리더십의 의미를 설명할 수 있다.	1	2	3	4	5
	2. 나는 리더와 관리자의 차이를 설명할 수 있다.	1	2	3	4	5
	3. 나는 다양한 형태의 리더십 유형을 설명할 수 있다.	1	2	3	4	5
	4. 나는 조직구성원들에게 동기를 부여할 수 있는 방법을 설명할 수 있다.	1	2	3	4	5
	5. 나는 코칭의 의미를 설명할 수 있다.	1	2	3	4	5
	6. 나는 코칭의 기본원칙에 대해 설명할 수 있다.	1	2	3	4	5
	7. 나는 임파워먼트의 의미를 설명할 수 있다.	1	2	3	4	5
	8. 나는 임파워먼트가 잘 발휘될 수 있는 여건을 설명할 수 있다.	1	2	3	4	5
	9. 나는 변화관리의 중요성을 설명할 수 있다.					
	10. 나는 일반적인 변화관리의 3단계를 설명할 수 있다.					

구분	문항	매우 미흡	미흡	보통	우수	매우 우수
F-2-다 갈등관리 능력	1. 나는 갈등의 의미를 설명할 수 있다.	1	2	3	4	5
	2. 나는 갈등의 단서가 무엇인지 설명할 수 있다.	1	2	3	4	5
	3. 나는 갈등의 원인이 무엇인지 설명할 수 있다.	1	2	3	4	5
	4. 나는 갈등의 두 가지 쟁점인 핵심문제와 감정적 문제를 구별할 수 있다.	1	2	3	4	5
	5. 나는 갈등해결방법을 모색하는데 있어서 중요한 사항을 설명할 수 있다.	1	2	3	4	5
	6. 나는 윈-윈 갈등 관리법이 무엇인지 설명할 수 있다.	1	2	3	4	5
	7. 나는 윈-윈 전략에 기초한 갈등해결 7단계를 설명할 수 있다.	1	2	3	4	5
	8. 나는 조직의 갈등을 줄일 수 있는 지침을 설명할 수 있다.	1	2	3	4	5
F-2-라 협상능력	1. 나는 협상의 의미를 설명할 수 있다.	1	2	3	4	5
	2. 나는 협상의 중요성을 설명할 수 있다.	1	2	3	4	5
	3. 나는 협상과정 5단계를 설명할 수 있다.	1	2	3	4	5
	4. 나는 협상과정에서 해야 할 일을 설명할 수 있다.	1	2	3	4	5
	5. 나는 다양한 협상전략에 대해 설명할 수 있다.	1	2	3	4	5
	6. 나는 다양한 협상전략을 활용하여야 하는 경우를 설명할 수 있다.	1	2	3	4	5
	7. 나는 상대방을 설득하는 다양한 방법을 설명할 수 있다.	1	2	3	4	5
	8. 나는 상대방과 상황에 따라 적절한 방법을 활용하여 상대방을 설득시킬 수 있다.	1	2	3	4	5
F-2-마 고객 서비스 능력	1. 나는 고객서비스의 정의를 설명할 수 있다.	1	2	3	4	5
	2. 나는 고객서비스가 기업의 성장과 어떤 관계에 있는지 설명할 수 있다.	1	2	3	4	5
	3. 나는 고객의 불만 표현 유형을 설명할 수 있다.	1	2	3	4	5
	4. 나는 고객의 불만 표현 유형에 따라 대처 방법을 설명할 수 있다.	1	2	3	4	5
	5. 나는 고객의 불만 처리 프로세스를 설명할 수 있다.	1	2	3	4	5
	6. 나는 고객만족의 중요성을 설명할 수 있다.	1	2	3	4	5
	7. 나는 고객만족 조사 계획의 필수 요소를 설명할 수 있다.	1	2	3	4	5
	8. 나는 실제 고객만족 조사를 계획할 수 있다.	1	2	3	4	5

☑ 평가방법

체크리스트의 문항별로 자신이 체크한 결과를 아래 표를 이용해 해당하는 개수를 적어봅니다.

학습모듈	점수	총점	총점 / 문항 수	교재 (Chapter)
F-1 대인관계능력	1점 × ( )개 2점 × ( )개 3점 × ( )개 4점 × ( )개 5점 × ( )개		총점 / 5 = ( )	Chapter 1
F-2-가 팀워크능력	1점 × ( )개 2점 × ( )개 3점 × ( )개 4점 × ( )개 5점 × ( )개		총점 / 8 = ( )	Chapter 2
F-2-나 리더십능력	1점 × ( )개 2점 × ( )개 3점 × ( )개 4점 × ( )개 5점 × ( )개		총점 / 10 = ( )	Chapter 3, 4, 5, 6, 7
F-2-다 갈등관리능력	1점 × ( )개 2점 × ( )개 3점 × ( )개 4점 × ( )개 5점 × ( )개		총점 / 8 = ( )	Chapter 8, 9
F-2-라 협상능력	1점 × ( )개 2점 × ( )개 3점 × ( )개 4점 × ( )개 5점 × ( )개		총점 / 8 = ( )	Chapter 10, 11
F-2-마 고객서비스능력	1점 × ( )개 2점 × ( )개 3점 × ( )개 4점 × ( )개 5점 × ( )개		총점 / 8 = ( )	Chapter 12, 13

 **평가결과**

평가 수준이 '부족'인 학습자는 해당 학습모듈의 교재 파트를 참조해서 다시 학습하도록 합니다.

모듈별 평균 점수
3점 이상 : 우 수
3점 미만 : 부 족

대인관계능력

Contents

1
PART

대인관계능력의 이해

Contents

1. 대인관계능력의 의미와 중요성
2. 대인관계 향상전략

Learning Objectives

1. 대인관계의 의미와 중요성을 설명할 수 있다.

2. 감정은행 계좌를 설명할 수 있다.

3. 생활 속에서 대인관계를 향상시키기 위한 방법을 활용할 수 있다.

2000년에 개봉했던 영화 '캐스트 어웨이(Cast Away)'. 여기에는 세계 최고 운송회사 페덱스의 직원인 한 남자의 이야기가 나온다. 모든 운송의 책임을 자신이 맡은 듯 바쁘게 살아가던 그는 크리스마스 이브에 사랑하는 여인을 남겨 둔 채 회사의 배달 비행기에 몸을 싣는다. 그런데 갑작스런 비행 사고로 바다 한가운데 무인도에 남겨지게 된 주인공.

하지만, 아무것도 없는 그 곳에서 살아가기란 쉬운 일이 아니었다. 그는 파도에 휩쓸려온 운송물들을 뜯어 필요한 생필품들을 만들어 내고 손에 피가 나도록 나무를 문질러 불을 만들며, 4년이란 시간을 무인도에서 살아간다.

흥미롭게도 이 영화에는 조연격이라 할 수 있는 배구공이 나오는데, 남자는 파도에 휩쓸려온 윌슨 회사의 배구공에게 "윌슨"이라는 이름을 붙여주고 함께 생활해나간다. 윌슨은 무인도 생활에 외롭고 지친 그에게 친구이자 동료였고 가족이나 다름없는 존재였다. 그는 밥을 먹을 때도 윌슨의 몫을 남겨 놓았고 얘기를 할 때도 윌슨을 바라보며 했으며, 나중에 무인도를 탈출할 때에는 윌슨을 뗏목의 맨 앞에 태웠다.

그런데 바다 한가운데서 거친 파도와 배고픔에 지쳐있던 그가 잠깐 잠든사이 윌슨이 파도에 휩쓸려가고 남자는 뗏목의 끈과 윌슨 사이에서 갈등한다. 결국 윌슨을 포기한 채 뗏목 끈을 부여잡고, 떠내려가는 윌슨을 바라보며 목놓아 우는 주인공.

외로움에 사무치던 주인공이 사람을 대체할만한 존재를 만들어 놓고 생활을 영위해가는 모습을 보며, 감독은 결국 사람은 사회적인 동물이라는 사실을 영화를 통해 알려주고 있다. 인간은 혼자서는 살 수 없으며 어떤 식으로든 타인과 관계 맺으며 생활해 나간다. 그리고 좋은 관계를 위해서는 필수적으로 알고 실천해야 할 관계의 기본적인 기술들이 있다.

1장에서는 대인관계의 중요성과 개념, 그리고 대인관계 역량을 향상시킬 수 있는 방안에 대해 알아본다. 보다 나은 관계를 통한 행복한 인생과 즐거운 직장생활을 위해 지금부터 시작해보자.

1. 다음은 무엇에 대한 설명인가?

> 직장생활에서 협조적인 관계를 유지하고 조직 구성원들에게 도움을 줄 수 있으며, 조직 내부와 외부의 갈등을 원만히 해결하고 고객의 요구를 충족시켜 줄 수 있는 능력이다.

① 대인관계능력 ② 협상능력
③ 의사소통 능력 ④ 예지능력

2. 인간관계에 있어서 가장 중요한 것은 무엇인가?

① 피상적인 인간관계 기법
② 어떻게 행동하느냐 하는 것
③ 외적 성격 위주의 사고
④ 자신의 사람됨, 깊은 내면

3. 다음 중 감정은행 계좌에 예금을 적립하는 경우가 아닌 것은?

① 다른 사람을 진정으로 이해하기 위해 노력했다.
② 상대방의 사소한 일에도 관심을 기울였다.
③ 잘못한 일에 대해 반복되는 사과를 했다.
④ 항상 약속을 지키려고 노력했다.

1. 대인관계능력의 의미와 중요성

(1) 대인관계능력의 의미

> 직장생활에서 협조적인 관계를 유지하고, 조직 구성원들에게 도움을 줄 수 있으며, 조직 내부 및 외부의 갈등을 원만히 해결하고 고객의 요구를 충족시켜 줄 수 있는 능력

혼자서 아무리 일을 잘하는 사람일지라도, 조직 구성원들과 잘 융화하지 못하면 그 능력을 잘 발휘하지 못하는 것이 요즘 직업현장의 흐름이다. 그만큼 직업인에게 있어서 대인관계능력은 매우 중요한 요소 중의 하나이기 때문이다.

직장생활이나 학교생활 등 단체생활은 물론이고 일상생활을 하면서 우리는 많은 사람들을 만나고, 함께 일하며 살아간다. 그러므로 대인관계능력은 조직인으로서 갖추어야 할 가장 기본적인 능력이라고 볼 수 있다.

대인관계능력은 총 5가지로 팀워크 능력, 리더십 능력, 갈등관리 능력, 협상능력, 고객서비스 능력 등의 하위 요소로 구성된다.

(2) 대인관계능력의 중요성

미국인들로부터 가장 성공한 사람으로 추앙받는 벤자민 프랭클린은 "아무에게도 적이 되지 말라."며 대인관계의 중요성을 강조했다. 나와 관계없는 백만명의 사람보다 나와 관계를 맺은 한 사람의 가치를 소중히 여길 때 원만한 대인관계를 형성할 수 있고, 성공에 가까워질 수 있다는 것이다.

사회가 점차 다양화 · 전문화 · 세분화 · 기계화되어 감에 따라 사회 구성원인 개인이 사회의 모든 분야를 이해하는 것은 어려운 일이다. 이처럼 모든 것이 변화하는 이 시점에 각 분야마다 가장 완벽한 정보를 알고 있는 개인과 교류하고 협력하여 보다 큰 시너지를 창출할 수 있다.

이처럼 이상적인 대인관계에 있어서 정말로 중요한 것은 인성으로, 타인과 인간관계를 형성하기 위한 시작점은 자신의 내면이기 때문에 가장 중요한 것은 내적 성품이라고 볼 수 있다.

 Level up Mission Step 1

우리는 일반적으로 직장생활을 통해 다양한 사람들과 생활하게 된다. 직장생활에서 대인관계 능력이 중요한 이유는 무엇일까?

 사 례

한 사람의 출세와 성공에 가장 큰 영향을 주는 변수는 학교성적이 아니라 대인관계를 포함한 EQ 능력이라는 보고가 있다. 아래의 두 가지 연구를 보자.

• 하버드 대학의 졸업생을 대상으로 진행한 연구에서 95명을 선정해 그들의 졸업 당시 성적과 20년 후인 40대에 이르러 출세와 성공순위를 비교해 본 결과, 월급, 사회적 지위, 친구, 가족관계 등 학교 성적과 성공의 공식을 검증해 내지 못하였다.

• '보스턴 40년 연구'에서 헬즈만이라는 보스턴 대한 교수가 7살 아이 450명을 선정해 40년동안 종단연구를 진행한 뒤 그들의 사회·경제적 지위를 조사해보았다. IQ는 물론이고 부모들의 사회·경제적 지위를 포함한 여러 변수를 고려한 뒤 연구가 진행되었는데, 40년 후 이들의 성공을 가장 잘 설명해준 변수는 좌절을 극복하는 태도, 감정통제 능력, 타인과 어울리는 능력 등으로 나타났다.

 Level up Mission Step 2

 현재 자신의 대인관계능력 중에서 잘 하고 있는 점과 개선이 필요한 점에 대해 기술해보자.

좋은점	개선점

2. 대인관계 향상전략

대부분의 직장인들은 직장에서 대인관계능력이 매우 중요하다는 것을 인식하면서도 정작 방법을 모르는 경우가 많다. 그렇다면 대인관계능력을 향상시키기 위한 방법에는 어떤 것이 있을까?

(1) 감정은행 계좌

1994년 출판되기 시작한 스티븐 코비 하버드대 교수의 저서 「성공하는 사람들의 7가지 습관」에는 "감정은행 계좌"라는 흥미로운 이야기가 나온다.

만약 우리가 타인에게 공손하고 친절하며, 정직하고 약속을 지킨다면 감정을 저축하는 셈이 되는 것이고, 반면 다른 이들에게 불친절하고, 무례하면서 잘난척하게 된다면 우리의 감정은행 잔고는 바닥나게 된다는 것이 감정은행 계좌의 핵심이다.

"당신의 감정은행 계좌에는 얼마나 저축되어 있나요?"

감정은행 계좌란

인간관계에서 구축하는 신뢰의 정도를 은유적으로 표현한 것이다.

만약 우리가 다른 사람에 대해 공손하고 친절하며, 정직하고

약속을 잘 지킨다면, 우리는

서로 감정을 저축하는 셈이 된다.

- 스티븐 코비 -

감정은행에 잔고가 두둑한 사람은 항상 일에 즐거움을 느끼고 일에 대한 능률 역시 향상되어 자연스럽게 모든 사람들에게 존경받는 회사의 핵심 멤버가 될 것이다. 반면 잔고가 부족하거나 마이너스인 경우, 일에 대한 흥미도 떨어져 모든 것이 어렵게만 느껴질 가능성이 크다. 항상 마음에 불안이 내재되어 있기 때문에 사물을 바라보는 시각 역시 부정적으로 바뀌게 된다. 마치 우리들의 은행 통장 잔고가 텅 비어있을 때에 짜증과 불안감을 느끼는 것처럼 말이다. 이렇듯 우리들의 감정은행 잔고를 두둑히 하는 것은 회사생활에 활력소가 되어 준다. 혹시 요즘 일이 잘 풀리지 않고, 답답하고 짜증만 넘치지는 않았는지 다시 한번 잘 생각해보자. 타인에 대한 칭찬과 인정은 우리를 배신하지 않는다. 조금이나마 마음의 여유를 되찾고, 다른 사람을 인정하며 우리들 마음속의 감정은행 잔고를 두둑히 하는 것, 그것이 바로 대인관계능력을 향상시키는 중요한 포인트이다.

(2) 감정은행 계좌를 높이는 방법

그렇다면 대인관계를 향상시키기 위해 감정은행 계좌를 높이려면 어떻게 하면 될까?

'감정은행 계좌'라는 용어를 처음 사용한 스티븐 코비는 「성공하는 사람들의 7가지 습관」에서 다음과 같은 6가지 방법을 통해 우리가 감정은행 계좌를 늘릴 수 있다고 제시한다.

① 상대방에 대한 이해심

다른 사람을 진정으로 이해하기 위해 노력하는 것이야말로 우리가 할 수 있는 가장 중요한 예입 수단 가운데 하나이다. 그것은 다른 모든 예입 수단의 핵심에 해당된다. 왜냐

하면 우리는 그 사람을 이해하기 전에는 그 사람을 위해 어떤 행위를 해야 예입이 될 것인가를 모르기 때문이다. 누군가에게 중요한 일이 다른 사람에게는 사소한 일일 수 있다. 예입을 하기 위해서는 그 사람이 중요하게 생각하는 것을 자신도 중요하게 생각해야 한다. 상대방을 한 사람의 인격체로 깊이 이해해주고, 내가 이해받고 싶은 것과 똑같은 방법으로 이해해 주며, 그러한 충분한 이해에 입각해서 상대방을 대해야 한다.

② 사소한 일에 대한 관심

친절과 공손함은 매우 중요하다. 이와는 반대로 작은 불손, 사소한 불친절, 하찮은 무례 등은 막대한 인출을 가져온다. 인간관계에서의 커다란 손실은 아주 작은 것으로부터 비롯된다. 사람들은 매우 상처받기 쉽고 내적으로 민감하다. 그것은 나이나 경험과는 별 상관이 없는 것으로, 비록 외적으로 대단히 거칠고 냉담하게 보이는 사람도 내적으로는 섬세한 느낌과 감정을 갖고 있을 수 있기 때문이다. 따라서 사소한 일에 대해 관심을 기울이는 것은 감정은행 계좌의 인출을 줄이게 만들어 줄 것이다.

③ 약속의 이행

책임을 지고 약속을 지키는 것은 중요한 감정 예입 행위이며, 약속을 어기는 것은 중대한 인출 행위이다. 어떤 사람에게 중요한 약속을 해놓고 어기는 일보다 더 큰 인출 행위는 없다. 그런 인출 행위가 발생하고 나면 다음에 약속을 해도 상대가 믿지 않게 된다. 사람들은 대개 약속에 대한 기대가 크기 때문이다. 혹시라도 약속을 지키지 못하게 되는 예기치 못한 상황이 생기더라도 약속을 지키기 위해 최선의 노력을 다해야 하며, 불가능할 경우 상대방에게 나의 상황을 충분히 설명하여 양해를 구하거나 약속 이행을 연기하는 것이 좋다.

④ 기대의 명확화

거의 모든 대인관계에서 나타나는 어려움은 역할과 목표에 대한 갈등과 애매한 기대 때문에 발생한다. 누가 어떤 일을 해야 하는지의 문제를 다룰 때, 우리는 불분명한 기대가 오해와 실망을 불러오고 신뢰의 잔고가 인출될 수 있음을 잘 알고 있다.

누구나 기대를 통해서 상대방을 판단하려는 습성을 갖고 있다. 기대가 분명하지 않고

서로 공유되지 않으면 사람들은 감정적으로 행동하기 쉬우며, 결국 단순한 오해로 의견의 불일치와 의사소통의 단절을 맞이하게 될 것이다.

⑤ 언행일치

개인의 언행일치는 신뢰를 가져오고 감정은행 계좌에 많은 종류의 예입을 가능케 하는 기초가 된다. 반대로 언행일치의 부재는 고품질의 신뢰 계좌를 만들려는 여러 가지 노력을 크게 손상시킨다. 우리가 상대방을 이해하고, 사소한 것에 관심을 보이며, 약속을 지키고, 기대를 명확하게 했다 하더라도 내적으로 이중적인 인격을 가졌다면 결코 신뢰를 저축할 수 없을 것이다. 언행일치는 정직 그 이상의 의미를 갖는다. 정직은 사실대로 말하는 것으로 우리가 하는 말을 사실과 일치시키는 것이다. 하지만 언행일치는 사실을 우리의 말에 일치, 즉 실현시키는 것으로 약속을 지키고 기대를 충족시키는 것을 말한다. 또한 다른 사람을 기만하거나 교활하게 대하거나 인간의 존엄성을 비하시키는 것과 같은 커뮤니케이션을 전혀 하지 않는다는 것을 의미한다.

⑥ 진지한 사과

때로 우리는 감정은행 계좌에서 인출을 할 수밖에 없는 상황에 대면하게 되는데, 그때 상대방에게 전하는 진지한 사과는 예입으로 변환된다. 진지한 사과는 대단한 용기와 내적인 안정감, 그리고 자신의 감정을 지배할 수 있는 사람만이 할 수 있기 때문이다.

하지만 아무리 진지할지라도, 반복되는 사과는 불성실한 사과와 마찬가지로 받아들여져 신용에 대한 인출이 된다. 사람들은 실수를 기꺼이 용서한다. 그러나 실수의 반복은 그 사람에 대한 부정적인 다른 인식을 가져온다. 그래서 반복의 횟수만큼 감정은행 계좌의 인출도 점점 커진다.

결과적으로 좋은 인간관계를 위해서는 감정은행 계좌를 높여야 한다. 관계의 재테크를 위한 감정은행 계좌를 높이기 위해 6가지 방법을 꾸준히 실천한다면, 우리는 다른 사람들에게 풍부한 감정은행 계좌를 갖게 될 것이다. 이렇듯 좋은 인간관계는 오랫동안 쌓아 놓은 감정은행 계좌 덕분이기에 자신의 말과 행동을 돌아보며 건강한 감정은행 계좌를 만들 수 있도록 하자.

[출처] 「성공하는 사람들의 7가지 습관」 요약, 발췌

사 례

"나는 지키지 못할 약속은 절대 하지 않는다."

직장동료 김대리는 매우 예의가 바른 사람이다. 그런데 어느날 나와 단 둘이 있을 때 동료들을 비난하기 시작했다. 나는 순간 김대리가 내가 없는 자리에서 나에 대한 험담을 하지 않을까 걱정되었다.

유치원 동료인 최선생은 업무상의 문제로 나와 자주 갈등을 빚곤 한다. 처음에는 최선생이 잘못을 인정하며 사과했기 때문에 좋은 관계가 유지되어 왔지만 같은 일이 반복되면서 신뢰가 사라져 버렸다.

D 레스토랑의 홍종윤 셰프는 주방 내 불분명한 역할 분담에 대해 의견차이가 발생하는 경우를 종종 보며 고민에 빠졌다. 이처럼 거의 모든 대인관계에서 나타나는 어려움은 역할과 목표 사이의 갈등이다. 홍 쉐프는 누가 어떻게 어떤 문제를 해결해야 하는지를 다룰 때 불분명한 기대가 오해와 실망을 불러 일으킨다는 것을 알게 되었다.

A 병원의 간호사인 최소윤 씨는 2달째 입원하고 있는 노령의 할아버지 환자에게 늘 밝은 얼굴로 인사하며 안부를 전한다. 시간이 남을 때는 병실에 가서 할아버지의 말 벗이 되어드리기도 하고 필요 물품을 챙겨 드리는 등 친절한 모습으로 환자를 대하고 있다.

 Level up Mission Step 1

☎ 앞의 사례가 아래의 내용 중 어떤 것과 관련된 것인지 골라보자.

● 개인 감정은행 계좌

　개인이 생각하고 행동하고 말하는 모든 것을 저축하는 은행 계좌

개인 감정은행 계좌 저축	개인 감정은행 계좌 인출
①	①
②	②
③	③
④	④
⑤	⑤

● 관계 감정은행 계좌

　다른 사람을 대할 때 내가 생각하고 행동하고 말하는 모든 것을 저축하는 은행 계좌

개인 감정은행 계좌 저축	개인 감정은행 계좌 인출
①	①
②	②
③	③
④	④
⑤	⑤

학습평가 Quiz

1. 다음 중 괄호 안에 들어갈 적당한 말은?

> 대인관계에 있어서 정말로 중요한 것은 인성으로 타인과 인간관계를 형성하기 위한 시작점은 자신의 내면이기 때문에 가장 중요한 것은 (　　　)이라고 볼 수 있다.

① 좋은 직업　　　　　　　② 내적 성품
③ 외적 호감　　　　　　　④ 뛰어난 두뇌

2. 다음은 무엇에 대한 설명인가?

> "인간관계에서 구축하는 신뢰의 정도를 은유적으로 표현한 것이다. 만약 우리가 다른 사람에 대해 공손하고 친절하며, 정직하고, 약속을 잘 지킨다면 우리는 서로 감정을 저축하는 셈이 된다."
>
> - 스티븐 코비 -

① 인간관계　　　　　　　② 감정박스
③ 감정은행 계좌　　　　　④ 감정지표

3. 다음은 무엇에 대한 설명인가?

> 친절과 공손함은 매우 중요하다. 이와 반대로 작은 불손, 작은 불친절, 하찮은 무례 등은 막대한 인출을 가져온다. 인간관계에서의 커다란 손실은 사소한 것으로부터 비롯된다. 사람들은 매우 상처받기 쉽고 내적으로 민감하다. 그것은 나이나 경험과는 별 상관이 없는 것으로, 비록 외적으로 대단히 거칠고 냉담하게 보이는 사람도 내적으로는 민감한 느낌과 감정을 갖고 있다. 따라서 사소한 일에 대해 관심을 기울이지 않으면 우리의 감정은행 계좌는 금새 인출되고 말 것이다.

① 사소한 것에 대한 관심　　② 약속의 이행
③ 사소한 것의 명확화　　　　④ 언행일치

4. 다음은 무엇에 대한 설명인가?

> 다른 사람을 진정으로 이해하기 위해 노력하는 것이야말로 우리가 할 수 있는 가장 중요한 예입 수단 가운데 하나이다. 그것은 모든 다른 예입 수단의 핵심에 해당된다. 왜냐하면 우리는 그 사람을 이해하기 전에는 그 사람을 위해 어떤 행위를 해야 예입이 될 것인가를 모르기 때문이다. 누군가에게 중요한 일이 다른 사람에게는 사소한 일일 수 있다. 예입을 하기 위해서는 그 사람이 중요하게 생각하는 것을 당신도 중요하게 생각해야 한다. 상대방을 한 사람의 인격체로 깊이 이해해주고 자신이 이해받고 싶은 것과 똑같은 방법으로 이해해 주며, 그러한 충분한 이해에 입각해서 상대방을 대해야 한다.

5. 감정은행 계좌에 예금을 적립하기 위한 수단 6가지를 작성해 보자.

학습내용 요약 Review (오늘의 Key Point)

1. 대인관계능력은 직장생활에서 협조적인 관계를 유지하고 조직 구성원들에게 도움을 줄 수 있으며, 조직 내부와 외부의 갈등을 원만히 해결하고 고객의 요구를 충족시켜줄 수 있는 능력을 말한다.

2. 대인관계에 있어서 중요한 것은 인성으로, 타인과 인간관계를 형성하기 위한 시작점은 자신의 내면이기 때문에 가장 중요한 것은 내적 성품이라고 볼 수 있다.

3. 감정은행 계좌란 인간관계에서 구축하는 신뢰의 정도를 은유적으로 표현한 것이다.

4. 감정은행 계좌를 높이는 방법은 6가지로 상대방에 대한 이해심, 사소한 일에 대한 관심, 약속의 이행, 기대의 명확화, 언행일치, 진지한 사과 등이 있다.

스스로 적어보는 오늘 교육의 메모

팀워크 능력

Contents

Learning Objectives

1. 팀워크의 개념과 중요성을 설명할 수 있다.

2. 팀워크의 필수요소를 설명할 수 있다.

3. 팀워크의 향상전략을 설명할 수 있다.

4. 팀워크 촉진방안을 설명할 수 있다.

간호사의 팀워크가 직무만족에 미치는 영향

얼마 전 종영한 드라마 '낭만닥터 김사부'에서 탤런트 진경은 수간호사 오명심 역으로 안방을 찾았다. 김사부(한석규 분)와 함께 돌담병원의 한 축을 든든하게 이루는 인물로, 기존 드라마 속의 다소 수동적이거나 소극적인 간호사의 모습과는 달랐다. 응급실과 수술실에서 그녀가 보여주는 프로페셔널한 매력이 상당했고, 의료진 간의 서로 존중하고 신뢰하는 진정한 팀워크가 무엇인지 보여줬다. 이들 팀원은 또라이로 통하는 외과의사 김사부, 환자 사망으로 인해 전근 온 초짜 외과의와 정신과 치료 중인 외과의, 그리고 소송에 휘말린 마취의, 지방 동네 병원에서 근무하던 수간호사까지... 이들은 끈끈한 팀워크로 돌담병원의 어벤져스로 통한다. 각각의 개인은 보잘 것 없는 하자 인생이지만 그들이 팀으로 묶이는 순간 효과적인 팀을 넘어 탁월한 팀워크를 보여준다.

실제로 〈간호사의 팀워크가 직무만족에 미치는 영향, 강소영 외, 2014〉이라는 연구에서는 간호사 집단에서 팀워크가 직무만족도에 영향을 미친다는 결과를 보여주고 있다.

팀워크가 좋은 집단과 그렇지 않은 집단을 대상으로 일정 기간 동안 연구했을 때 팀워크가 좋은 집단이 개인의 직무만족도 또한 높게 나타났다.

2장에서는 팀워크의 개념과 중요성에 대해 살펴볼 것이다. 팀워크의 필수요소 및 향상 전략을 학습한다. 또한 팀워크를 촉진하기 위한 방법을 학습해본다.

1. 다음 중 팀워크에 대한 설명으로 적절하지 않은 것은?

   ① 팀워크란 팀 구성원이 공동의 목적을 달성하기 위해 상호 관계성을 가지고 협력
   하여 일을 해 나가는 것을 의미한다.
   ② 팀워크란 사람들로 하여금 집단에 머물도록 만들고, 그 집단의 멤버로서 계속 남
   아 있기를 원하게 만드는 힘을 의미한다.
   ③ 팀워크의 유형은 보통 세 가지 협력, 통제, 자율을 통해 구분된다.
   ④ 효과적인 팀워크를 형성하기 위해서 명확한 팀 비전과 목표설정을 공유하여야
   한다.

2. 다음 중 효과적인 팀의 필수요소가 아닌 것은?

   ① 역할의 명확한 이해   ② 목표 설정
   ③ 신뢰 구축   ④ 팀에 대한 헌신

3. 다음 중 팀워크를 촉진하기 위한 노력으로 적절하지 않은 것은?

   ① 상호 협력   ② 갈등해결
   ③ 창의성   ④ 소통

1. 팀워크의 개념과 중요성

오늘날과 같이 빠르게 변화하는 우리의 삶에서 성과를 내도록 하는 가장 근원적인 원동력은 팀워크이다. 앤드류 카네기는 '팀워크는 공통된 비전을 향해 함께 일하는 능력이며, 조직의 목표를 향해 개인이 성과를 내도록 지휘하는 능력이다. 또한 평범한 사람들이 비범한 결과를 이루도록 만들어내는 에너지원이다.'라고 규정했다.

(1) 팀워크의 개념

팀워크란 팀 구성원이 공동의 목적을 달성하기 위하여 상호 관계성을 가지고 협력하여 업무를 수행하는 것을 말한다. 팀이 원하는 비전을 위해 구성원들이 서로에게 긍정적인 영향을 주면서 수행해가는 것이라고 볼 수 있다.

Teamwork = Team + Work

팀원들 각자의 스타일이 다르지만, 팀의 문화와 분위기에 맞춰 업무를 수행하는 것이 팀워크라면 응집력과는 어떠한 차이가 있을까? 응집력은 "사람들로 하여금 집단에 머물도록 만들고, 그 집단의 멤버로서 계속 남아 있기를 원하게 만드는 힘"이라 할 수 있다. 즉, 팀워크와 응집력의 차이는 팀이 성과를 내지 못하면서 분위기만 좋은 것은 팀워크가 좋은 것이 아니고 응집력이 좋은 것이다. 응집력은 인간적인 유대감을 강조한다면 팀워크는 단순히 모이는 것을 중요시하는 것이 아니라 업무 목표 달성의 의지를 가지고 성과를 내는 것이라고 할 수 있다.

팀워크	응집력
팀 구성원이 공동의 목적을 달성하기 위해 상호 관계성을 가지고 협력하여 일을 해 나가는 것	사람들로 하여금 집단에 머물도록 만들고, 그 집단의 멤버로서 계속 남아 있기를 원하게 만드는 힘

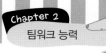

(2) 팀워크의 중요성

GE의 前회장 잭 웰치는 성공요인을 묻는 질문에 대해 "내 성공의 10%는 비할 데 없이 왕성한 개인의 진취적 태도에 의한 것이고, 나머지 90%는 모두 강력한 나의 팀에 의한 것이다."라고 답했다. 어떤 훌륭한 개인도 팀보다 위대할 수는 없다. 훌륭한 경영자인 잭 웰치에서부터 창조적인 혁신가 스티브 잡스, 그리고 자기분야에서 눈부신 활약을 보인 김연아까지 그들 뒤에는 늘 탁월한 팀이 있었다. 개인의 재능을 극대화해내는 위대한 팀이 있기에 가능했다.

앤드류 카네기는 "팀워크가 없는 회사는 제대로 운영되지 않는다. 혼자 운영하는 조그만 사업체라도 반드시 팀워크가 필요하며, 기업과 팀워크는 뗄래야 뗄 수 없는 단어다. 성공한 기업에서는 대부분 직원 간 팀워크를 전담하는 부서가 별도로 존재한다."라고 팀워크의 중요성을 강조하였다.

 Level up Mission

 아래 [사례] '벨빈의 9가지 팀 역할' 중 나의 팀원 유형은 무엇인지 3가지만 적어보자.

1.

2.

3.

사례 : 벨빈의 9가지 팀 역할

벨빈의 주장에 의하면, 성과를 내기 위해서는 팀 역할의 유형들이 팀 내에 골고루 ^(모두) 갖추어져야 한다. 벨빈은 이를 '팀 역할의 균형화^(team role balance)'라고 부르는데, 팀원의 수와는 관계없이 9개의 팀 역할이 팀 내에 어느 정도 갖추어져 있느냐에^(존재하느냐에) 따라 팀의 성과가 달라진다는 것이다. 벨빈은 팀 역할간 균형이 깨질 경우에 가장 심각한 팀 성과의 저하가 온다고 지적하고 있다. 벨빈이 제시한 9가지 팀 역할은 다음과 같다.

유형	내용	각 유형의 약점
창조자	• 창조적이고 상상력이 풍부해 전통이나 인습에 얽매이지 않음. • 어려운 문제를 잘 해결함.	• 작은 일을 무시하고, 효과적 의사소통에 너무 집착함.
자원탐색가	• 외향적이고 열정적이며 말하기를 좋아함. • 언제나 기회를 발굴·탐색하고 친교를 잘함.	• 너무 긍정적임. • 초기 열정이 사라지면 관심을 잃어버림.
지휘·조절자	• 성숙하고 자신감에 넘치는 훌륭한 지도자 • 목표를 명확히 하고 의사결정과 위임을 잘함.	• 조직과 사람을 교묘히 다루는 것처럼 보일 수 있음. • 개인적인 일까지도 위임하는 경향
추진자	• 도전적이고 활기에 넘치며, 곤경과 장애를 극복하는 추진력과 용기를 지님.	• 남을 쉽게 자극하고 사람의 감정을 상하게 할 수 있음.
냉철 판단자	• 냉정하고 전략적이며 총명함. • 경청할 줄 알고 마찰을 피하며 조직을 평온하게 함.	• 추진력과 남을 고취시키는 능력이 부족하고 너무 비판적임.
분위기조성자	• 협력적이고 온화하여 남을 잘 이해하는 등 외교적임. • 경청할 줄 알고 마찰을 피하며 조직을 평온하게 함.	• 결정적 상황에서 결단력이 없음. • 남의 영향을 쉽게 받음.
실행자	• 엄격하고 신뢰성이 있으며, 보수적이고 능률적임. • 아이디어를 실행에 잘 옮김.	• 유연성이 부족하고 새로운 가능성에 대한 대응이 늦음.
완결자	• 근면 성실하고 열정적이어서 실수나 빠진 것을 찾아내고 제시간에 일을 이룩해 냄.	• 걱정을 많이 하고 쉽사리 위임하지 않으며, 사소한 것에도 간섭을 함.
전문가	• 한 가지 일에 전념하고 솔선하며, 헌신적임. • 전문분야의 지식과 기능을 잘 제공함.	• 좁은 분야의 기술적 내용에 치중해 큰 그림을 놓침.

2. 팀워크 필수요소 및 효과적인 팀의 특징

(1) 팀워크 필수요소

① 역할의 명확한 이해

각각의 팀 구성원들에 대한 역할을 명확하게 이해하는 것은 매우 중요하다. 명확한 역할 이해가 수반되어야 개인의 능력을 발휘할 수 있도록 하며 책임감도 생기기 때문이다. 또한 팀 내에서의 자신의 역할 위치를 확인하고 구성원들 간의 상호 작용을 통해 원활한 의사소통을 할 수 있다.

② 목표에 대한 공유

팀이 이루려고 하는 구체적인 목표를 팀원 모두가 잘 알고 있어야 하며, 그 목표는 계량 화가 가능한 것이어야 한다. 추상적인 목표는 팀원들 간에 오해나 혼돈을 야기시킬 수 있으며, 개개인의 이득만을 목표로 하다 보면 그 팀은 결국 붕괴되기 마련이다.

③ 신뢰 구축

팀장과 팀원 간, 팀원과 팀원 간 신뢰수준이 높을 때 탁월한 팀워크가 구축, 유지될 수 있다. 각종 조사 결과를 종합해 보면, 상호 신뢰 수준이 높은 팀들이 그렇지 않은 팀들에

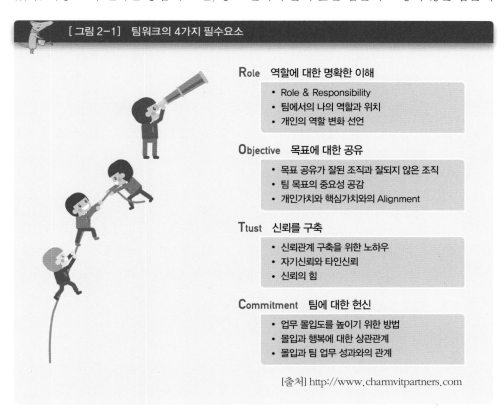

[그림 2-1] 팀워크의 4가지 필수요소

Role 역할에 대한 명확한 이해
- Role & Responsibility
- 팀에서의 나의 역할과 위치
- 개인의 역할 변화 선언

Objective 목표에 대한 공유
- 목표 공유가 잘된 조직과 잘되지 않은 조직
- 팀 목표의 중요성 공감
- 개인가치와 핵심가치와의 Alignment

Ttust 신뢰를 구축
- 신뢰관계 구축을 위한 노하우
- 자기신뢰와 타인신뢰
- 신뢰의 힘

Commitment 팀에 대한 헌신
- 업무 몰입도를 높이기 위한 방법
- 몰입과 행복에 대한 상관관계
- 몰입과 팀 업무 성과와의 관계

[출처] http://www.charmvitpartners.com

비해 팀워크와 업무 수행 성과가 좋으며, 팀원들의 일에 대한 열정이나 조직 몰입도도 높음을 확인할 수 있다.

④ 팀에 대한 헌신

개개인보다는 팀에 입장에서 사고하는 태도는 신뢰를 하기 위한 우선 요소라고 할 수 있다. 또한 높은 사기는 팀에 발생할 수 있는 모든 긍정적인 것들을 확대시켜 주며, 팀이 최선을 다할 수 있도록 만들어준다. 팀에 대한 헌신은 팀에 무한한 긍정 에너지를 공급해주며, 이는 열정적인 동력을 발전시킨다.

(2) 효과적인 팀의 특징

앤드류 카네기는 "팀워크는 공통된 비전을 향해 함께 일하는 능력이다. 조직의 목표를 향해 개인이 성과를 내도록 지휘하는 능력이다. 평범한 사람들이 비범한 결과를 이루도록 만들어내는 에너지원이다."라고 말했다. 이렇듯 평범한 사람들이 비범한 결과를 낸다는 것은 팀 에너지를 최대로 활용하여 높은 성과를 내는 효과적인을 팀을 말하는 것이다.

팀원들의 강점을 잘 인식하고 이들 강점을 잘 활용하여 팀 목표를 달성하는 자신감에 찬 팀이다. 또한 효과적인 팀은 업무 지원과 피드백, 그리고 동기부여를 위해 구성원들이 서로 의존하는 팀이고, 다른 팀들보다 뛰어나다. 효과적인 팀의 핵심적인 특징은 다음과 같다.

① 팀의 사명과 명확한 목표

팀은 명확하게 기술된 목적과 목표를 가질 필요가 있다. 이는 지금 당장 해야할 일을 이해할 뿐만 아니라, 팀이 전체적으로 초점을 맞추고 있는 부분을 이해하는 것이다. 목표와 목적을 공유하면, 팀원들은 팀에 헌신하게 된다. 따라서 효과적인 팀의 리더는 팀의 목표를 규정하는데 모든 팀원을 참여시킨다.

② 창조적인 운영

실험정신과 창조력은 효과적인 팀의 중요한 지표이다. 이러한 팀은 서로 다른 업무수행 방식을 시도해 봄으로써 의도적인 모험을 강행하다. 실패를 두려워하지 않으며, 새로운 프로세스나 기법을 실행할 수 있는 기회를 추구한다. 또한 효과적인 팀은 문제를 다루거나 결정을 내릴 때 유연하고 창조적으로 행동한다.

③ 결과에 맞춘 초점

필요할 때 그에 맞게 필요한 것을 만들어내는 능력은 효과적인 팀에 중요하다. 효과적인 팀은 개별 팀원의 노력을 단순히 합친 것 이상의 결과를 성취하는 능력을 가지고 있다. 이러한 팀의 구성원들은 지속적으로 시간, 비용 및 품질 기준을 충족시켜 준다. '최적 생산성'은 바로 팀원 모두가 공유하는 목표이다.

④ 명료화된 역할과 책임

효과적인 팀은 모든 팀원의 역할과 책임을 명확하게 규정한다. 팀원 각자는 자신에게 기대되는 바가 무엇인지를 잘 알고 있으며, 동료 팀원의 역할도 잘 이해하고 있다. 효과적인 팀은 변화하는 요구와 목표 그리고 첨단 기술에 뒤처지지 않도록 역할과 책임을 새롭게 수정한다.

⑤ 조직화

효과적인 팀은 출발에서부터 규약, 절차, 방침을 명확하게 규정한다. 잘 짜여진 구조를 가진 팀은 자체적으로 해결해야 하는 모든 업무과제의 요구에 부응할 수 있다.

⑥ 개인의 강점 활용

스포츠 팀의 코치는 운동선수가 지닌 역량을 끊임없이 파악한다. 이와 마찬가지로, 효과적인 팀의 리더는 팀이 지닌 지식, 역량 및 재능을 정기적으로 파악한다. 팀 리더는 팀원의 강점과 약점을 잘 인식하며, 팀원 개개인의 능력을 효율적으로 활용한다.

⑦ 리더십 역할 공유

효과적인 팀은 팀원 간에 리더십 역할을 공유한다. 이러한 팀은 모든 팀원에게 각각 리더로서 능력을 발휘할 기회를 제공한다. 또한, 팀의 공식 리더가 팀 노력을 지원하고 팀원 개개인의 특성을 존중하기 때문에 팀원들은 감독자의 역할을 충분히 이해할 수 있다.

⑧ 팀 문화 발전

효과적인 팀의 구성원들은 높은 참여도와 집단 에너지(즉, 시너지)를 갖고서 열정적으로 함께 일한다. 팀원들은 협력하여 일하는 것이 더욱 생산적이라고 느끼며, 팀 활동이 흥미와 원기를 회복시킨다고 본다. 이러한 팀은 고유한 성격을 더욱 발전시켜 나간다.

⑨ 건설적인 갈등해결

어떤 팀에서든 의견의 불일치는 발생한다. 그러나 논쟁은 나쁘거나 파괴적이지만은 않다. 효과적인 팀은 갈등이 발생할 때 이를 개방적으로 다룬다. 팀원은 갈등의 존재를 인정하며, 상호 신뢰를 바탕으로 솔직하게 토의를 함으로써 갈등을 해결한다.

⑩ 개방적인 의사소통

효과적인 팀의 구성원들은 서로 직접적이고 솔직하게 대화한다. 팀원 각자는 상대방으로부터 조언을 구하고, 상대의 말을 충분히 고려하며, 아이디어를 적극적으로 활용한다.

⑪ 객관적인 결정 도출

효과적인 팀은 문제를 해결하고 의사결정을 하는데 있어 잘 정리되고 전향적인 접근방식을 가지고 있다. 결정은 합의를 통해 이루어진다. 따라서 모든 사람들은 내려진 결정을 준수하고 기꺼이 이를 지원하고자 한다. 팀원들은 어떠한 결정에 대해서든 각자의 생각을 자유롭게 얘기한다. 이를 통해 결정을 명확하게 이해하고 수용하며, 상황별 대응계획(예비계획)을 마련한다.

⑫ 팀 자체의 효과성 평가

팀은 자체의 운영방식에 대해 일상적으로 점검할 필요가 있다. '지속적인 개선'과 '전향적 관리'는 효과적인 팀의 운영원리이다. 따라서 만약 업무수행에 문제가 발생하더라도 심각한 상태가 되기 전에 해결할 수 있다.

Level up Mission

⊙ 아래 [사례]를 읽고 팀워크의 4가지 필수요소에 해당되는 이유를 적어보자.

역할의 명확한 이해	사례 해당 이유
1. 역할의 명확한 이해	
2. 목표에 대한 공유	
3. 신뢰 구축	
4. 팀에 대한 헌신	

 사례 : 팀보다 위대한 선수는 없다.

2014 FIFA 월드컵의 주인은 하나로 뭉친 독일이었다. 무엇보다 독일에는 '숨은 MVP'들이 요소요소에 배치되어 있었다. 먼저 수문장 마누엘 노이어는 결정적인 순간마다 선방쇼를 펼친 데 이어 엄청난 활동 반경으로 골키퍼의 개념을 새로이 정립했다. 즉, 골키퍼도 충분히 수비수 1명의 역할을 해낼 수 있다는 것을 입증한 사람이 바로 노이어였다. 팀 내 득점 1위에 오른 토마스 뮐러의 존재감도 빼놓을 수 없다. 뮐러는 이번 대회에서 5골~3도움을 기록, 독일의 공격을 진두지휘했다. 1골이 모자라 2회 연속 득점왕에 오르는데 실패했지만, 아직 25세라는 나이를 감안하면 미로슬라프 클로제가 보유한 월드컵 최다골(16골) 기록을 깰 후보 0순위로 평가받고 있다.(역할의 명확한 이해)

그리고, 지난 8년간 뢰브 감독을 신뢰하고 믿고 기다려준 독일 축구협회도 숨은 공로자 가운데 하나다. 독일 축구협회는 2006 월드컵이 끝나자마자 수석코치였던 뢰브를 정식 감독으로 임명했다. 이후 뢰브 체제의 독일은 우승이라는 하나의 목표 하에 유로 2008 준우승, 2010 남아공 월드컵 3위, 유로 2012 4강 탈락 등 정상 문턱에서 계속 주저앉았지만 3전 4기 도전끝에 우승이라는 대단한 열매를 맺었다.(목표에 대한 공유)

독일의 조직력은 자국 내 최고 클럽인 바이에른 뮌헨으로부터 비롯됐다 해도 과언이 아니다. 뮌헨 소속의 선수만 7명인 독일은 이들 모두가 주전으로 활약, 오랜 시간 손발을 맞춘 사이였다. 이는 뿔뿔이 흩어져 있는 다른 나라의 경쟁팀에 비해 엄청난 이득이 아닐 수 없었다.(신뢰 구축)

마지막으로 선수들의 강인한 정신력 역시 독일 우승의 원천이었다. 독일 축구 스타일과 가장 닮았다고 평가받는 바스티안 슈바인슈타이거의 투혼이 대표적이다. 슈바인슈타이거는 이번 결승에서 연장 후반 세르히오 아구에로의 팔에 맞아 안면에 출혈이 발생하는 부상을 입었다. 이에 놀란 뢰브 감독은 급히 마지막 교체 카드를 꺼내들려 했지만 슈바인슈타이거는 자신이 계속 뛸 수 있다고 어필했고, 긴급 치료만 받은 뒤 곧바로 그라운드에 돌아왔다. 동료의 투지에 자극받은 독일 선수들은 이내 사기가 높아졌고, 몇 분 뒤 역사적인 결승골이 터졌다.(팀에 대한 헌신)

[출처] 우승 이후 신문기사 中 발췌. http://www.charmvitpartners.com

3. 팀워크 촉진방안

팀워크가 비효율적일 경우 나타날 수 있는 문제점은 기업에서는 생산성이 하락하고, 회의가 비효율적으로 진행될 것이며, 할당된 임무와 관계에 대한 갈등과 오해가 생길 수 있다. 효과적인 팀으로 만들기 위해서는 많은 노력이 필요하다. 특히 팀워크를 촉진시키는 것이 매우 중요한데, 다음에 제시된 방안으로 더욱 촉진시켜 나가야 할 것이다.

(1) 상호 협력

성공적인 팀워크를 위해서는 언제나 협력이 필요하다. 팀원들의 핵심 역량을 발휘하기 위해서도 협력은 중요하다. 모든 구성원들이 협력하여 일할 때 팀의 잠재력이 성과로 빛을 발할 수 있기 때문이다. 팀을 성공으로 이끄는 창의적인 아이디어 또한 팀원 간의 상호 협력이 이루어졌을 때 넘쳐나게 된다.

(2) 갈등해결

성공적으로 운영되는 팀은 갈등해결에 능숙하다. 효과적인 갈등관리로 혼란과 내분을 방지하고, 팀 진전 과정에서의 방해요소를 미리 없앤다. 활력에 찬 팀은 의견의 불일치를

바로바로 해소하는 방법을 배우게 된다. 그렇지 않으면, 갈등은 시간이 지남에 따라 증폭되고, 팀 풍토는 허약해질 것이다.

(3) 동료 피드백 장려

팀 목표를 달성하도록 팀원을 고무시키는 환경조성을 위해서는 동료 피드백이 필요하다. 긍정이든 부정이든, 피드백이 없다면 팀원들은 개선을 이루거나 탁월한 성과를 내고자 하는 노력을 게을리하게 된다.

(4) 소통

팀워크 형성의 가장 큰 어려움은 팀원 간의 소통의 어려움에서 발생한다는 것이 전문가들의 견해이다. 개인의 생각과 다른 팀원의 의견을 공유하고, 그 차이점을 조율하는 소통의 과정이 반드시 필요한데, 만약 소통의 장애가 생긴다면 팀 내부에는 심각한 갈등과 위기가 생길 것이다.

(5) 정보공유

정보공유는 팀워크의 중요한 필수요소로, 팀원 간의 단절은 오해나 갈등을 유발하게 하며 팀의 업무성과를 무너뜨릴 수 있다. 그러므로 사소하게 생각되면 작은 정보라도 수시로 공유하는 것이 필요하다.

 Level up Mission

☎ 당신의 팀과 관련하여 다음의 세 가지 사항을 논의해 보자.

- 팀의 강점은 무엇인가? _____
- 팀의 개선영역은 무엇인가? _____
- 보다 활기찬 팀을 만들기 위해서 당신은 어떤 아이디어를 가지고 있는가?
  _____

 사례 : 팀의 좋은 성과는 리더십보다 팀워크에서 나온다.

"9가지 팀 역할 중 내가 할 수 있는 것은"

벨빈 연구팀은 팀워크 활성화를 위한 비공식적 역할인 팀 역할을 총 9가지로 구분했다. 그리고 개개인이 발휘할 수 있는 팀 역할은 수준별로 자연역할(쉽게 잘 발휘되는 수준), 잠재역할(노력하면 발휘될 수 있는 수준), 비선호역할(노력해도 발휘하기 어려운 수준) 등 3개로 구분된다. 보통 개인은 9개 팀 역할 가운데 자연  역할을 적게는 0개, 많게는 4개 정도 갖고 있다는 것이 박원우 서울대 경영대학 교수의 분석이다.

벨빈 연구팀의 9가지 팀 역할 구분법이 나온 이후 조언가, 창조자, 생산자 등 8가지 역할로 구분한 마거슨 & 맥캔 모델, 도전자, 소통자 등 4개 역할만 사용하는 파커 모델 등 여러 종류의 팀 역할 분류 방법이 개발됐다. 가장 먼저 나온 벨빈 연구팀의 9가지 역할 구분법이 가장 권위를 인정받는다고 박 교수는 설명했다.

"창조자는 창조적이고 상상력이 풍부해 어려운 문제를 잘 해결합니다. 전통이나 관례에 잘 얽매이지도 않고요. 그러나 작은 일을 무시하고 효과적인 의사소통에 너무 집착하는 경향도 있습니다. 반면, 냉철 판단자는 냉정하고 전략적이어서 팀에서 나오는 모든 아이디어를 검토하고 정확히 판단하죠. 하지만 추진력이나 동료에게 동기를 불어넣는 역할은 잘하지 못합니다. 지휘 · 조절자는 성숙하고 자신감에 넘치는 훌륭한 지도자로서 목표를 명확히 하고 구성원들에게 임무 위임도 잘 합니다만, 구성원을 이용하는 것처럼 비쳐질 수도 있고 개인적인 일까지 떠맡기는 경우도 있습니다."

● "국내 대기업도 팀 역할 개념 도입"

벨빈 연구팀은 9가지 팀 역할을 팀 내 구성원이 어느 정도 담당하고 있는지, 그에 따라 그 팀의 팀워크는 몇 점인지 수치로 계산해 내는 '인터플레이스'라는 도구를 개발했다. 직무와 직접 관련이 없고 조직에 의해 부여되지 않았더라도 내부의 팀워크와 활성화를 위해 각 개인이 스스로 발휘해야 하는 팀 역할 유형과 정도를 파악하는 최초의 방법론이다.

인터플레이스는 팀 구성원 각자가 대답하는 '팀 역할 자가 진단', 평가자를 아는 네 명 이상이 응답하는 '팀 역할 관찰자 진단', 팀장이 응답하는 '직무 진단', 직무 수행 경험자가 응답하는 '직무 관찰자 진단' 등 네 영역으로 구성돼 있다.

"개인의 팀 역할 특성을 서로 비교할 수 있고 팀 적합성과 팀워크를 높이기 위한 구체적 방안을 제시할 수도 있는 도구입니다. '여러 사람이 팀을 구성할 때 팀워크가 제대로 기능할 가능성은 어느 정도인가', '어떤 사람들로 팀을 만들면 팀 성과가 높아질까' 등의 해답을 찾을 수 있습니다. 직무의 특성을 먼저 도출한 다음 그 결과를 개인의 팀 역할과 연결해 사람과 직무 간 적합성을 파악하는 것도 가능합니다. 국내에선 제가 가장 먼저 도입한 사람 중 하나입니다. 1998년 1월 3일 현대그룹 신년 임원 전략회의에서 '구조조정 이후 조직 활성화 방안'을 강의한 적이 있는데요, 여기에서 인터플레이스를 소개했더니 3개월 후 현대그룹 전체가 도입했습니다. 이후 LG그룹도 인터플레이스를 쓰고 있고요, 저는 현대그룹과 LG그룹 사례를 통해 인터플레이스가 효과적이라는 논문도 두 편 발표했습니다."

● "팀 역할의 균형을 찾아라"

9가지 팀 역할이 한 팀 내에 모두 존재하는 것을 '팀 역할 균형'이라고 한다. 팀 역할 균형이 이뤄지면 자연스럽게 팀워크가 높아져 결과적으로 팀 성과가 높아진다는 것이 박 교수의 설명이다.

"실제 팀 역할 균형이 일어나는 비율은 10% 가량이라고 합니다. 현실적으로 90%는 구성원의 역량을 제대로 발휘하지 못한다는 것이죠. 팀이 구성원들이 가진 역량의 합보다 더 많은 성과를 내기 위해서는 9가지 팀 역할의 유형들을 팀 내에 골고루 갖춰야 합니다. 쓴소리하는 역할을 떠맡기 싫어하는 사람도 많고, 또 하는 일은 많지 않으면서 비판만 늘어놓는 사람이 미움받기도 쉽습니다. 그러나 팀이 제대로 된 성과를 내려면 적어도 일에 관해서만은 이런 사람을 따돌리지 말고 건설적인 비판을 계속할 수 있는 분위기를 조성해야 합니다. 도저히 인간적으로 맞지 않는 팀원이라 해도 나의 부족한 점을 보충해줄 수 있다는 점을 명심해야 합니다."

[출처] 한국경제신문 2013년 11월 8일 자, 강현우 기자

학습평가 Quiz

1. 다음 중 효과적인 팀의 특성으로 적절하지 않은 것은?

① 명확하게 기술된 팀의 사명과 목표를 가져야 한다.
② 모든 팀원의 역할과 책임을 명확히 규정한다.
③ 모든 팀원은 팀 리더의 역량과 의견을 존중하고 따라야 한다.
④ 팀원들 간에 개방적인 의사소통을 하고 객관적인 의사결정을 내린다.

2. 다음 중 효과적인 팀의 특성이 아닌 것은?

① 팀의 사명과 명확한 목표
② 창조적인 운영
③ 결과에 맞춘 초점
④ 객관화된 역할과 책임

3. 팀원을 고무시키는 환경조성이 필요하다면 다음 중 어떤 촉진방안이 필요한가?

① 상호 협력   ② 갈등 해결
③ 동료 피드백 장려   ④ 소통

4. 효과적인 팀의 필수요소는 역할의 명확한 이해, ＿＿＿＿＿＿＿＿＿＿＿＿＿, 신뢰 구축,
＿＿＿＿＿＿＿＿＿＿＿ 이다.

5. 팀워크의 의미는 무엇인가?

 ## 학습내용 요약 Review (오늘의 Key Point)

1. 팀워크란 팀 구성원이 공동의 목적을 달성하기 위하여 상호 관계성을 가지고 협력하여 업무를 수행하는 것을 말한다.

2. 팀워크 필수 요소로는 역할의 명확한 이해, 목표에 대한 공유, 신뢰 구축, 팀에 대한 헌신이 있다.

3. 효과적인 팀의 특징으로는 팀의 사명과 명확한 목표, 창조적인 운영, 결과에 맞춘 초점, 명료화된 역할과 책임, 조직화, 개인의 강점 활용, 리더십 역할 공유, 팀 문화 발전, 건설적인 갈등 해결, 개방적인 의사소통, 객관적인 결정 도출, 팀 자체의 효과성 평가가 있다.

4. 팀워크 촉진방안으로는 상호 협력, 갈등 해결, 동료 피드백 장려, 소통, 정보공유가 있다.

스스로 적어보는 오늘 교육의 메모

리더십 능력

Contents

리더십 능력

Contents

Learning Objectives

1. 리더십의 정의와 유형을 설명할 수 있다.

2. 관리자와 리더의 차이를 설명할 수 있다.

3. 21C 리더십에 대해 설명할 수 있다.

이야기 속으로 ...

취업포털 잡코리아, '좋은 리더와 나쁜 리더 유형' 설문조사

취업포털 잡코리아는 tvN 프로그램 '소사이어티 게임'과 함께 직장인과 대학생/구직자 1,154명을 대상으로 '좋은 리더와 나쁜 리더 유형'에 대해 설문조사를 진행했다. 조사에 참여한 직장인과 대학생 및 구직자가 뽑은 '좋은 리더의 유형' 1위는 '상하간에 소통이 원활한 리더'로 전체 응답률 66.2%로 가장 높았다.

다음으로 좋은 리더의 유형은 '팀원 모두에게 성장의 기회를 주는 리더'로 응답률 36.4%로 높았다. 이외에 △공정하고 객관적인(34.9%) △팀원을 인간적으로 대우하는 (34.4%) △장기적인 안목과 통찰력이 있는(33.2%) △직무능력이 뛰어난(26.9%)상사가 좋은 리더라는 답변이 높았다.

반면 나쁜 리더의 유형 1위는 '말을 바꾸는 리더'로 응답률 45.8%로 가장 높았다. 이어 '팀과 팀원의 실수에 책임을 지지 않는 리더'가 나쁜 리더라는 응답률도 42.0%로 높게 나왔다. 이외에 △권위적인(39.9%) △상하간의 소통이 안 되는(33.4%) △팀원의 성과를 가로채는(33.4%) △팀원을 차별하는(28.3%) △직무능력이 부족한(28.3%) △불필요한 야근을 시키는 리더(24.4%)라고 조사되었다.

[출처] 취업포털 잡코리아,
'좋은 리더와 나쁜 리더 유형' 설문조사, 2016.12.10. 대한뉴스 발행인

설문을 보면 일반적으로 사람들이 선호하는 리더의 스타일은 분명히 존재한다. 따라서 효과적인 조직관리를 위해, 3장에서는 조직의 핵심요소인 사람을 관리하는 리더에 대한 내용을 공부한다. 리더십의 정의, 리더십의 유형, 관리자와 리더의 차이를 알아보고 21C가 원하는 리더는 어떤 자질을 갖추어야 하는지를 학습해보자.

1. 다음은 무엇에 대한 설명인가?

> 일정한 상황 하에서 목표의 달성을 위하여
> 개인 혹은 집단행동에 영향력을 행사하는 과정

① 멤버십   ② 갈등관리 능력
③ 리더십   ④ 주인의식

2. 다음 중 리더십에 대한 설명으로 옳지 않은 것은?

① 상사가 하급자에게 발휘하는 형태만을 의미한다.
② 모든 조직 구성원들에게 요구되는 역량
③ 조직 구성원들로 하여금 조직 목표를 위해 자발적으로 노력하도록 영향을 주는
   행위
④ 자신의 주장을 소신있게 나타내고 다른 사람들을 격려하는 힘

3. 다음 중 리더에 대한 설명으로 적절하지 않은 것은?

① 혁신지향적   ② 사람중심
③ 내일에 초점   ④ '어떻게 할까'에 초점

1. 리더십의 정의

모든 조직은 대부분 자금, 인력 등 공통의 요소로 구성된 자원으로 운영된다. 경쟁 시장에서 앞서나가기 위해 최신 기술을 습득하고 개발하여, 뛰어난 인재를 뽑기 위해 노력하는 점도 동일하다.

하지만 모든 조직이 같은 성과를 내는 것은 아니다. 객관적으로 볼 때 높은 성과를 내는 조직과 그렇지 못한 조직은 어떤 차이점을 갖고 있는 것일까?

정답은 매우 간단하다. 바로 사람 때문이다. 경영학의 대가인 피터 드러커는 "관리자가 내리는 모든 결정 중에서 사람에 대한 결정만큼 중요한 것은 없다. 바로 이것이 조직의 업무 능력을 결정하기 때문이다."라고 말했다. 대부분의 우수기업에 있어서 인재를 활용하고 육성하는 방법은 각기 다르지만 인재를 소중히 여기고 기업의 핵심가치로 삼는 점은 비슷한 현상으로 나타난다. "인재야말로 기업의 번영을 좌우한다."는 호암 이병철 삼성그룹 창업주의 인재철학은 오늘날 삼성을 만들었다. 이건희 회장도 "우수한 사람 한 명이 1,000명, 10,000명을 먹여 살린다."라고 말했다. 현대가를 이룬 고(故)정주영 명예회장은 "기업발전에 가장 귀한 것은 사람이지 자본,기술은 그 다음이다."라고 인재철학을 강조하였다.

그렇다면 이렇게 중요한 인재, 즉 사람에게 가장 큰 영향을 미치는 요소는 무엇일까? 이는 바로 리더십이다. 바꾸어 말하면 리더십은 조직 성공의 가장 중요한 요소 중 하나가 되는 것이다. 그렇기 때문에 리더십이라는 주제는 아주 오래전부터 사람들의 흥미와 관심을 불러 일으켰다. 하지만 막상 리더십의 정의가 무엇인지 물어보면 정확한 답을 내리기는 어렵다.

로스트(Rost)라는 학자에 따르면, 리더십을 연구하는 학자들 중에서 무려 95% 가 리더십이 무엇인지 제대로 정의하지 않고 책이나 논문을 쓴다고 한다. 일반적으로 사람들이 리더십의 정의가 무엇인가 안다고 가정하고 있는 것이다. 리더십의 정의는 학자마다 다르고 이론마다 다른 것을 알 수 있다. 이는 리더십에 있어서 명확한 정의를 찾기 어렵다는 것을 의미한다.

이러한 이유는 리더십을 바라보는 학문적인 관심이 시대와 영역에 따라 다르게 변화해 왔기 때문이다. 리더십은 어떤 관점에서 접근하느냐에 따라 다양하게 구분된다. 그러면 몇몇 학자들의 리더십에 대한 정의를 살펴보도록 하자.

📋 다양한 학자들이 말하는 리더십의 정의

① 쿤츠(H.D. Koontz)와 오도넬(C. O'Donnell)

사람들이 집단목표를 위해 자발적으로 노력하도록 그들에게 영향을 주는 기술(art) 또는 과정(process)

② 허시(P. Hersey)와 블랜차드(K. H. Blanchard)

일정한 상황 하에서 목표를 달성하기 위하여 개인이나 집단의 활동에 영향을 미치는 과정

$$L = f(l, f, s)$$
$$L : 리더십, \ l : 지휘자, \ f : 추종자, \ s : 상황적 변수$$

③ 플라이쉬맨(E. A. Fleishman)

리더십이란 어떤 목표를 달성할 수 있도록 의사소통 과정을 통해서 개인 간에 영향력을 행사하려는 시도

위의 여러 가지 의견을 종합해보면, 리더십이란 일정한 상황 하에서 목표의 달성을 위하여 개인 혹은 집단행동에 영향력을 행사하는 과정이라고 정의 내릴 수 있다.

Level up Mission Step 1

📞 자신이 생각하는 리더십이 무엇인지 적어보도록 하자.

☎ 리더가 가져야 할 가장 중요한 3가지 속성은 무엇이라고 생각하는가?

 Level up Mission Step 2

☎ 자기평가 : 역량 있는 리더의 특징

이 체크리스트를 사용해 자신이 역량 있는 리더의 특징을 얼마나 갖고 있는지 평가해보자. 평가
결과에 따라 스스로 리더십 기술을 강화하기 위해 어떤 부분에 초점을 맞추어야 할지 점검해보자.

역량있는 리더의 특징	예	아니오
미래에 초점을 둔다.		
1. 나는 명확한 비전을 가지고 있는가?		
2. 나는 비전을 집단에게 분명하게 인식시켰는가?		
끈기 있고 집요하다.		
3. 목표를 추가할 때 나는 장애물 앞에서도 긍정적이며 분명한 태도를 유지 하는가?		
혼란스러운 문제에 기꺼이 맞선다.		
4. 나는 계획적인 모험에 기꺼이 뛰어드는가?		
5. 나는 얼마간의 혼란과 갈등에 기꺼이 맞서는가?		
의사소통 능력이 뛰어나다.		
6. 나는 다른 사람이 말을 끝내기 전에 대답할 준비를 하기보다 주의 깊게 경청하는가?		
7. 나는 회의를 원활히 진행하는가?		
8. 나는 대중 앞에서 설득력 있게 이야기 하는가?		
9. 나는 다양한 상황에서 협상하는 데 필요한 기술을 가지고 있는가?		

역량있는 리더의 특징	예	아니오
정치적으로 기민하다.		
10. 나는 조직의 실제 권력 구조를 도표로 나타낼 수 있는가?		
11. 나는 조직에서 가장 강력한 집단의 관심사를 분명하게 나타낼 수 있는가?		
12. 나는 나를 지원해 줄 개인들을 조직 내에서 찾을 수 있는가?		
13. 나는 필요한 자원을 어디서 구할 수 있는지 알고 있는가?		
나를 제대로 인식한다.		
14. 나는 나의 행동 양식이 다른 사람들에게 어떤 영향을 미치는지 인식하거나 기술할 수 있는가?		
분별있다.		
15. 매우 혼란한 상황에서 나는 침착하고 분별력 있게 행동하는가?		
남을 돌볼 줄 안다.		
16. 나는 팀원들의 욕구와 관심사, 직업적 목표에 공감하는가?		
17. 팀원들은 자신들에 대한 당신의 지지를 받아들이는가?		
유머가 있다.		
18. 나는 긴장되거나 불편한 상황을 완화하기 위해 유머를 사용할 줄 아는가?		

대부분의 질문에 "예"라고 응답했다면, 당신은 역량있는 리더의 자질을 가지고 있다. "아니요"라는 대답이 더 많이 나왔다면 당신은 어떤 점에서 더욱 리더십을 키워야 할지 점점하고 역량있는 리더가 되기 위리 노력해야 할 것이다.

[출처] 하버드 비즈니스 스쿨 팀장 워크북 시리즈 「리더십의 기술」 76-77p. 참고

2. 리더십 유형

성공적으로 조직을 이끌기 위해 리더가 한 가지 스타일을 지속적으로 고수하는 것은 효과적인 방법이 아니다. 조직의 상황에 따라, 그리고 구성원의 역량에 따라 다양한 유형의 리더십을 혼용하는 것이 좋다.

(1) 전통적 리더십 유형에 따른 접근방법

전통 리더십의 이론은 특성이론, 행동이론, 상황이론, 변혁이론 등 4가지 유형으로 구분하여 발전해 왔다. 기본적인 리더십 이론의 변화과정을 도식화하면 다음과 같다.

[표 3-1] 리더십 이론의 발전

구분	주요 시기	주요 학자	강조점
특성이론	1930~ 1950년대	테드, 버나드, 스토질	리더와 리더가 아닌 사람을 구별할 수 있는 특징이나 특성이 존재한다.
행동이론	1950~ 1960년대	레빈, 헬핀, 리커드	리더십의 가장 중요한 측면은 리더의 특성이 아니라 리더가 여러 상황에서 실제하는 행위이다. 성공적 리더와 비성공적 리더는 그들의 리더십 스타일에 의해 구별된다.
상황이론	1970~ 1980년대	피들러, 항스, 레딘	리더의 유효성은 그의 스타일뿐만 아니라 리더십 환경을 이루는 상황에 의해서도 결정된다. 상황에는 리더나 하급자들의 특성, 과업의 성격, 집단의 구조, 강화의 유형 등이 있다.
변혁이론	1980년대 이후	번즈, 퀸	리더와 추종자의 관계를 강조하고 비전과 변혁마인드를 강조한다.

[출처] 양창상(1999), 「조직행동의 이해」 서울, 법문사, p33에서 재구성

① 특성이론

특성이론은 리더십에 대한 초기 이론으로, 자질론 또는 위인론이라고도 부른다. 이 이론에서는 효율적 리더와 비효율적 리더가 명확하게 구별되는 몇 가지 특성과 자질을 갖고 있다고 가정하고 있다. 특성이론은 제2차 세계대전 초에 미국심리학협회가 육군선발시험 기법을 개발, 미 육군의 선발심사업무를 지원하다가 전쟁 후에 산업분야에 적용·발전시켜 인사평가 측면에 활용하게 되었다. 전통적 리더십 이론의 주류를 이어온 특성이론은 선천적·후천적 자질인 리더의 공통적 특성을 규명하는 것으로, 리더가 '고유한

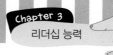

개인적 특성'만 가지고 있으면 그가 처해 있는 상황이나 환경에 관계없이 항상 리더가 될 수 있다는 것이다. 즉, 리더는 태어나는 것이지 만들어 지는 것이 아니라는 것이다.

[표 3-2] 리더십 특성연구의 중요 측면

신체적 특징	연령, 신장, 체중, 외모
사회적 특징	교육, 사회적 신분, 이동성, 사교 관계
지능	판단력, 결단력**, 표현능력**
성격	독립성, 자신감**, 지배성, 공격성
과업관계 특성	성취욕구**, 솔선력, 지구력, 책임감**, 안정욕구, 인간에 대한 관심*
인간관계 특성	감도능력, 협조성, 대인관계기술, 권력욕구, 청렴성*

주) * 효율적 경영에 어느 정도 중요하다고 인정되는 특성
　** 효율적 경영에 매우 중요하다고 인정되는 특성

[출처] 이상감 · 이상수(1971) 「조직행위론」 서울, 진영사 재구성

② 행동이론

20세기 중반을 전후한 시기는 인간 행동과 관련된 학문 분야의 전반에 걸쳐 행동주의가 두각을 타나낸 시기였다. 행동이론의 핵심은 직접적 관찰이나 측정이 불가능한 성격이나 태도와 같은 내적 특성을 대상으로는 철저하게 과학적 연구가 될 수 없고, 직접적 관찰이나 측정이 가능한 외형 행동만 연구 대상으로 삼아야 하는 과학적 방법론의 바탕 위에서 성장했다는 것이다.

1930~1950년대의 특성이론의 효과적인 리더의 공통적 특성을 입증하는데 실패하자 리더십에 관한 연구는 행동이론으로 전환되었다. 행동이론은 리더의 개인적인 특성보다는 외부로 나타나는 리더의 행태를 관찰하는 행태론적 접근을 취하면서 리더들이 실제로 직무를 수행함에 있어 어떤 행동을 하는지와 더불어, 그들의 행동과 관리적 유효성 간에 어떠한 관련성이 있는지를 파악하는데 초점을 두고 있다.

행동이론은 리더십 연구의 초점을 개인적 특성에서 보다 보편적인 범위로 전환하여, 리더 행동의 유형이 과업행동과 관계행동으로 구성되어 있음을 밝혀내었다는 점에서 그

의의를 찾을 수 있다.

③ 상황이론

상황이론은 특성이론과 행동이론과는 달리 리더십의 효율성은 상황적 요인에 따라 결정된다는 것으로서, 리더의 특성이나 행동에 의해서가 아니라 주어진 상황 하에서 리더에게 가장 효과적일 수 있는 특성, 기능, 행동을 결정해 주는 상황의 여러 측면을 확인하는데 관심을 두고 있다. 대표적인 리더십 상황이론에서는 Fiedler상황 이론과 Hersey & Blanchard의 상황대응이론, House의 경로-목표 이론 등이 있다.

ㄱ 피들러의 이론 : 과업중심형과 인간관계 중심형 중에서 어느 유형이 유효한가는 그 때그때의 리더와 부하 간의 관계, 직무구조, 직위권력 등의 3가지 상황변수가 리더에게 유리한가 여부에 달려있다는 주장이다. 이 모델에서는 3가지 상황변인의 조합에 의해 8가지의 상황이 가정되는데, 과업지향적 리더는 리더에게 가장 유리한 상황과 가장 불리한 상황에서 효율적인 반면, 인간관계 지향적인 리더는 상황의 유리함과 불리함이 중간 정도일 때 효율적인 경향이 있음을 나타내고 있다.

ㄴ 허쉬와 블랜차이드(Hersey &Blanchard) : 블레이크와 무톤의 관리격자의 개념을 이용하여 지도자의 행동을 과업행동과 관계행동의 2차원을 축으로 한 4분면으로 분류하고, 여기에 상황요인으로 구성원의 성숙도를 추가하여 리더십 상황이론을 만들었다. 이 이론의 기본적인 개념은 리더가 그들의 행동양식을 그들이 처한 특정한 상황과 그들의 부하의 욕구에 맞게 적응시키면 시킬수록 그들은 그들 자신과 조직의 목표달성에 더욱 효과적일 수 있다는 것이다.

ㄷ 경로-목표이론 : 리더의 행동이 부하의 만족도와 업무성과에 어떻게 영향을 미치는가에 대해 House가 가상변인을 포함시켜 더욱 정교하게 만든 이론이다. 주요상황변인은 부하의 특성과 과업 및 업무환경의 특성이다. 부하의 특성이란 부하의 욕구, 부하의 과업수행능력, 성격, 특성등을 말하며, 과업특성은 과업의 구조, 직무의 기계화 정도, 표준 작업 절차의 공식화 정도등을 말한다. 리더는 부하들의 신념과 생각을 조정하여 그들의 동기 수준을 높이는 방식으로 행동해야 한다.

[표 3-3] 상황이론의 비교

상황이론	리더스타일	상황적 요소	연구관심
피들러의 상황이론 (Contingency theory)	• 과업지향적 • 관계지향적	리더-부하관계, 과업구조, 리더의 지휘권한	리더 : 유리한 또는 불리한 상황에 따른 효과적인 리더십 유형
Hersey & Blanchard의 상황대응이론 (Life Cycle Theory)	설득적/참여적/ 위임적/지시적	부하의 성숙도	부하의 성숙수준에 맞춘 리더십
House의 경로 -목표 이론 (Path-Goal Theory)	지시적/후원적/ 참여적/ 성취지향적	• 부하특성 : 능력 내·외재론적 성향, 욕구, 동기 • 환경적 요인 : 과업, 공식적 권한 체계 작업중단	동기행동에 관련된 상황에 대한 인지과정 : 기대감을 높이기 위한 적절한 리더십 행동

[출처] 조성종(2002) 「서비스 지향적 리더십과 인간관계」 서울: 두남, 91

④ 변혁이론

1980년대에 들어 새로운 이론들이 기존의 전통적인 리더십 이론들이 지닌 단점을 보완하기 위해 등장하기 시작했다. 이들 이론은 하위자의 변화를 중점적으로 다루는 동시에 전통적 리더십 이론에서 간과되어 왔던 리더와 하위자 간의 실질적인 영향력 관계를 파악함으로써 리더십의 본질에 보다 근접할 수 있는 계기가 되었다. 특히 번즈(Burns, 1978)에 의해 전통적인 리더십 이론과 대비되는 이론으로 제시된 변혁적 리더십이론은 배스(Bass, 1985)에 의해 본격적으로 연구되기 시작하면서 하위자들의 실질적인 변화를 이끌어 내는 일대 전환점을 이루게 되었다. 이 이론은 리더와 하위자 간의 관계를 교환 및 거래 관계로 가정하고, 주로 현상의 유지에 중점을 두고 있는 거래적 리더십을 비판하는데서 출발하여 하위자들의 욕구를 끌어올리고 개인, 집단, 조직의 성과를 극적으로 향상시키려는 시도로써 구체화되고 있다.

[출처] 네이버 지식백과, 전통적 리더십의 정의

(2) 지도자의 특성에 따른 접근방법

일반적으로 리더십 유형은 독재자 유형, 민주주의에 근접한 유형, 파트너십 유형, 변혁적 리더십 등 크게 4가지로 구분할 수 있다. 이러한 유형의 올바른 선택은 자신이 속한 조직의 문화와 상황이 어떠한지에 따라 융통성 있게 선택하는 것이 좋다.

① 독재자 유형

정치학에서 그 어원이 비롯된 것과 같이, 독재형은 정책 의사결정과 대부분의 핵심정보를 스스로에게만 국한해 소유하고 고수하려는 경향이 있다. 전형적인 독재자 유형의 특징은 아래와 같다.

- 질문 금지 : 집단의 규칙 하에 지배자로 군림, 조직원들은 주어진 업무만을 수행
- 모든 정보는 나의 것 : 지식이 권력의 힘이라고 믿음
- 실수를 용납하지 않음 : 언제나 최고의 질적 수준을 요구

독재자 유형은 집단이 통제가 없이 방만하거나 혹은 가시적인 성과물이 보이지 않을 때 사용하면 효과적일 수 있다. 이 경우 독재자 유형의 리더는 팀원에게 업무를 공정히 배분하고 스스로 결과에 책임을 줄 수 있고 독려할 수 있다.

② 민주주의에 근접한 유형

이 유형은 독재자 유형의 리더십보다 관대한 편으로 리더는 그룹에 정보를 잘 전달하려 노력하고, 전체 그룹의 구성원 모두를 조직의 목표 방향으로 이끌어 가며 참여시킨다. 민주주의에 근접한 유형의 특징은 다음과 같다.

- 참여 : 리더는 팀원이 모두 동등하다는 것을 확신시킨다.
- 토론의 장려 : 경쟁과 토론의 가치를 인식하며 팀이 나아갈 방향 설정에 참여시킨다.
- 거부권 : 이 유형의 리더는 비록 민주주의적이긴 하지만 최종 결정권은 리더에게만 있다.

민주주의에 근접한 방식은 리더가 능력이 탁월한 조직원을 거느리고 있고, 그런 방향을 계속적으로 지향할때 효과를 볼 수 있는 방식이다. 하지만 좋은 아이디어를 가졌다 할지라도 질적 수준을 수반하는 것은 아니기 때문에 리더는 옳고 그름을 결정할 책임이 있다.

③ 파트너십 유형

이는 전혀 다른 형태의 리더십으로, 독재자 유형과 민주주의에 근접한 유형은 리더와 집단 구성원 사이에 명확한 구분이 있으나 파트너십 에서는 그러한 구분이 확실하지 않다.
파트너십 유형의 특징은 아래와 같다.

- 평등 : 리더는 조직 구성원 중 한명일 뿐이며, 모두 동등한 대우를 받아야 한다.
- 집단의 비전 : 집단의 구성원들은 의사결정과 팀의 방향 설정에 참여한다.
- 책임 공유 : 모든 조직원은 집단행동의 성과와 결과에 대한 책임을 공유한다.

파트너십 유형은 소규모 조직에서 풍부한 경험과 재능이 있는 개인에게 적합하다. 신뢰와 정직, 그리고 구성원의 능력에 대한 믿음이 파트너십의 핵심이다.

④ 변혁적 유형

개인과 팀이 유지해 온 지금까지의 업무상태를 뛰어넘으려 하며, 전체 조직이나 팀원에게 변화를 가져오는 원동력이다. 변혁적 유형의 특징은 다음과 같다.

- 카리스마 : 조직에 명확한 비전을 제시하고 전달한다.
- 자기 확신 : 뛰어난 능력과 자신에 대한 확실한 믿음을 가지고 있다.
- 존경심과 충성심 : 개개인 스스로가 중요한 존재임을 깨닫게 해 존경심과 충성심을 불러 일으킨다.
- 풍부한 칭찬 : 한 가지 일에 대한 성공이 앞으로의 도전에 대한 좋은 자극이라 생각하며, 구성원이나 팀이 직무를 잘 수행했을 때 칭찬을 아끼지 않는다.
- 감화 : 리더는 구성원들이 불가능하다고 생각하는 일을 할 수 있도록 자극과 도움을 준다.

 Level up Mission

◉ 다음을 읽고 각각의 사례가 어떤 스타일의 리더십에 해당하는지 생각해 보자.

① K 병원의 원장은 의사나 간호사, 원무팀 직원들의 이야기를 듣기 보다는 자신의 생각에 순응하며 따르도록 요구한다. 이에 따라 조직원들은 자신에게 주어진 업무만 묵묵히 수행하며, 조직에 대한 정보를 알지 못하며 알고 싶은 욕구도 갖지 않는 상황이다.

② D 유치원의 원장은 아침마다 보육 교사들을 모아놓고 회의를 진행한다. 모닝미팅에서 원장은 그날그날의 아이들 지도내용에 대한 개요 자료를 교사들에게 나누어준다. 자료를 읽고 난 뒤 교사들은 자신의 의견을 제시하거나 새로운 안을 건의하기도 한다. 원장은 이러한 교사들의 의견에 동의하거나 거부할 권한을 가진다.

③ 유명 호텔의 한식 조리장인 J는 자신이 팀원 중 한 명일 뿐이라는 생각을 가지고 있다. 이에 따라 자신의 의견이 팀원들의 의견보다 중요하다고 생각하지 않으며, 모든 팀원들의 의견은 동등하게 존중받고 있다. 직원들은 팀의 성과와 결과에 대한 공동 책임을 지고 있다.

④ M 항공사의 임원인 U상무는 그동안 회사가 유지해온 업무수행 상태에 문제가 있다고 생각하고 있었다. 이를 개선하기 위해 그는 팀에 명확한 비전을 제시하고, 팀원들로 하여금 업무에 몰입할 수 있도록 격려하였다.

 ## 3. 관리자 vs 리더

> "리더십과 관리는 크게 다르지만 상호 보완적인 행동체계이다.
> 각자 다른 역할과 독자적인 활동을 수행한다.
> 점점 더 복잡해지고 끊임없이 변화하는 비즈니스 환경에서 조직이 성공하려면,
> 이 두 요소가 모두 필요하다.
> 관리능력은 부족하고 리더십만 강력한 조직은
> 리더십이 부족하고 관리능력만 뛰어난 조직에 비해 더 나을 것이 없으며,
> 이따금 더 나쁜 성과를 거두기도 한다.
> 강력한 리더십과 뛰어난 관리능력을 결합해 균형을 맞추는 일은 몹시 어렵다."
>
> - 존코터, 하버드 비즈니스 스쿨의 명예교수이자 리더십 및 변화관리 분야의 세계적인 권위자

'관리'와 '리더십'이라는 용어는 서로 혼용이 된다. 일반적으로 이 두 개념을 동일하게 받아들이는 사람들도 많다. 하지만 관리와 리더십은 엄격하게 구분된다. 하지만 성과를 내는 조직이 되기 위해서는, 이 두 가지가 모두 필요하다. 서로 비교하고 차이점을 이해한다면 이 두 핵심 역할의 균형을 맞추고 개선할 수 있다.

관리와 리더십의 가장 중요한 차이점은 관리의 대상이 무엇이냐에 달려 있다. 관리는 대상이 사물인 반면, 리더십의 대상은 사람이다. 사물에서는 물리적 자산, 시스템 등을 다루고 사람의 영역범위는 고객, 팀과 조직의 구성원, 외부 파트너 등이다. 사물의 영역에서는 일하는 방식을 다루지만 사람의 영역에서는 존재의 방식을 다루는 것이다.

[표 3-4] 보완적인 장점

관리자	리더
상황에 수동적	새로운 상황 창조자
사실	감정
오늘에 초점	내일에 초점
체제나 기구 중시	사람 중시
직권	설득력
통제	헌신
문제해결	가능성에 대한 사고
'어떻게 할까'를 생각한다.	'무엇을 할까'를 생각한다.
규칙	가치관
업무에 대한 계획과 통제	비전의 창조와 방향의 제시
사람을 관리	사람들 마음속에 불을 지피기
표준화	혁신

[출처] 리더스 다이제스트 -짐 클레머 (22p 참고)

결국 조직이 성공하려면 관리와 리더십이 모두 필요하다. 이 중 어떤 것이 중요하냐는 자전거의 앞뒤바퀴 중에서 어떤 것이 더 중요하느냐와 같은 질문이다. 결국은 둘의 균형이 잘 이루어질 때 조직이 건강하게 성장할 수 있을 것이다.

 사 례

서든 캘리포니아 대학의 경영학 교수인 워렌 베니스는 수십년동안 리더십에 대해 폭넓게 연구해 그 결과를 발표했다. 그는 리더가 관리자에 비해 사람의 힘을 훌륭하게 활용하는 원인을 다음과 같이 설명했다.

"관리자는 사람들이 해야 할 일을 하도록 만들지만, 리더는 해야 할 일을 하고 싶도록 만든다. 관리자는 밀어 붙이지만 리더는 끌어당기며, 관리자는 명령하지만 리더는 대화를 나눈다."

4. 21C 리더십

(1) 감성리더십

감성리더십의 선두주자인 다니엘 골만은 감성리더십이란 리더 스스로 자신의 내면을 파악하고, 구성원의 감성을 이해하고 배려함과 동시에 자연스럽게 조직 구성원들과 관계를 형성해 조직의 감성 역량을 높이는 능력이라고 정의했다. 조직 구성원이 다양해지고 가치관이 빠르게 변하면서, 일상생활에서 구성원들이 느끼는 감성을 이해하고 이들과 긍정적인 관계를 유지하는 감성리더십의 중요성이 부각되고 있다.

감성리더십은 다음의 4단계를 거쳐 구축되며, 결과적으로 구성원의 자발적인 협력을 이끌어내고 새로운 방식으로 문제해결을 촉진함으로써 창조적인 조직성과 창출에 기여할 수 있는 패러다임이다.

① 1단계 : 리더의 자기통제 단계

자신의 감정 표현이 개인에 머무는 것이 아니라 조직 전체에 미치는 영향을 정확히 인식하고 부정적인 감정을 스스로 조절할 수 있어야 한다. 같은 집단에서 일하는 사람들 간에는 불안, 시기, 행복 등의 감성이 전이(emotionalcontagion)되며, 이는 조직의 성과나 분위기에 큰 영향을 미치기 때문에 리더는 자신의 감정을 잘 관리해야 한다.

연구결과에 따르면, 구성원들 간에는 부정적인 감정이 긍정적인 감정보다 전염성이 높다고 한다. 우리나라와 같이 근무 시간이 길고 관계지향적인 문화가 강한 환경은 상대방의 감정에 더 많이 노출되면서 감정이 쉽게 전염될 수 있는 구조다. 특히, 리더는 성과에 대한 압박으로 스트레스가 크고 부정적인 감정에 쉽게 노출되는 편인데다, 이들은 자신의 부정적인 감정을 쉽게 표현할 수 있는 위치에 있기 때문에, 리더로 인한 감정 전염은 조직에 직접적인 영향을 미칠 수 있다. 따라서 리더는 자신과 다른 사람의 감정을 이해하고 조절할 줄 아는 감성 역량을 키울 필요가 있다.

② 2단계 : 조직 내 신뢰 구축 단계

리더가 구성원을 대상으로 마음에서 우러난 신뢰와 존중을 표현해 감성리더십의 기반을 마련하는 과정이다. 이를 위해 리더는 구성원들과 정기적인 모임을 갖거나, 티타임, 온라인 대화 등 다양한 소통 채널을 갖는 것이 필요하다.

③ 3단계 : 개별적 관심과 배려

리더는 구성원에게 맞춤형 배려를 제공해 감동을 줄 수 있다.

④ 4단계 : 긍정적인 집단감성의 형성 단계

리더와 구성원의 개별 관계를 넘어, 조직 전체의 우호적, 협조적 관계를 구축해 집단 자체가 긍정적인 정서를 형성하는 것이 중요하다.

(2) 변혁적 리더십

앞에서 언급한 바와 같이 변혁적 리더십은 초기의 카리스마적 요소를 구체화하여 자부심과 존경심을 불러일으키는 리더의 강한 면모와 더불어 부하에게 적절한 권한을 부여하고 지위상승을 허용하여 신뢰감을 얻는 관대함을 가진 리더십을 말한다. 상황에 따라 자율적이고 방임적인 반면, 조건과 보상의 실익을 따지는 거래적 리더십의 선택 능력을 리더에게 요구함으로써 보다 넓은 의미의 변혁적 리더십 개념으로 변화했다(Burns, 1978; Bass, 1985).

변혁적 리더십의 대가 Bass의 연구에 의하면 변혁적 리더십은 5개 요소로 규정된다. 그는 변혁적 리더십 요소로서 카리스마, 개별화된 배려, 지적 자극 등 3개 요소와 거래적 리더십의 요소로서 조건적 보상과 예외 관리 요소 등 2개 요소를 포함하고 있다.

① 카리스마

Bass는 변혁적 리더십 요소 가운데 가장 특징적 요소로 카리스마를 들고 있다. 그의 주장에 의하면, 카리스마란 리더와 부하의 관계속에서 부하의 감정적 몰입에 의해 변혁적으로 드러난다. 카리스마적 리더십은 강한 측면보다는 부드럽고 진지하며 덕을 갖춘 솔선수범형이라 할 수 있다. 결국 부하들은 능력을 갖춘 리더에게 고무되고 감성적으로 깊은 영향을 받게 되고, 위기 상황에서 존경심을 갖게 되어 동기가 부여되는 것이다.

② 개별적 배려

변혁적 리더는 구성원들로 하여금 스스로 리더가 되려는 노력을 고무해야 한다. 그러므로 변혁적 리더십의 요소인 개별화된 배려는 부하들이 자기개발을 위하여 리더와 동일시하려는 의식을 고취하게 하는 중요한 수단이 된다. 변혁적 리더십은 부하의 책임의식을 고취하고 부하 스스로가 리더를 역할모델로 수용하여 이익을 얻어 낼 수 있다는 생각을 가지게 하며, 주인의식과 함께 변화에 대한 적응력이 향상되는 등의 긍정적 효과를 얻을 수 있다.

③ 지적 자극

변혁적 리더는 문제의 인식과 해결에 있어 부하들로 하여금 상황을 이해하고 개념화, 식별할 수 있는 능력을 가질 수 있게 자극할 수 있어야 하며, 구성원들에게 조직이 당면한 문제점과 비교우위 등을 명확하고 투명하게 알려 주어야 한다. 변혁적 리더는 혁신적 변화를 추구하므로 그 수단으로 부하들을 비 감성적 차원에서 끊임없이 자극한다. 그러므로 변혁적 리더십 요소 가운데 지적 자극 요소는 거래적 리더십 요소 가운데 하나인 예외적 관리 요소가 기존 현상의 본질을 부정하지 않고 유지하려고 하는 가장 대치되는 리더의 행위라고 할 수 있다.

④ 조건적 보상

조건적 보상 요소의 측정은 긍정 혹은 부정적 조건의 강화로 분류된다. 전자는 급여 인상, 직위 향상, 독려 등이다. 후자는 합의된 표준 이하의 성과가 얻어질 때 가해지는 결과의 인지 및 부정적 피드백, 벌금, 무급 정직, 지원의 중단 등이며, 최악의 경우 해고 등의 방법을 예로 들 수 있다. 이와 같은 실행요소 이외에도 긍정적 강화의 방법으로 칭찬이나 공개적 인정, 존경심의 표시 등도 효과적이다. 부정적 강화의 실행은 조심스럽게 이루어져야 한다.

⑤ 예외적 관리

"부하가 몇 가지의 이유를 들어 의무를 이행치 않았거나, 기대되는 성과에 미치지 못했을 경우 관리자가 개입하는 경우"로 정의한다. 이러한 예외관리 행위 자체가 군대 조직, 교육 관리 조직이나 대규모 기업의 관리자와 같은 관료집단에게는 생산성 향상에 역행될 수 있다는 사실을 실증을 통해 인정하면서도 필요악으로 그 존재를 인정하고 있다.

핵심포인트

▣ 변혁적 리더십 요소

- 리더의 입장에서 부하에 대한 신뢰감과 충성심의 고취, 그리고 일의 분별력을 통하여 존경심을 획득함으로써 부하의 입장에서는 스스로 능력을 획득하기 위한 노력에 집중하도록 하는 카리스마적 요소

- 리더의 입장에서 부하의 잠재력을 평가하고 그에 맞는 직무를 할당하고 권한을 이양하며 비공식적 의사소통을 가능케 함으로써 부하의 입장에서 리더와의 동일시 노력을 자극하는 개별적 배려 요소

- 리더의 입장에서 조직이 마주한 실제 문제를 알리고 장기적인 목표를 지향하며, 변화에 대한 적응성을 지향하여 부하의 입장에서 능동적 자아실현을 추구하도록 하는 지적 요소

▣ 그리고 변혁적 리더십 요소와 구분되는 거래적 리더십 요소

- 리더의 입장에서 긍정적 강화의 수단과 부정적 강화의 수단을 구별하여 보상하여 부하로 하여금 결과에 대한 지각을 분명하게 하는 조건적 보상 요소

- 리더의 입장에서 통제의 범위를 일탈 행위로 축소하고 변화를 추구하는 자세를 견제하여 부하의 입장에서 통제의 축소를 인식하게 하는 예외관리 요소

학습평가 Quiz

1. 다음은 무엇에 대한 설명인가?

> 리더 스스로 자신의 내면을 파악하고, 구성원의 감성을 이해하고 배려함과 동시에
> 자연스럽게 조직 구성원들과 관계를 형성해 조직의 감성 역량을 높이는 능력

① 감성리더십   ② 변혁적 리더십

③ 전통적 리더십   ④ 상황대응 리더십

2. 다음에 제시된 4가지 리더십 유형을 가장 효과적으로 활용할 수 있는 상황과 각각 연결지어
보자.

독재자 유형 •	•조직에 획기적인 변화가 요구될 때
민주주의에 근접한 유형•	•소규모 조직에서 경험과 재능있는 조직원이 있을 때
파트너십 유형 •	•통제없이 방만한 상태, 가시적 성과물 필요 시
변혁적 유형 •	•혁신적이고 탁월한 부하직원들이 있을 때

3. 다음 중 리더의 특징이 아닌 것은?

① 감정   ② 헌신   ③ 혁신   ④ 현재

4. 다음의 특징을 갖고 있는 리더는 어떤 유형이라고 볼 수 있는가?

> • 카리스마 : 조직에 명확한 비전을 제시하고 전달한다.
> • 자기 확신 : 뛰어난 능력과 자신에 대한 확실한 믿음을 가지고 있다.
> • 존경심과 충성심 : 개개인 스스로가 중요한 존재임을 깨닫게 해 존경심과 충성심
> 을 불러 일으킨다.
> • 풍부한 칭찬 : 한 가지 일에 대한 성공이 앞으로의 도전에 대한 좋은 자극이라 생각
> 하며, 구성원이나 팀이 직무를 잘 수행했을 때 칭찬을 아끼지 않는다.
> • 감화 : 리더는 구성원들이 불가능하다고 생각하는 일을 할 수 있도록 자극과 도움
> 을 준다.

5. 파트너십 유형의 리더가 가지고 있는 3가지 핵심가치는 무엇인가?

학습내용 요약 Review (오늘의 Key Point)

1. 리더십이란 일정한 상황 하에서 목표의 달성을 위하여 개인 혹은 집단행동에 영향력을 행사하는 과정이라고 정의 내릴 수 있다.

2. 관리와 리더십의 가장 중요한 차이점은 관리의 대상이 무엇이느냐에 달려 있다. 관리의 대상은 사물인 반면 리더십의 대상은 사람이다.

3. 전통 리더십의 이론은 특성이론, 행동이론, 상황이론, 변혁이론 등 4가지 유형으로 구분하여 발전하여 왔다.

4. 일반적인 리더십 유형은 독재자 유형, 민주주의에 근접한 유형, 파트너십 유형, 변혁적 리더십 등 크게 4가지로 구분할 수 있다. 이러한 유형의 올바른 선택은 자신이 속한 조직의 문화와 상황이 어떠한지에 따라 융통성 있게 선택하는 것이 좋다.

5. 감성리더십이란 리더 스스로 자신의 내면을 파악하고, 구성원의 감성을 이해하고 배려함과 동시에 자연스럽게 조직 구성원들과 관계를 형성해 조직의 감성 역량을 높이는 능력이다. 감성리더십은 구성원의 자발적인 협력을 이끌어내고 새로운 방식으로 문제해결을 촉진함으로써 창조적인 조직 성과 창출에 기여할 수 있는 패러다임이다.

6. 변혁적 리더십은 초기의 카리스마적 요소를 구체화하여 자부심과 존경심을 불러일으키는 리더의 강한 면모와 부하에게 적절한 권한을 부여하고 지위상승을 허용하여 신뢰감을 얻는 관대함을 가진 리더십을 말한다.

스스로 적어보는 오늘 교육의 메모

셀프리더십과 팔로워십

Contents

Learning Objectives

1. 셀프리더십의 개념과 중요성을 설명할 수 있다.

2. 팔로워십의 개념과 유형별 특성을 설명할 수 있다.

3. 셀프리더십 향상전략을 설명할 수 있다.

4. 팔로워십 향상전략을 설명할 수 있다.

4
Chapter

1,500달러짜리 카푸치노

나는 이른 아침에 일정이 잡힌 미팅 후라 배가 고파 쓰러지기 직전이었다. 다행히 회사 모퉁이에 스타벅스가 있었다. 나는 식사하러 가는 길에 카푸치노 한 잔을 샀다.

그 근처에는 유명한 델리 식당이 있었는데, 예전에 먹어 본 경험으로 맛이 아주 좋다는 것을 알고 있었다. 주차를 하고 막 마시기 시작한 카푸치노를 들고 식당 안으로 들어갔다. 그리고 종업원에게 "아침메뉴 1인분이요."라고 주문했다.

그 종업원은 내 스타벅스 컵을 보더니 무뚝뚝하게 "저희 식당에서는 외부 음식과 음료는 반입 금지입니다. 버리시거나 카운터에 맡겼다가 나가실 때 찾아가시죠."라고 말하는 게 아닌가? 나는 5달러짜리 카푸치노를 버릴 생각이 없었다. 그래서 커피를 들고 그 식당을 나와 다른 식당으로 갔다. 자신의 식당 커피를 팔기 원하는 주인들의 입장은 공감을 하지만 나는 이미 다른 곳에서 커피를 샀고, 아침 식사로 20달러 이상을 기꺼이 지불할 예정이었다. 그러나 막 구입한 스타벅스 카푸치노를 버리라고 요구한 그 식당은 결과적으로 어떤 수입도 올리지 못했으며, 나라는 한 명의 고객을 영원히 잃게 되었다.

이 일 때문에 화가 난 나는 식당 운영자로 성공한 내 동생에게 전화를 걸었다. 식당에서 있었던 일을 설명하고나서 그의 의견을 물었다. 동생은 답을 미리 생각이라도 해 둔 것처럼 손쉬운 해결책을 내놓았다.

"그 종업원은 '저희는 외부 음식이나 음료의 반입을 금지하고 있습니다. 제가 자리를 안내해 드린 후, 손님의 음료를 저희 식당 컵으로 옮겨 드리겠습니다'라고 말해야 했어. 이렇게 하면 경쟁사의 커피를 테이블에 놓지 않아도 됐을 것이고, 형은 자신의 커피를 마셨을 것이고, 그들은 형이 아침 식사로 지불할 돈을 벌었을 거야."

그런데 그 종업원은 왜 그런 생각을 하지 못한 걸까? 두 사람 모두 만족할 수 있는 긍정적인 영향을 미치거나 리더십을 발휘하는 대신에, 그는 부정적인 영향을 미쳤고 고객 한 명을 잃은 것이다. 간단한 말 한 마디로 그 식당은 1년에 1,500달러의 매출을 더 올릴 수 있었다. 이는 그 다음 해에 내가 매주 아침 식사에 1년 간 소비했을 금액이다. 이런 종류의 셀프 리더십은 일상생활에서 자주 나타날 수 있다.

[출처] 〈CEO도 반하는 평사원 리더〉中, 마크 샌번 저, 안진환 역, 2007, 비전과 리더십

4장에서는 앞서 살펴본 리더십에 이어서 나 자신을 이끄는 셀프리더십의 개념과 성공하는 셀프리더십 향상전략을 학습해본다. 또한 리더십만큼 중요한 팔로워십에 대해 살펴보고 팔로워십 향상전략에 대해 학습해본다.

1. 다음 중 셀프리더십 향상전략과 거리가 먼 것은?

   ① 자기징계 　　　　　　　② 리허설
   ③ 자기보상 　　　　　　　④ 방향성 통일

2. 다음 중 셀프리더십 행동전략이 아닌 것은?

   ① 자기징계 　　　　　　　② 리허설
   ③ 자연적 보상 　　　　　　④ 자기 설정 목표

3. 다음 중 모범형 팔로워의 특성에 대한 것이 아닌 것은?

   ① 리더의 판단과 지시가 있어야 행동
   ② 리더의 부족한 측면을 보강
   ③ 조직목표와 개인목표 정렬
   ④ 적극적 참여와 자발적 협력

1. 셀프리더십의 개념과 중요성

(1) 셀프리더십의 개념

앞 장에서 살펴 본 리더십은 우리가 일반적으로 추구하는 보편적 리더십 영역으로 이해할 수 있다. 즉, 대인관계에 대한 외적 리더십(Relation-Leadership)이다. 외적 리더십은 우리 주변 사람들과의 관계를 이끄는 힘으로 볼 수 있다. 그러나 이러한 주변 환경을 이끄는 힘은 자신의 삶을 통제할 수 있는 내적 리더십, 즉 자신에 대한 리더십인 셀프리더십(Self-Leadership)이라 할 수 있다.

많은 학자들이 다양하게 셀프리더십에 대해 정의하고 있는데, 먼즈(C. Mamz) 등은 '스스로 자기 자신에게 영향을 미치기 위해 사용되는 행위 및 인지전략을 뜻하며, 스스로 동기를 유발하게 하는 자유의지 실현개념'이라고 정의하였다.

셀프리더십이란 리더가 조직에서 구성원들이 조직의 목표에 다가가도록 그들을 리드하는 것처럼, 자기 자신이 자신의 목표를 달성하기 위해 자신에게 심리적인 안정과 만족감을 주면서 일을 수행하도록 하는 것이다. 즉, 셀프리더십은 환경과의 관계에서 자신이 자신의 목표를 계획하고 실행하는 능동적인 개념이다. 그래서 셀프리더십은 개인이면 누구나 발휘하고, 또 발휘해야만 하는 개념이다.

월마트 샘 월튼(Sam Walton) 회장은 늘 "우리 일은 전적으로 인간 사업이다."며, "우리는 우리 모두가 잠재력을 최대한 실현할 때까지 서로 나누고, 보살피고, 동기를 부여하고, 감사하고, 봉사함으로써 서로를 북돋아야 한다."고 말했다.

그는 또 "성공의 열쇠는 매장에 들어가서 직원들의 얘기를 들어보는 것이다."고 강조하며, 현장의 목소리에 귀를 기울였다.

월마트에서는 '직원(Employee)'이라는 용어 대신 '동료(Associate)'라는 단어를 사용한다.

최근 많은 기업들도 이러한 월마트의 이러한 가치를 적용하여 '직원'보다는 '동료'라는 단어를 사용한다. 직원들에게 우리는 한 가족이라고 떳떳하게 말할 수 있도록 솔선수범의 셀프리더십을 발휘하여 자기경영을 하고 있는 것이다.

(2) 셀프리더십의 중요성

최근 기업이나 다양한 강연에서 자기계발에 대한 관심이 높아지면서 '셀프리더십'이란 말이 자주 거론된다. 자기목표 설정, 자기통제와 같은 자율성을 중심으로 하는 셀프리더십이 헌신과 정열을 불러일으키는 데 효과적이라는 점에서 중요해지고 있다.

셀프리더십을 효과적으로 발휘하는 사람은 타인과의 관계를 먼저 생각하기보다 자기 자신의 관리가 우선인 사람이다. 따라서 스스로 동기부여된 성실한 업무수행을 통해 더 높은 자율성을 발휘할 수 있어야 한다.

일본에는 '코이(Koi)'라는 잉어가 있다. 일본인들이 관상용으로 즐겨 기르는 이 물고기는 작은 어항에 넣어두면 5~8cm 정도 밖에 자라지 않지만, 연못에 넣어두면 15~25cm까지 자란다고 한다. 놀랍게도 커다란 강물에 풀어 주면 90~1.2m 이상 자란다. 코이는 자기가 숨쉬고 활동하는 세계의 크기에 따라 피라미가 될 수도 있고, 대어가 되기도 한다. 코이가 환경에 따라 크기가 달라지듯이 우리도 우리의 꿈의 크기에 따라 미래가 달라질 수 있다. 코이의 크기를 결정하는 것은 환경이지만 우리는 스스로 환경을 선택할 수 있는 결정권을 가질 수 있다.

 Level up Mission

☎ 다음 [사례]를 읽고 지난 한 달간 여러분이 경험한 셀프리더십 사례에는 무엇이 있는지 세 가지만 팀원과 이야기 나누어보자.

1. _____
   _____

2. _____
   _____

3. _____
   _____

사 례

한 특급호텔에서의 일이다. 이 호텔은 자기 호텔을 다시 찾는 고객에게 더 나은 서비스를 해주고자 고심하고 있었다. 만약 어떤 손님이 예전에 체류한 적이 있다면 호텔 컴퓨터에 당연히 그 사실이 기록되어 있을 것이다. 그러나 손님이 체크인하기 전에 프론트 직원이 그를 알아볼 수 있는 방법이 있을까?

한 벨데스크 직원이 묘안을 생각해 냈다. 그는 자가용이나 택시, 셔틀버스를 타고 도착한 모든 손님들에게 인사하면서 "저희 호텔에 오신 것을 환영합니다. 예전에 투숙하신 적이 있으신가요?"라고 물었다. 손님들이 그렇다고 대답하면, 그는 고객의 짐을 운반하기 위해 온 직원에게 그들을 인계하면서 그의 왼쪽 귀를 살짝 잡아당겼다. 그것은 재방문한 손님을 의미하는 것이었고, 손님은 체크인도 하기 전에 호텔 직원에게 그에 상응하는 대우를 받았다.

[출처] 〈CEO도 반하는 평사원 리더〉中, 마크 샌번 저, 안진환 역, 2007, 비전과 리더십

이렇듯 현업에서 근무하는 직원들이 자발적으로 리더십을 발휘하여 고객만족을 얻는 경우가 서비스 산업에서는 빈번하게 발생한다.

2. 팔로워십의 개념과 중요성

(1) 팔로워십의 개념

오늘날과 같은 무한 경쟁 시대에 조직이 살아남고 발전을 도모하기 위해서는 훌륭한 리더가 있어야 할 것은 말할 나위 없다. 하지만 급변하는 환경에 조직이 적응하고 성장하기 위해서는 보다 유능하고 적극적인 팔로워들이 요구된다.

탁월한 리더십의 이면에는 뛰어난 '팔로워십(Followership)'이 반드시 존재한다. 리더 없는 팀은 존재하지만 팀 없는 리더는 존재하지 않는다. 즉, 리더는 자신을 받쳐주는 수많은 팔로워들에 의해 유지되고 성장한다. 그러나 이러한 팔로워들의 존재와 중요성을 인식하지 못하고 오직 리더십만으로의 획일적인 일반화를 해왔던 것이 사실이다. 오직 리더

십만을 강조하고, 적지 않은 시간과 비용을 투자해 리더십 교육을 지속해왔음에도 불구하고 조화와 협동, 책임의식과 효율성 등에 대한 조직의 고민은 여전히 계속되고 있다.

이렇게 넘쳐나는 '리더십 과잉의 시대'에 대한 해법은 바로 '팔로워십(followership)'이다. 리더에게 필요한 것이 리더십이라면, 리더를 따라 조직을 떠받치는 수많은 조직원들에게 필요한 것이 바로 팔로워십이라는 것이다. 팔로워는 리더를 따르는 동시에 리더를 보좌하고, 때로는 협조하고, 때로는 견제하는 파트너로서 존재한다. 단순한 주종관계나 수직관계를 넘어서 공통의 목표를 향해 함께 나아가는 협조자인 셈이다.

영화 속에서 주연 배우 못지않게 조연 배우의 역할이 중요하듯, 어느 조직이 성공하려면 탁월한 리더와 훌륭한 팔로워가 공존해야 한다. 즉, 합리적인 권위를 바탕으로 한 리더십과 건전한 비판 의식이 전제된 팔로워십이 복합적으로 상호 작용하면 시너지 효과를 창출할 수 있다. '팔로워십'이라는 책을 펴낸 하버드대학 케네디스쿨의 바바라 켈러맨 교수는 "큰 조직의 운명은 수천 명에 달하는 일반 직원들을 얼마나 잘 이해하고, 이들을 효율적으로 활용하느냐에 달려있다."고 지적한다.

(2) 팔로워 유형별 특성

켈리(Kelly, 1992)에 의해 제기된 팔로워십은 최근 들어 많은 학자들과 실무자들의 관심을 끌고 있다. 사실 조직에는 팔로워들의 숫자가 리더와 비교가 안될 만큼 많고, 조직의 성과에 기여하는 바에 있어서도 전체 성과의 80% 이상이 되므로 리더십보다는 팔로워십을 더 연구해야 한다는 것이 켈리의 주장이다.

켈리는 팔로워의 특성을 구분하는 두 가지 기준을 제시했다. 첫 번째 기준은 팔로워의 '사고요인'으로 구성원이 '독립·비판적인 사고를 하느냐, 의존·무비판적인 사고를 하느냐'를 말한다. 두 번째 기준은 팔로워의 '행동 요인'으로 구성원이 일에 '적극적으로 참여하는가, 수동적으로 참여하는가'를 말한다. 그는 '사고'와 '행동'의 두 가지 기준을 토대로 4가지 팔로워 유형을 구분하고, 이 두 가지의 속성이 뚜렷하지 않은 중간 유형의 사람들을 '실무형 팔로워'라고 별도로 구분하여 모두 5가지의 팔로워 유형을 제시하였다. 이를 그림으로 나타내면 [그림 4-1]과 같으며, 5가지 유형별 특성은 다음과 같다.

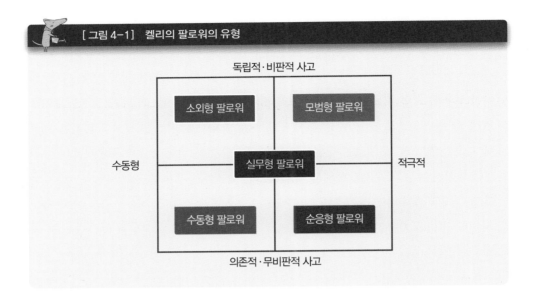

[그림 4-1] 켈리의 팔로워의 유형

독립적·비판적 사고

소외형 팔로워　　　　모범형 팔로워

수동형　　실무형 팔로워　　적극적

수동형 팔로워　　　　순응형 팔로워

의존적·무비판적 사고

① 수동형(the sheep)

리더 앞에 턱받치고 앉아 "내가 뭘 할지 알려주세요. 나에게 동기부여를 해주세요."라고 말한다. 상사는 '이 사람에게 오늘 뭘 시켜야 하나, 어떻게 말해주어야 하는가'를 매일 고민하게 된다.

② 순응형(the yes-people)

항상 긍정적인 표정을 지으며 리더 편을 들지만, 여전히 리더가 자신에게 비전과 방향 제시를 해주기를 기대한다. 상사가 업무를 지시하면 신나게 일을 마무리한 다음, 리더 앞으로 뛰어와 "이제 또 뭐 할까요?"하고 눈을 반짝인다. 얼핏 생각하면 이상적인 것 같지만 진정한 팔로워십을 갖추기 위해서는 단순한 일꾼 이상의 역량이 필요하다.

③ 소외형(the alienated)

리더가 새로운 제안을 할 때마다 그 일을 하지 말아야 하는 이유를 열개씩 늘어놓는 부정적 유형이다. 어떤 상황에서든 쉽게 행동으로 옮기지 않고 모든 것에 냉소적 태도를 취한다. 하지만 이들은 조직에서 용감히 자신의 의견을 이야기할 수 있는 유일한 유형이므로 상사입장에서는 유용하게 활용하는 것이 좋다.

④ 실무형(the pragmatics)

스스로 선봉장이 되지 않지만 그렇다고 조직에서 일어나는 일에 빠지는 법이 절대 없는 실용주의자이다. "상사나 조직의 비전은 바뀌기 마련이야. 시키는 모든 일을 다 할 필요는 없다는 것을 알게 되지."라고 혼잣말을 하는 사람들이다. 절대 쓸데없는 노력은 하지 않으려고 하기 때문에 주위로부터 얄미운 뺀질이라고 불리기도 한다.

⑤ 모범형(the star)

자신을 적극적이고 긍정적인 에너지로 가득찬 사람으로 지각한다. 리더의 의사결정 내용에 대해 현실적인 검증을 해보려 노력하고 동의하는 경우 최선을 다해 지원한다. 반면 동의하지 않는 경우 리더와 조직에게 나름대로 대안책을 제공하면서 건설적인 도전모습을 보인다. 모두가 육성하고자 하는 팔로워는 모범형으로서 조직에 대한 비판력과 공헌력을 가진 유형이다. 이와 같은 모범형 팔로워는 조직의 운명과 성공의 80%를 결정할 수 있는 파워풀한 역량을 소지하게 된다.

Level up Mission

☎ 앞서 학습한 '팔로워의 5가지 유형' 중에 나는 어떤 팔로워에 해당하는지 표시해보고 그 이유를 팀원과 이야기 나누어보자.

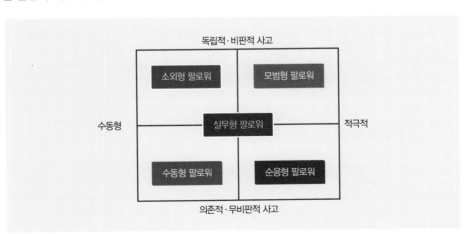

사례 : 백악관의 공동 대통령, 칼 로브와 그의 팀

칼 로브(Karl Christian Rove). 사실 그만큼 개인 됨됨이에 대한 평가가 극과 극을 달리는 인물도 흔치 않다. 열렬한 공화당 지지자이거나 조지 부시 대통령에게 한 표를 행사한 유권자라면 그의 이름을 승리의 개선장군으로 기억할 것이다. 하지만 민주당 지지자이거나 반(反)조지 부시 진영에서라면 그를 음험하기 짝이 없는 책략가로 기억할 것이다. 아무튼 그를 좋아하는 사람이나 싫어하는 사람이나 칼 로브를 부시 행정부의 숨은 권력자라고 하는 데에 반론을 제기하는 사람은 없다. 또 민주당 사람들에게 있어서도 칼 로브는 저주의 대상이지만, 만일 그가 공화당을 탈당해 민주당을 지지했다면 반드시 영입했어야 할 책략의 귀재였다. 우리 편이 아니기에 끊임없이 비난하고 욕했지만, 그렇지 않았다면 반드시 우리 편으로 만들었어야 할 능력 있는 사람이라는 뜻이다.

칼 로브와 그의 팀은 부시 선거 진영에서 가장 건드리기 힘든 분야를 적극적으로 공략했고 때로는 흑색선전에 가까운 네거티브 전법도 마다하지 않았다. 그는 자신의 이해득실을 떠나 조지 부시에게 도움이 된다면 기꺼이 악역을 자처하기도 했다. 부시는 '미국민이 좋아하는 친근하고 소탈한 이미지'라는 장점은 있었으나 상대 진영에 비해 구체적이고 뚜렷한 정책이 부족했었는데, 칼 로브와 그의 팀은 내부의 많은 반대에도 불구하고 정책대결을 위해 대표적으로 내세울 수 있는 선명한 정책이 필요하다는 판단 하에 부시를 설득하여 굵직굵직한 정책들을 만들어 냈다. 이 모든 것은 칼 로브와 그의 팀이 리더의 입맛을 맞추기 위해 움직이기보다는, 보다 큰 비전과 목표를 위해 리더가 어떤 역할을 수행해야 할 것인지에 대한 심도 있는 고민을 했기에 가능했다. 결국 동성결혼과 낙태 금지, 사회보장제도 개혁 등 그들이 만들어 낸 굵직굵직한 정책들은 공화당 지지자들의 재결집을 이뤄냈고, 그 덕분에 부시는 선거에서 승리할 수 있었다.

[출처] 〈팔로워십, 리더를 만드는 힘〉, 신인철 저, 한스미디어, 2007

3. 셀프리더십과 팔로워십 향상전략

(1) 셀프리더십 향상전략

셀프리더십의 전략으로는 효과적인 행동에 초점을 맞춘 행동전략과 효과적인 사고와 태도에 초점을 두는 인지전략으로 나뉘게 되며, 다음에서 조금 더 구체적으로 알아보도록 하겠다.

① 행동전략

셀프리더십의 첫 번째 전략은 행동에 초점을 맞춘 것으로, 관리자와 종업원들이 어렵고, 그래서 내키지 않는, 그러나 반드시 해야 하는 과업을 수행함에 있어 스스로를 리드하도록 돕는 것이다. 몇 가지 구체적인 전략으로는 자기목표 설정, 리허설, 자기관찰, 자기보상, 자기징계 등을 들 수 있다. 이러한 구체적인 전략에 대해 보다 자세히 알아보도록 한다.

㉠ 자기 설정 목표

자기 스스로 목표를 설정하는 것은 성공적인 셀프리더십의 중요한 한 가지 요소이다. 목표를 설정함에 있어 알아두어야 할 점은 최상의 효과를 얻기 위해서는 목표가 도전적이어야 하겠지만 반드시 달성할 수 있는 것이어야 하며, 또한 구체적이어야 한다는 것이다.

㉡ 리허설

리허설이나 연습은 효과적인 선행적 셀프리더십 전략이다. 어떤 일을 실행하기에 앞서 깊이 생각하고 중요한 부분을 미리 연습하는 태도는 업무 수행에 큰 도움을 준다. 부서별 연간 예산안을 예산심의위원회에 공식 제출하기 전에 브리핑 내용을 미리 연습해 보는 것은, 이 전략의 한 가지 예이다.

㉢ 자기관찰

자기관찰 전략은 업무 수행의 결과, 즉 업무를 수행한 후 일어난 일에 초점을 맞춘다.

자기관찰은 셀프리더십을 효율적으로 발휘하는데 필요한 정보를 제공해 준다. 바람직한 행위와 그렇지 못한 행위의 원인을 관찰함으로써 무엇을 바꾸어야 할지, 또 어떻게 바꾸어야 할지에 대한 단서를 발견할 수 있다. 또한 자기 스스로를 평가할 수 있는 자료를 제공해 줌으로써 수집된 정보를 분석하여 자신이 행한 업무 활동의 효율성을 스스로 평가할 수 있게 된다.

㉣ 자기보상

노력의 대가로 주어지는 보상은 일할 의욕을 북돋고 앞으로 어떤 행동을 할지를 선택하는데 중요한 영향을 미친다. 일반적으로 보상이라고 하면, 조직이나 다른 사람들로부

터 받는 것에 관심이 집중되지만 자기가 스스로에게 부여하는 보상과 징계 또한 그에 못지않게 중요하다. 자기보상은 물질적인 것이든 정신적인 것이든, 일에 대한 노력을 지속시키는데 큰 도움을 주며, 일할 의욕을 북돋움으로써 미래의 성공을 보장해 준다.

ⓜ 자기징계

일이 잘못되었을 때 자기가 스스로에게 벌을 주는 것은 보통 그다지 효과적이지는 못하다. 실제로 자기징계는 정신적이거나 의식적인 것이 대부분이다. 바람직하지 못한 행동임이 분명한데도 너무 관대하게 처리하는 것 또한 문제이므로 가끔은 적절한 자기책망이 필요할 때도 있다. 그러나 대체로 잘한 행동에 대한 자기보상에 중점을 두는 편이 징계보다 더욱 효율적이다.

② 인지전략

셀프리더십의 인지전략은 건설적인 사고 패턴의 관리와 이것이 행동에 미치는 영향을 다룬다. 인지전략은 서로 밀접하게 연관된 두 부분으로 나누어져 있는데, 첫 번째 부분은 일을 통해서 자연스럽게 얻을 수 있는 자연적 보상(natural rewards)의 이용에 관한 것이며, 두 번째는 건설적인 사고 패턴을 발전시키는 문제에 관한 것이다.

㉠ 자연적 보상

일에 대한 올바른 마음가짐은 자연적 보상을 보다 쉽게 발견하고 누릴 수 있게 한다. 자연적 보상은 주어진 일이나 활동 그 자체와 긴밀히 연결되어 있다. 예를 들면, 신문을 즐겨 보거나 트랙 경기를 자주 보러가는 것도 자연적 보상을 추구하는 활동이라고 할 수 있다. 어떤 사람으로 하여금 이런 행동을 하게 하는 동기는 외재적인 보상이나 자기보상으로부터 비롯되는 것이 아니라, 자연발생적인 것이다. 즉, 일이나 활동 속에 동기부여 요소가 들어 있는 것이다.

㉡ 건설적인 사고 패턴을 확립하는 전략

셀프리더십을 완전히 이해하려면 사고패턴에 대해 깊이 고찰하지 않으면 안 된다. 한 개인의 사고 과정은 셀프리더십의 핵심이며, 또한 효과적인 수퍼리더십의 핵심이기도 하다.

따라서 셀프리더십의 한 요소를 다루는 데 있어 무엇보다 필요한 것은 사고의 패턴을

아는 일이다. 사고 패턴을 바꾸거나 새로운 사고 패턴을 형성할 때 도움을 주는 수단으로는 믿음, 상상에 의한 체험, 자기와의 대화 등이 있다.

(2) 팔로워십 향상전략

건전한 팔로워십을 이끌어 내기 위해서는 무엇이 필요할까? 이 질문의 답은 의외로 쉬운 곳에 있다. 모든 사람은 리더이자 팔로워라는 사실이다. 스스로 자신의 리더에게 바라는 바를 자신의 팔로워에게 베풀고, 자신의 아래 사람에게 바라는 것을 자신의 리더에게 실천하는 것이다.

'남을 따르는 법을 알지 못하는 사람은 좋은 지도자가 될 수 없다'는 아리스토텔레스의 말처럼 좋은 팔로워가 된다는 것은 좋은 리더가 되기 위한 선행 조건이다. 건전한 팔로워십을 발휘하다 보면 어느 순간 자신의 부하에게서 존경과 신뢰를 받는 리더로 커가고 있는 자신을 발견할 수 있을 것이다.

팔로워십 향상전략으로 다음의 성공하는 팔로워의 6가지 키워드를 살펴보자.

① 헌신(Self-Sacrifice)

성공적인 팔로워의 첫 번째 키워드는 '헌신'이다. 아무리 조직의 일에 내 몸을 바쳐서 일해도 그것이 자발적이지 않으면 그것은 헌신이 아닌 단순한 동참에 지나지 않는다. 바로 그 '자발적이냐, 아니냐'에 조직의 성과를 가져오는 진정한 팔로워인가 아닌가에 대한 해답이 들어 있다. 진정한 팔로워들은 자발적인 동참을 통해 조직과 자신을 일치시켜 조직의 발전을 위해 자신을 발전시키고, 자신의 발전을 통해 조직을 발전시키는 상호 발전의 선순환을 이루고자 노력하게 된다.

② 방향성 통일(Unity)

리더의 지시나 방향 설정에 대해서 한방향으로 정렬할 수 있는 능력, 그것이 바로 성공적인 팔로워가 되기 위한 두 번째 키워드이다. 평상시에는 서로 간의 다양성을 존중해 주고, 최말단의 팔로워라도 리더의 결정에 다시 한 번 의문을 제기하고 보다 나은 방향으로 결정하는 방법은 없는지 꾸준히 토론해야 한다.

조직의 방향성 통일을 위해서 무엇보다도 리더가 팔로워에게 수시로 그 방향을 이야기

하는 것이 중요하다. 팔로워의 입장에서는 리더와 끊임없는 대화를 시도하고, 개인이 아닌 조직의 시각에서 자신의 업무를 다시 검토하는 버릇을 들여야 하며, 리더에 집중하지 말고 조직에 집중하는 자세를 견지해야 한다.

③ 몰입(Concentraticon)

몰입은 그 자체로도 엄청난 에너지를 발휘하며 역량 발휘와 발전적 가치창조에 기여하지만, 열정이라는 또 다른 모습으로 변이되어 이성적인 판단으로는 측정할 수 없는 엄청난 성과를 가져오기도 한다. 팔로워들의 리더나 조직에 대한 몰입은 리더와 함께 무언가를 성취할 수 있다는 강한 의지와 조직의 성공에 대한 무의식적인 확신을 가져오게 한다.

하지만 팔로워들을 조직에 몰입하도록 한다는 것은 그리 쉬운 일이 아니다. 몰입을 위해서는 먼저 명확한 목표를 제시해야 한다.

④ 용기(Courage)

많은 팔로워들이 진정한 팔로워십을 발휘하는 데 있어서 가장 어렵게 생각하고, 때로는 가장 큰 장애요인이라고 생각하는 것이 바로 '용기'의 문제이다. 특히 긴 시간 동안 유교문화의 지배를 받아온 한국의 직장에서 팔로워들이 용기를 발휘한다는 것은 결코 쉽지 않은 일이다. 하지만 그렇기 때문에 진정한 팔로워십 발휘를 위해서 가장 필요한 덕목이기도 하다. 사실 용기는 팔로워가 리더나 조직에게 발휘해야 할 덕목이라기보다는 긍정적인 팔로워십을 발휘하면서 가져야 하는 자세, 혹은 건전한 팔로워십 발휘를 가능케 하는 원동력이라는 표현이 옳을 것이다. 팔로워들을 용감하게 만들기 전에 리더가 먼저 가장 솔직하고 용감한 리더가 되어야 한다. 그리고 리더는 팔로워들이 용감하게 다가오기를 기다리고 있으므로, 리더를 찾아가 리더에게 바라는 점을 솔직하게 이야기할 수 있어야 한다.

⑤ 표현(Expression)

한국 조직문화의 특성상 팔로워들은 리더에게 침묵으로 모든 것을 말하게 된다. 즉, 리더에게 불만이 있다거나 고쳐야 할 점이 보이면 서양인들의 경우 면담을 요청해서 이러저러한 점을 요청한 뒤 그 부분이 해결되지 않을 경우 최종적으로 이직을 고려한다. 하지만 한국인의 경우 리더에게 웬만한 문제가 있어도 꾹 참고 견디다가 한계에 도달하면 갑작스럽게 사표를 던져버린다는 것이다. 그러나 자신이 원하는 바를 정확하고 즉각적으로 리더에게 알려주고 표현할 수 있는 능력, 그것이 성공적인 팔로워십의 중요한 요소가 되는 것이다.

⑥ 대안제시(Second Plan)

조직의 발전을 위해서 리더에게 대안을 제시하는 팔로워들을 육성해야 한다. 또한 결정은 리더가 내리고 그 책임도 리더가 지는 것이 보통이다. 그러나 그 결정의 순간이 있기까지 수많은 팔로워들이 자신의 의견을 통해 리더가 보지 못한 부분, 리더가 고려하지 못한 사항을 보완해야 한다. 진정한 팔로워라면 그런 활동을 통해 자신의 리더를 1인자로 만듦과 동시에 자신도 팔로워 중의 1인자로 우뚝 설 것이다.

 Level up Mission

☎ 다음 [사례]를 읽고 사례 속 직원들은 셀프리더십과 팔로워십 중 어디에 해당한다고 생각하는지 아래에 적어보고 팀원과 그 이유를 이야기 나누어보자.

- 월마트의 그리터(Greeter) :

- 자바 재킷(Java Jacket) :

- 프라푸치노(Frappuccino) :

사례 : 3년 동안 1억 달러의 매출을 올려 준 직원

월마트 브랜드의 주요 이미지로 자리 잡은 그리터(Greeter, 인사하는 직원)를 처음 생각해 낸 사람이 관리자가 아니었다는 사실을 알고 있는가? 이 아이디어를 생각해 낸 사람은 일반 계산원이었는데, 그 또한 직함 없는 셀프 리더였다.

1980년대 후반 포트랜드에서 제이 소렌슨(Jay Sorensen)은 드라이브스루(drive-through) 커피숍에서 커피 한 잔을 주문했다. 여러 개의 냅킨으로 싸긴 했지만 여전히 뜨거웠던 컵 때문에 그는 무릎에 커피를 쏟고 말았다.

1990년대 초반 스타벅스가 일으킨 커피 붐이 한창일 때 그는 '이중 컵'을 사용해도 커피가 너무 뜨거워 손님들이 컵을 아주 조심스럽게 쥐는 것을 여러 번 관찰했다. 그 문제를 해결하려고 제이는 집에 있는 물건을 이용하여 판지 슬리브(sleeve)를 만들었다. 그것은 '자바 재킷(Java Jacket)'으로 알려졌고, 그 제품을 생산하기 위해 그가 세운 회사는 2007년 당시 연간 7억 개에 달하는 제품을 생산, 판매했다.

우리가 시원하게 즐겨 마시는 '프라푸치노(Frappuccino)'를 개발한 스타벅스 매장 직원도 직함 없는 셀프 리더였다. 프라푸치노를 판매한 지 3년도 안돼 회사에 1억 달러의 연매출을 안겨주었다.

이것이 바로 직함 없는 셀프 리더의 진정한 힘이다. 그 직원에게는 기존의 스타벅스 커피 메뉴에 새로운 음료를 추가할 의무가 없었다. 그는 단지 좋은 아이디어가 떠올라 그것을 실천에 옮김으로써 프라푸치노를 만들게 되었고, 회사에 1억 달러 매출을 안겨주었다. 여러분도 그렇게 할 수 있다.

[출처] 〈CEO도 반하는 평사원 리더〉中, 마크 샌번 저, 안진환 역, 비전과 리더십, 2007

위의 사례를 읽고 여러분이 생활 속에서 셀프리더십을 발휘할 수 있는 일에 대해 팀원과 이야기 나누어보자.

학습평가 Quiz

1. 다음 중 셀프리더십에 대한 설명으로 옳은 것은?

   ① 셀프리더십은 나 자신의 이익추구를 효과적으로 하는 것을 말한다.
   ② 셀프리더십은 사람들이 높은 성과를 내도록 이끌어주는 자율적인 힘을 말한다.
   ③ 셀프리더십은 스스로 조직목표와 개인목표를 정렬하는 것을 말한다.
   ④ 셀프리더십의 '자기관찰'은 인지전략 중의 한가지이다.

2. 다음 중 셀프리더십 인지전략은 무엇인가?

   ① 자연적 보상   ② 리허설
   ③ 자기관찰   ④ 자기 설정 목표

3. 다음 중 아래 설명은 팔로워의 유형 중 어느 것에 해당하는가?

   > 리더가 새로운 제안을 할 때마다 그 일을 하지 말아야 하는 이유를 열 개씩 늘어놓는 부정형 유형으로 어떤 상황에서든 쉽게 행동으로 옮기지 않고 모든 것에 냉소적 태도를 취한다.

   ① 수동형   ② 소외형   ③ 실무형   ④ 순응형

4. 다음의 팔로워십 유형을 적절한 것끼리 연결시켜보자.

   ① 소외형 •   • A. 비판만 하고, 제안과 실행 부재

   ② 순응형 •   • B. 실패에 따른 후회보다는 안전을 선택

   ③ 실무형 •   • C. 리더의 부족한 측면을 보강

   ④ 수동형 •   • D. 리더의 판단과 지시가 있어야 행동

   ⑤ 주도형 •   • E. 리더의 판단과 지시에 순응

5. 셀프리더십이란 무엇인가?

 학습내용 요약 Review (오늘의 Key Point)

1. 셀프리더십이란 '사람들이 높은 성과를 내도록 이끌어주는 자율적인 힘'을 말한다.

2. 팔로워십 유형은 5가지로 구분할 수 있으며 수동형, 순응형, 소외형, 실무형, 모범형이다.

3. 셀프리더십의 5가지 행동전략은 자기 설정 목표, 리허설, 자기관찰, 자기보상, 자기징계이다.

4. 셀프리더십의 인지전략에는 자연적 보상과 건설적인 사고 패턴을 확립하는 전략이 있다.

5. 성공하는 팔로워의 6가지 키워드는 헌신, 방향성 통일, 몰입, 용기, 표현, 대안제시이다.

스스로 적어보는 오늘 교육의 메모

동기부여 능력

Contents

Learning Objectives

1. 동기부여의 개념을 설명할 수 있다.

2. 동기부여의 이론을 3가지 이상 설명할 수 있다.

3. 동기부여 할 수 있는 방법을 활용할 수 있다.

5
Chapter

"톰! 톰! 여기 울타리 전체에 페인트칠을 하거라." 어느 화창한 토요일에 장난꾸러기 톰에게 화가 난 폴리 이모는 울타리 전체를 혼자서 페인트칠을 하라고 벌을 줬다. 자그마치 250m의 울타리를. 친구들이 왔다가 자신의 처지를 보면 비웃을 것이 뻔했다. 별로 페인트칠이나 하는 톰. 하는 수 없이 톰은 집안일을 거드는 흑인 짐에게 페인트칠을 부탁한다. "짐. 내가 물을 길어 올 테니까 페인트를 좀 칠해주지 않을래?" 짐은 고개를 흔들었다. "도련님, 그건 안 돼요. 마님께서 울타리를 칠해달라는 부탁을 받아도 절대로 해주지 말고 빨리 물을 떠 오라고 하셨는걸요." "그럼 내가 흰 구슬을 줄게, 그렇게 할래?" 하지만 소용이 없었다. 궁지에 몰린 톰은 깊은 생각에 잠기더니 이윽고 아주 즐겁고 재미있는 표정을 지으며 울타리를 칠하기 시작한다. 친구들이 와서 톰을 부르지만 톰은 못들은 척한다. '정말 재미있다'는 표정을 지으며 울타리에 페인트칠을 계속한다. 톰을 보며 친구들이 모여든다. "뭐가 저렇게 재미있는 걸까?", "톰, 나도 잠깐만 해보자." 친구들은 오히려 페인트칠을 하겠다고 나선다. 그러나 톰은 이를 점잖게 거절한다. "안 돼. 이 울타리는 폴리 이모가 굉장히 신경을 쓰시거든. 이걸 솜씨 좋게 칠할 수 있는 어린이는 천 명이나 이천 명 중에 한 사람 밖에 없을 거라고 이모가 그러셨어." 톰의 말에 친구들은 "정말? 제발 부탁이니 나도 좀 하게 해줘. 이 사과 한 입 줄게"라며, 페인트칠을 하게 해 달라고 간곡히 청한다. 이에 톰은 "그래? 그렇다면…, 아니, 역시 안 되겠어"라며 고개를 젓습니다. 또 다시 친구들은 말한다. "통째로 다 줄게." 친구들이 자신들의 소중한 보물을 톰에게 내놓으면서 서로 먼저 페인트칠을 해 보고 싶어하는 상황이 발생한 것이다. 결국 어떻게 되었을까? 톰은 그늘 밑에서 느긋하게 쉬면서 반나절도 채 지나지 않아 페인트칠을 마쳤다.

톰이 꾀를 내어 친구들에게 페인트칠을 하게 만든 것. 바로 '동기(motivation)'란 요술이다. 동기는 심리학적 용어의 하나로 "움직이게 하다"라는 라틴어 '모베러(movere)'에서 나왔다. 대체 인간은 무엇에 의해 움직이는가? 무엇이 1등과 2등, 1등과 꼴찌의 차이를 만들어내는 것일까?

[출처] 중앙시사매거진. 심영섭의 심리학 교실 I 인간은 무엇으로 움직이나? 동기심리학의 세계, 2015.12.27 요약 및 발췌

5장에서는 인간 행동 유발의 중요 요소인 동기에 대해 알아본다. 그리고 동기부여의 중요성과 동기부여 이론, 동기부여의 방법에 대해 학습한다. 자신은 물론 타인과의 관계에서도 탁월한 성과를 낼 수 있는 동기의 세상 속으로 지금 들어가 보자.

1. 다음은 무엇에 대한 설명인가?

> 자극을 주어 생활체로 하여금 행동을 하게 만드는 일

① 동기부여   ② 자신감

③ 행동주의   ④ 액션플랜

2. 동기부여의 시작은 어디에서 시작된다고 볼 수 있는가?

① 가치   ② 욕구

③ 불만   ④ 행복

3. 다음 중 연결이 옳지 않은 것은?

① 동기 1.0 : 생존을 위해 움직임

② 동기 2.0 : 외적 보상과 처벌을 통해 움직임

③ 동기 3.0 : 내적 동기를 통해 움직임

④ 동기 4.0 : 성공을 위해 움직임

1. 동기부여(Motivation)의 개념과 중요성

과연 21세기에 사람들을 움직이게 하는 동기는 무엇일까?

신경과학자이자 미래학자인 대니엘 핑크(Daniel Pink)는 '드라이브-진정한 동기'란 책에서 동기 3.0을 소개하며 내재적 동기를 강조한다. 그는 생존을 위해 움직였던 것을 '동기 1.0', 20세기 규칙 위주의 기계적인 일에 대한 외적 보상과 처벌(당근과 채찍)로 움직였던 것을 '동기 2.0', 창의적인 일을 하는데 있어 중요한 내적 동기는 '동기 3.0'으로 규정했다.

[출처] 충청타임즈, 심리학으로 보는 세상만사, 양철기, 충북학생외국어교육원 연구사 · 박사(2014.07.21)

(1) 동기부여의 개념

국립국어원에 따르면 동기부여(動機附與)의 정의는 아래와 같이 정리해 볼 수 있다.

> 1. 〈교육〉 학습자의 학습 의욕을 불러일으키는 일.
> 2. 〈심리〉 자극을 주어 생활체로 하여금 행동을 하게 만드는 일. 굶주림과 같은 생활체 내부의 동인(動因)과 음식과 같은 외부의 유발인(誘發因)에 의하여 이루어진다.

동기부여는 직장생활을 하는 사람들이 조직의 목표를 향하여 특정한 행동에 열심히 임하도록 움직이게 만드는 과정이다. 따라서 어떻게 자발적으로 노력하고 싶은 마음을 불러일으키는가에 관심을 갖는다.

동기는 행위 결과에 따라 보상을 받게 되는 '외적 동기'와 자체가 즐겁거나 관심이 있어서 하게 되는 '내적 동기'로 나뉜다.

동기부여의 과정을 볼 때 동기부여의 시작은 '불안정 상태(state of disequilibrium)', 혹은 '불균형 상태(sence of imbalance)로부터 시작된다. 이러한 상태는 인간에 의해 경험된 욕구, 바람, 기대에 의해 생겨난다. 예를 들어 월급을 더 많이 주는 직장으로 옮기고 싶어하는 바람을 느낀다거나, 이성친구가 더 잘해주길 기대하는 마음 등이 생길 때 편안하지 못하고 불안정한 상태에 놓이게 된다. 이를 상대적 욕구결핍이라고 설명할 수 있다.

이러한 욕구란 어떤 시점에서 개인이 경험하는 상대적 욕구결핍으로서 행동을 활성화시키고 촉진하게 만든다. 따라서 결과적으로 이때부터 동기부여의 시동이 걸린다고 보면 된다. 동기는 불안정하다고 느끼는 욕구를 충족시킬 분명한 행동을 야기하게 만든다. 따라서 그 욕구를 충족시킬 수 있는 방안을 모색하게 되고, 그 결과 하나의 행동이 선택된다. 이렇게 선택된 행동은 목표지향적이어서 그 목표가 달성될 때까지 그 행동은 유지된다. 이것은 다시 개인들에 의해 상대적 욕구결핍을 재평가하게 함으로써 피드백 과정을 통해 행동이 수정되고, 이는 다른 불안정 상태를 만들어 내는 순환과정을 이룬다.

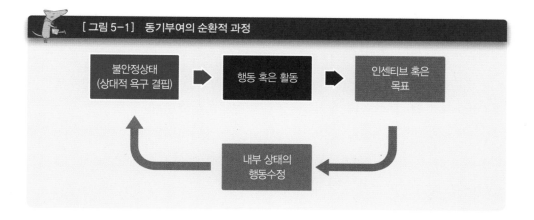

[그림 5-1] 동기부여의 순환적 과정

불안정상태
(상대적 욕구 결핍) → 행동 혹은 활동 → 인센티브 혹은 목표

내부 상태의 행동수정

(2) 동기부여의 중요성

앞단의 '이야기 속으로'에서 본 마크 트웨인의 '톰소여의 모험'은 동기에 대한 깊은 통찰을 준다. 이 이야기의 핵심은 일 자체가 아닌 인식을 바꾸는 것으로서 자발적인 동기로 일하면 힘들고 어려운 일도 즐겁게 할 수 있다는 것이다. 대니얼 핑크가 주장하길 호기심과 흥미를 충족하기 위해 일할 때, 즉 일이 놀이가 될 때 훨씬 큰 성과가 나타난다고 한다. 보상과 처벌이 따르는 일이 되면 흥미가 떨어지고 효율도 낮아지지만, 자발적 동기로 임하면 힘겨운 일도 즐겁게 할 수 있다. 이런 현상을 그는 '톰소여 효과'라고 불렀다. 부정적

인 면(보상을 주면 놀이가 일로 변할 수 있음)과 긍정적인 면(내재적 동기에 의하면 일이 놀이로 변할 수 있음)을 '동기 3.0'에 빗대어서 이야기하고 있는 것이다.

벤이 톰을 대신해 페인트 칠을 하게 된 과정

(담장을 칠하는 벌) 톰의 외적처벌 → (특별한 어린이만 할 수 있는 일) 벤의 내적 보상

페인트칠 → 재밌는 경험

[출처] 뇌신경연결을 만드는 '반복의 힘' 2017.3 brainup

사람들은 외적 보상이 두드러지는 환경에서는 보상을 유발하는 지점까지만 노력하고 그 이상은 애쓰지 않는다. 외재적 보상이 나쁘다는 것이 아니다. 하지만 보상은 행동의 의미를 바꿔버리는 행동연금술같은 것이다. 보상이 있기에 흥미진진했던 일이 틀에 박힌 지루한 업무로 변형될 수 있다. 우리는 지금까지의 과학적 연구결과에 귀 기울이고 관행적 행동을 '동기 3.0'으로 업그레이드 시켜야 한다. 사람들이 '하고 있는 일 자체에 대한 재미'를 추구할 수 있는 내재적 동기를 유발할 수 있도록 해야 한다.

동기부여는 리더십의 핵심 개념이다. 얻고자 하는 성과와 목표의 실현은 동기부여의 최종 목적지이다. 그렇기 때문에 리더라면 구성원들이 좋은 성과를 내도록 동기부여할 수 있는 능력을 갖춰야 할 뿐만 아니라, 자기 자신에도 동기를 부여할 수 있어야 한다.

Q. 지금까지의 삶을 돌아봤을 때 내적 & 외적인 동기부여에 의해 행동했던 인상적인 경험을 적어보고 내용을 공유해보자.

	상황	결과
외적 동기부여		
내적 동기부여		

읽을거리

기업이나 조직은 개인의 이러한 외적 – 내적 동기 특성을 어떻게 활용할 수 있을까? 구글같은 기업은 최대한 내적 동기가 높은 개인을 채용하려고 한다. 내적 동기 수준이 낮은 사람은 구글에 발도 들여놓지 못하게 하는 전략을 쓴다는 구글의 신입사원 채용에는 나름의 '불문율'이 있다. "당신보다 더 똑똑한 사람을 뽑아라." 이를 위해 구글은 구글만의 온갖 창의적인 채용 방법을 만들어냈다. 2004년 어느 날 미국 캘리포니아의 남북을 가로지는 국도에 광고판이 하나 설치됐다. 아무런 정보도없이 그저 '7427466391.com'이라고 적힌 광고판. 대부분의 사람은 차를 운전하며 이 광고판을 무심히 지나쳤다. 그러나 어떤 사람들은 달랐다. 일부 사람은 광고판에 적혀 있는 '7427466391.com'을 기억해뒀다가 인터넷 접속을 했다. 접속을 했더니 "축하합니다. 다음 문제에 도전하세요."라는 문구와 함께 더 복잡한 두 번째 문제가 등장했다.

앞의 '7427466391'은 사실 '오일러의 수'였다. 두 번째 창에는 이 오일러 수에서 그 합이 49가 되는 숫자의 나열 중 다섯 번째 수를 구하라는 새로운 문제가 나타났다. 대부분의 사람이 여기서 좌절하고 사이트를 닫았다. 그러나 이에 굴하지 않고 문제를 푼 사람은 어떻게 되었을까? 이 답까지 모두 구하면 최종적으로는 구글의 채용사이트로 접속되고 여기까지 접근한 사람에게는 간단한 인터뷰만 거치면 구글에 입사할 수 있는 자격이 주어졌다. 이처럼 호기심과 끈기라는 내적 동기를 가진 이들을 찾는 전략을 도입한 구글은 그해 전 세계 최고의 인재를 선발할 수 있었다고 한다.

[출처] 중앙시사 매거진. 심영섭의 심리학 교실

ㅣ 인간은 무엇으로 움직이나? 동기심리학의 세계 - 2015.12.27

 ## 2. 동기부여 이론

동기부여의 내용 이론(Motivation content theory)은 동기부여를 해석함에 있어 모든 내용을 욕구로 연결지어 설명하는 이론들이다. 매슬로우의 욕구단계 이론과 허츠버그의 동기위생 이론, 알더퍼의 ERG 이론, 맥그리그의 XY이론 등이 포함된다.

(1) 매슬로우의 욕구단계 이론

에이브러햄 매슬로우(Abraham Maslow)는 1943년 인간 욕구에 관한 학설을 제안했다. 이른바 '매슬로우의 인간 욕구 5단계 이론(Maslow's hierarchy of needs)'이다. 이 이론에 의하면 사람은 누구나 다섯 가지 욕구를 가지고 태어나는데, 이들 다섯 가지 욕구에는 우선순위가 있어서 단계가 구분된다는 것이다.

에이브러햄 매슬로우
(Abraham Maslow)

사람은 가장 기초적인 욕구인 생리적 욕구(physiological needs)를 맨 먼저 채우려 하며, 이 욕구가 어느 정도 만족되면 안전해지려는 욕구(safety needs)를, 안전 욕구가 어느 정도 만족되면 사랑과 소속 욕구(love & belonging)를, 그리고 더 나아가 존경 욕구(esteem)와 마지막 욕구인 자아실현 욕구(self-actualization)를 차례대로 만족하려 한다는 것이다. 즉, 사람은 5가지 욕구를 만족하려 하되 가장 기초적인 욕구부터 차례로 만족하려 한다는 것이다.

물론 이 이론은 예외가 많아서 그의 제안 모두를 그대로 받아들이기는 어렵다. 비판의 핵심은 각각의 단계 구분이 모호하다는 것, 과학적 검증이 어렵고 실증적인 뒷받침이 없다는 점이다. 매슬로우의 이론을 비판 없이 무조건 받아들일 수는 없지만 동기이론의 기

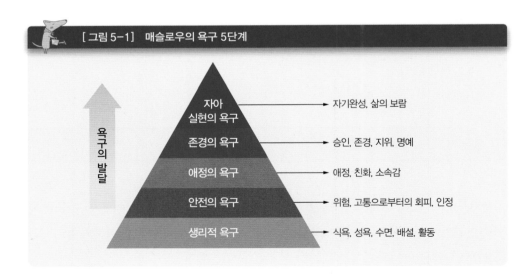

[그림 5-1] 매슬로우의 욕구 5단계

욕구의 발달

자아 실현의 욕구 → 자기완성, 삶의 보람

존경의 욕구 → 승인, 존경, 지위, 명예

애정의 욕구 → 애정, 친화, 소속감

안전의 욕구 → 위험, 고통으로부터의 회피, 인정

생리적 욕구 → 식욕, 성욕, 수면, 배설, 활동

초를 제시했다는 점에서 아직도 높이 평가하고 있다.

[출처] [네이버 지식백과] 인간의 가장 본능적인 욕구는 무엇일까? - 매슬로우의 인간 욕구 5단계 이론
(시장의 흐름이 보이는 경제 법칙 101, 2011. 2. 28., 위즈덤하우스) 참고

(2) 허즈버그의 동기위생 이론(Motivation-hygiene theory)

허즈버그
(Frederick Herzberg)

미국의 심리학자인 프레더릭 허즈버그(Frederick Herzberg)가 직원들을 면담하며 직무만족에 영향을 주는 요소를 정리해 만든 이론으로, '사람들이 직업에서 원하는 것이 무엇일까'에 대해 연구하며 분석했다. 이 이론은 직원들의 동기부여요인과 직무불만족을 높이는 위생요인이 있다는 것으로, '2요인 이론'이라고도 불린다. 허즈버그는 인간에게 동기를 주는 욕구로 두 가지를 제시한다. 불쾌감을 피하려는 욕구와 정신적으로 성숙, 성장하고 자아실현을 하려는 욕구이다.

① 위생요인(= 환경요인)

직무에 대해 불만족을 느끼게 하는 요인으로, 충족 시에는 불만이 줄어들지만, 만족감이 생기지는 않는다. 반대로 위생요인이 충족되지 않으면 불만이 발생한다.

예 임금, 작업환경, 보상, 지위, 정책 등 환경적인 요소들이 이에 해당

② 동기요인

직무에 만족을 느끼게 하는 요인으로 충족 시에 만족하게 되지만, 불충족 시에도 불만이 생기지는 않는다. 위생요인보다 높은 수준의 욕구라고 할 수 있다. 이 요인이 충족되면 높은 직무성과를 기대할 수 있다.

예 인정과 존중 받음, 성취감, 책임, 성장, 도전의식 등이 이에 해당

위생요인은 매슬로우 이론에서의 1~3단계 이론과 비슷하지만 허즈버그는 위생-동기의 두 가지 요인은 반대되는 개념이 아니라 완전히 이질적인 것이어서 별도로 충족된다고 보았다는 차이점이 있다. 즉, 직무 만족요인과 불만요인은 하나의 선상에 있는 것이

아니고 서로 다른 두 개의 선상에 있다는 것이다. 만족의 반대가 불만족이 아니라는 관점을 제시한 것이다.

직원들의 동기부여를 위해서는 직무에 만족을 주는 요인과 불만족을 주는 요인을 나누어 볼 필요가 있다. 관리자의 입장에서 직원의 급여, 보너스, 직무환경같은 위생요소를 개선해주면 동기부여가 될 것이라 생각하지만 꼭 그렇지 않을 수 있다는 것이다.

동기부여를 원한다면 직원들의 성장, 성공, 성취 등에도 관심을 기울일 필요가 있다.

(3) 알더퍼의 ERG 이론

심리학자인 알더퍼(C.Alderfer)는 1972년에 매슬로우의 욕구단계설을 발전시켜 ERG 이론을 주장했다. 사람의 욕구가 단계적이라는 부분은 매슬로우와 동일하지만 그 단계를 5개에서 3개로 줄였다. ERG는 다음의 세가지 욕구의 약자이다.

알더퍼(C.Alderfer)

① Existence needs : E는 존재의 욕구

배고픔, 쉼, 갈증과 같은 인간의 존재를 위한 생리적, 물질적, 안전에 관한 욕구로서 매슬로우의 생리적 욕구와 안전 욕구(물리적 측면)와 유사하다.

예 복지와 쾌적한 물리적 작업 조건, 임금 등

② Relatedness needs : R은 관계의 욕구

타인과의 관계에 의한 의미와, 만족의 욕구로서 가족, 친구 등의 관계에서 만족을 얻게 된다. 매슬로우의 사회적, 존경의 욕구(일부)에 해당된다.

③ Growth needs : G는 성장의 욕구

개인의 성장과 발전에 대한 욕구로 잠재력을 극대화하고 능력을 개발함으로써 충족되며, 매슬로우의 자아실현 욕구와 존경의 욕구에 해당된다.

매슬로우의 욕구단계설처럼 순서가 있는 것이 아니라, 한 시점에서 여러 욕구가 동시에 발생할 수 있다는 것이다. 또한 '좌절-퇴행(frustration-regression)' 개념이 추가되었는데, 알

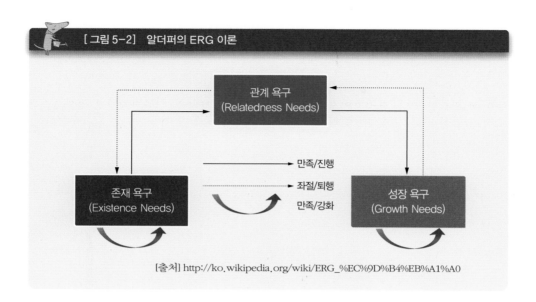

[그림 5-2] 알더퍼의 ERG 이론

관계 욕구
(Relatedness Needs)

만족/진행
좌절/퇴행
만족/강화

존재 욕구
(Existence Needs)

성장 욕구
(Growth Needs)

[출처] http://ko.wikipedia.org/wiki/ERG_%EC%9D%B4%EB%A1%A0

더퍼는 저차원의 욕구가 충족되면 고차원의 욕구를 갈망하게 된다고 했다. 고차원의 욕구가 충족되지 않으면(좌절) 저차원 욕구를 더 원하게 되어(퇴행), 이를 충족키 위해서는 기존보다 몇 배 더 노력해야 한다고 보았다.

예를 들어 G(성장)욕구가 좌절되면 인간관계를 더 긴밀하게 하는 등 하위단계인 R(관계)을 더 강화하게 된다. 회사로 보자면, 직장에서 인간관계로 스트레스를 받게 된다면(R욕구 불충족) 임금, 복지후생(E존재)을 더 요구하게 되는 것을 예로 들 수 있다.

예 우리 부서 사람들 때문에 짜증나 죽겠다. 월급이라도 왕창 받아야 참고 버티지…

동기 위생 이론과는 동기부여에 대한 관점이 다르다. ERG에서는 욕구를 저차원, 고차원으로 나누는데, 동기 위생 이론에서는 만족-불만족만 있다. 또한 동기 위생 이론(=2요인이론)에서 만족과 불만족은 서로 독립적이고 별개이지만, ERG에서 만족은 불만족과도 연결되며 서로 영향을 미친다고 본다.

(4) 맥그리거의 XY이론

심리학자이자 교수인 더글라스 맥그리거(Douglas McGregor)가 제시한 이론으로, 그는 상반

되는 인간 본질에 대한 가정을 중심으로 XY이론을 제기하였다.

① X이론

조직 구성원에 대한 전통적 관리전략을 제시하는 이론으로써, 사람은 본래 일하기를 싫어하고 야망이 없으며, 책임지기를 싫어하고, 명령에 따라가는 것을 좋아한다. 또한 변화에 저항적이고 안전을 원하며, 자기중심적이고, 영리하지 못하여 사기에 잘 속는다고 보았다. 이러한 X이론에서의 관리자의 관리전략은 직원들의 행동을 감독·통제하고 시정하는 책임을 지며, 처벌·통제·위협 등을 선호한다고 가정한다.

맥그리거(Douglas McGregor)

② Y이론

인간의 본성은 일을 싫어하지 않고 사람은 조직의 목표 달성을 위하여 자율적으로 자기 규제를 할 수 있으며, 조직목표에 헌신적 인간을 가정한다. 또한 조직목표에 헌신하는 동기는 자기실현 욕구나 존경 욕구의 충족이 가장 중요한 보상이며, 조직문제 해결에 있어 창의력과 상상력을 발휘할 수 있다는 것을 전제한다. Y이론에서의 관리자의 관리전략은 개인목표와 조직목표가 조화를 이룰 수 있도록 하며, 관리자는 직무를 통하여 욕구가 충족되고 개인이 발전할 수 있는 운영방침을 채택하는 것이다.

[출처] [네이버 지식백과] 맥그리거의 XY이론(경찰학사전, 2012. 11. 20., 법문사)

 Level up Mission

📞 다음의 사례를 읽고 각각의 상황이 사례 속 회사원의 어떤 동기요인과 관계되는지 이야기 해보자.

A대리와 B대리는 현재 같은 회사의 동일 부서의 팀에서 근무 중이다. A대리는 유학 당시에 외국에서 인턴 경험을 통해 실제 직무 경험을 쌓은 뒤, 귀국해 업무와 관련있는 자격증을 취득했다. 늘 일하며 자기계발에 힘쓰는 샐러던트(Saladent: 공부하는 직장인)로 자신의 업무에 만족하며 지속적인 성장을 하고 있다.

B대리는 늘 '먹고 살기위해 일한다'는 말을 입에 달고 산다. 직장 동료들과도 친밀한 유대관계가 적으며 회사의 복지나 운영 시스템에도 불만이 많다. 일 또한 적당히 할만큼만 하는 스타일로 부서 내에서 암체로 통하기도 한다. 부정적인 에너지로 조직 내에 활력을 빼앗아가는 그는 오늘도 금요일인데 야근이라며 투덜대는 모습으로 일하고 있다.

• A대리의 사례는 동기부여 이론 중 어떤 것에 해당할까?

• B대리의 사례는 동기부여 이론 중 어떤 것에 해당할까?

사 례

애니메이션 〈쿵푸 팬더〉의 주인공 팬더곰 '포'는 쿵푸를 열광적으로 좋아한다. 포는 집안 대대로 국수를 만들어 파는 집의 아들인데 어느 날 우연히 '용의 전사'로 지목받게 된다. 용의 전사는 힘이 센 악당을 무찔러야 하는 의무를 갖는다. 포의 심정은 어땠을까? 포는 스스로를 몸치인 뚱보라고 비하하며 용의 전사가 되는 훈련 자체를 포기한다. 이를 본 포의 아버지는 '집안 대대로 내려오는 비장의 국수 국물에는 사실 아무런 비법도 없다'는 사실을 살짝 가르쳐준다. 이에 포는 특별한 비법은 자기 마음 안에 있는 것이며, 결론적으로 자기 인식이 가장 중요하다는 깨달음을 얻고서는 용의 전사가 되기 위해 피나는 훈련을 감행한다.

용의 전사가 되는 과정은 흥미롭다. 포가 다른 이들과 달리 자신만의 방법을 개발해 만두 하나를 가지고 게임처럼 무술을 단련했기 때문이다. 예술가 같은 특수한 경우를 제외하면 결국에는 내재적 동기가 올라감에 따라 외재적 동기 역시 저절로 함께 동반해서 상승하는 게 대부분이다. 열심히 부지런히 즐겁게 일한 사람에게 칭찬, 승진과 각종 보너스가 쏟아지는 것도 당연한 일. 때문에 구글이나 아틀라시안 같은 기업은 직원들의 내재적 동기를 극대화하기 위해 불필요한 회의나 정규 일정을 없애는 대신, '결과만 내는 환경(Results only work, environment)'을 만들어내려고 노력한다.

이것이 바로 '깨어있는 자본주의(Conscious Capitalism)'의 핵심이기도 하다. 미국 벤틀리 대학 경영학과 라즈 시소디아 교수는 '최고경영자는 고액 연봉을 받는 사람이 아니라 직원의 자아실현을 돕는 사람이어야 하며, 나아가 더 이상 주주가치에만 복무해서는 안 된다'고 강조한다. 인센티브 보상과 처벌이 아닌 의미와 목적에 의해 움직이는 조직은 직원들의 몰입과 열정을 저절로 만들어낼 수 있다는 것이다. 예이츠의 말대로 '교육은 물통에 물을 채우는 것이 아니라 인간의 마음에 불을 지피는 것'이다. 동기 심리학은 오늘도 인간의 행동에 가장 좋은 연료가 무엇인지 '호기심!'이란 자체 동기를 가지고 인간의 영혼 구석구석에 현미경을 대고 있다.

[출처] 중앙시사매거진. 심영섭의 심리학 교실 l 인간은 무엇으로 움직이나? 동기심리학의 세계, 2015. 12. 27

3. 동기부여 방법

(1) 동기부여를 위한 내적 보상

내적 동기란 큰 목적을 향해, 스스로의 선택으로 몰입하며 조금씩 나아갈 때 만들어진다.

「열정과 몰입의 방법」의 저자 케네스 토마스는 내적 보상에 대한 내용을 다음의 네 가지로 나누었다.

- 의미 : 자신이 가치있는 일을 하고 있다는 느낌
- 선택 : 일을 할 때 자신에게 선택권이 있다는 느낌
- 역량 : 일을 할 수 있다는 느낌
- 성과 : 목표를 향해 나아가고 있다는 느낌

내적 동기를 위한 세 가지 요소는 다음과 같다.

① 자율감

인간은 모두 자유롭고 싶어 한다. 자율감이 깃들수록 지금의 행위에 오로지 매진할 수 있다. 할 일(무엇을), 시간(언제), 사람(누구와), 기술(어떻게) 등에 대한 자율성을 갖도록 해야 한다. 스스로 많은 것을 선택했다고 느낄수록 내적 동기가 활성화 된다.

② 몰입감

몰입은 우리의 능력과 도전이 절묘히 맞아떨어질 때 경험하는 최적 경험이다. 너무 뜨겁지도, 너무 차갑지도 않은 '도전적 일'은 이제 '일'이 아닌 놀이인 셈이다. 아슬아슬한 목표와 성공했는지 명확하게 알수 있는 빠른 피드백을 만족시킬 때 우리는 몰입할 수 있다.

③ 목적감

칙센트미하이 교수는 '목적은 삶을 사는데 필요한 에너지를 제공한다. 나는 자신을 뛰어넘는 일의 의미를 알고 있는 사람들을 선택하는데 진화가 관여해왔다고 생각한다'고 말한다. 그 범위가 어떻든 자신을 넘어서는 무언가에 헌신하는 느낌은 소중하다. 충만감을 주고, 자체로 내적 보상을 준다. 자신이 소중히 생각하는 가치를 위해 나아가도록 한다. 일에 대한 몰입, 헌신은 일과 가치를 연결한다. 일에 헌신하면 내적 가치가 새롭게 연결되기도 한다. 나를 위하고, 나를 넘어선 우리를 위하는 '일의 목적'을 세팅해보자.

(2) 스스로에게 동기부여하는 방법

① 미래에 집중하기(Focus on the Future)

지나간 과거에 집착하거나 현재 닥친 문제와 상황에 휘둘러 산다면 스스로에게 실망하기 쉽다. 그럴 때 시선을 미래로 돌리는 것이 좋다. 미래로 시선을 옮기면 열려있는 수많은 가능성을 다시 발견할 수 있다. 열린 가능성은 긍정적인 태도로 이어지고, 긍정적인 태도는 아무리 좋지 않은 상황에서도 기운을 차리게 해주는 원동력이 된다.

또한, 자신이 실현시키고 싶은 밝은 미래를 위해 계획을 세우는 것도 좋다. 비전을 갖고, 계획을 세우며, 직접 실천하는 것이 원하는 결과를 가져다 줄 것이다.

② 찾아서 읽기(Read All About It)

자신에게 영감을 불어넣어 줄 만한 사람들의 이야기가 담긴 책을 찾아 읽어보자. 세상에는 시련을 이겨내고 커다란 성공을 거둔 사람들이 많다. 나의 마음을 울리는 이야기를 찾아내고, 그 이야기에서 스스로를 고무시키고 토닥여 줄 힘을 이끌어 내보자.

③ 롤모델 찾기(Find a Role Model)

사람들은 어렸을 때 자신이 선망하는 대상을 발견하고 존경하곤 한다. 그리고 그들을 자세히 관찰하며 행동 하나하나를 따라 한다. 어른이 되어 롤모델을 가지는 것 역시 이와 비슷하다. 자신의 삶 속에서 혹은 직장에서 누군가를 찾아보자. 나보다 앞서 나가거나, 내가 지향하는 무언가에 더 가까운 곳에 있는 사람을 찾아 그들의 성공 비결을 물어보자. 그들이 겪은 시련과 극복에 관한 이야기를 동력으로 삼아보도록 하자.

④ 이미 이룬 것처럼 행동하기(Act as If)

스스로에게 동기를 부여하는 효과적인 방법 중 하나가 바로 '이미 성공한 인물이 된 것처럼 행동하기'이다. 이 방법은 스스로 얼마나 노력을 하느냐에 따라 효과가 크게 달라진다.

나의 동기부여 목표가 '몸 만들기'라고 가정해 보자. 건강한 몸과 자신감을 얻기 위해 몸을 만들고 싶다고 생각할 수 있을텐데, 이때 '이미 나는 꾸준한 노력으로 몸을 만들었기 때문에 헬스장에 가는 것은 이젠 숨을 쉬는 것처럼 당연하다'고 생각한다면, 이는 헬스장에 가게 만드는 동기부여가 된다. 스스로를 속이는 것이지만, 이 방법을 지속적으로 활용

할수록 성공에 가까워지는 행동 방식을 찾아가게 될 것이며, 성공에 어울리는 더 좋은 선택을 할수록 스스로의 가치가 올라가게 될 것이다. 결국 자연스럽게 성공에 어울리는 행동을 하게 되는셈이다.

⑤ 재충전의 시간 갖기(Take a Break and Re-energize)

때때로 스스로에게 동기를 부여하기 위해 완전히 다른 방식의 전략이 필요할 때가 있다. 휴대폰도 충전해야 온전히 기능을 다 쓸 수 있는 것처럼 우리도 시간을 내어 완전한 휴식을 취해야 한다. 휴식하는 동안 스스로의 삶에 대해 돌아볼 시간을 가져보자. 삶의 어떤 부분이 성공적으로 이루어지는지, 또 어떤 부분이 삐걱거리는지 파악할 수 있을 것이다.

지금 닥친 문제를 해결할 방법이나 새로운 기회를 낚아챌 용기 등, 나에게 필요한 힘과 동기는 모두 자신의 내면에 존재한다는 것을 잊지 말자.

스스로에게 동기부여를 하는 것은 자기 자신을 성장시키는 좋은 방법 중 하나이다. 무기력함을 느낄 때, 그 상황을 피하지 말고 적극적으로 이겨내려 노력해보자. 위에서 소개한 스스로에게 동기를 부여하는 5가지 방법을 반드시 활용해 볼 수 있도록 하자.

[출처] 위시캣 블로그, http://blog.wishket.com. [프리랜서 가이드 / work TIP]

(3) 조직 동기부여 전략

① 긍정적 강화법의 사용

즉각적인 칭찬이나 따뜻한 말 등을 통해 목표달성을 높이 평가하고 조직원에게 곧바로 보상하는 행위를 말한다. 긍정적 강화법은 조직원들의 동기를 부여하는데 매우 효과적이다.

② 새로운 도전의 기회부여

환경 변화에 따라 조직원들에게 새로운 업무를 맡을 기회를 준다면 팀내에 발전과 창조성을 고무하는 분위기가 형성된다. 나아가 새로운 권한이 주어진 것에 대한 만족과 능력을 인정받았다는 뿌듯함을 느낄 것이다.

③ 창의적인 문제해결법 찾기

창의적인 문제해결법은 조직원들이 자신의 실수나 잘못에 대해 스스로 책임지도록 동기를 부여한다. 리더는 조직원들이 스스로 실질적인 해결책을 찾을 수 있도록 분위기를 조성해주도록 한다.

④ 책임감으로 무장하기

자신의 업무에 책임을 지도록 하는 환경 속에서 일하는 직원들은 자신의 위치에서 안정감을 느낄 뿐 아니라, 자신이 의미있는 일을 하고 있다는 긍지를 갖는다. 또한 어려움을 극복하려는 의지도 강해지며 목표치도 높아지는 현상을 볼 수 있다.

⑤ 코칭하기

리더는 직원 자신이 권한과 목적의식을 가지고 있는 중요한 사람이라는 사람을 느낄 수 있도록 이끌어주며, 직원들이 자신만의 장점과 성공전략을 활용할 수 있도록 돕는다.

⑥ 변화의 수용

리더는 부하직원들이 현재의 안전성을 벗어나 더 큰 목표를 향해 전진할 수 있도록 격려해야 한다. 위험을 감수해야 할 이유가 합리적이고 주어진 목표가 실현가능한 것이라면 직원들은 기꺼이 변화를 향해 나아갈 것이다. 이를 통해 직원들은 자긍심을 갖고 좋은 결과를 위해 노력할 것이다.

⑦ 지속적인 교육

리더는 지속적인 교육과 성장의 기회를 제공함으로써 자신이 조직으로부터 충분히 인정받고 있으며 권한을 위임받았다고 느낄 수 있도록 동기를 부여한다. 팀원 개개인이 자신의 능력에 확신을 갖는다면 팀의 업무 성과는 눈에 띠게 좋아질 것이다.

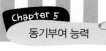
  Level up Mission

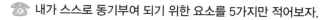

☎ 내가 스스로 동기부여 되기 위한 요소를 5가지만 적어보자.

1.

2.

3.

4.

5.

학습평가 Quiz

1. 다음은 무엇에 대한 설명인가?

> 미국의 심리학자인 프레더릭 허즈버그(Frederick Herzberg)가 직원들을 면담하며 직무만족에 영향을 주는 요소를 정리해 만든 이론으로, '사람들이 직업에서 원하는 것이 무엇일까'에 대해 연구하며 분석했다. 이 이론은 직원들의 동기를 부여시키는 동기요인과 직무불만족을 높이는 위생요인이 있다는 것으로 분석했다. 허즈버그는 인간에게 동기를 주는 욕구로 두 가지를 제시한다. 불쾌감을 피하려는 욕구와 정신적으로 성숙, 성장하고 자아실현을 하려는 욕구이다.

① 욕구 5단계 이론   ② ERG 이론
③ XY 이론   ④ 동기위생이론(2요인 이론)

2. 동기부여와 관련된 설명으로 적절하지 않은 것은?
① 목표달성을 높이 평가해 조직원에게 곧바로 보상하는 행위를 긍정적 강화라 한다.
② 단기적 관점에서 보면 공포 분위기로 인해 직원들이 적극적으로 일을 할 수도 있지만 장기적인 공포감 조성은 오히려 해가 될 수 있다.
③ 조직원들에게 동기를 부여하기 위해서는 조직원 스스로 조직의 일원임을 느끼도록 일깨워주는 것이 좋다.
④ 조직원들을 지속적으로 동기를 부여하기 위해 가장 좋은 방법은 조직원들에 대한 금전적인 보상이다.

3. 다음 중 매슬로우의 욕구단계에 해당하지 않는 것은?
① 안전해지려는 욕구(safety needs)   ② 사랑과 소속 욕구(love & belonging)
③ 존경 욕구(esteem)   ④ 자유의 욕구(freedom)

4. 보상과 처벌이 따르는 일이 되면 흥미가 떨어지고 효율도 낮아지지만, 자발적 동기로 임하면 힘겨운 일도 즐겁게 할 수 있다. 즉, 부정적인 면(보상을 주면 놀이가 일로 변할 수 있음)과 긍정적인 면(내재적 동기에 의하면 일이 놀이로 변할 수 있음)을 잘 파악해서 동기를 부여하는 것을 무슨 효과라고 하는가? (   )

5. 알더퍼의 ERG 이론에 대해 서술하시오.

학습내용 요약 Review (오늘의 Key Point)

1. 동기부여는 직장생활을 하는 사람들이 조직의 목표를 향하여 특정한 행동에 열심히 임하도록 움직이게 만드는 과정이다. 따라서 어떻게 자발적으로 노력하고 싶은 마음을 불러일으키는가 에 관심을 갖는다.

2. '매슬로우의 인간 욕구 5단계 이론(Maslow's hierarchy of needs)'에 의하면 사람은 누구나 다섯 가 지 욕구를 가지고 태어나는데, 이들 다섯 가지 욕구에는 우선순위가 있어서 단계가 구분된다. 가장 기초적인 욕구인 생리적 욕구(physiological needs)를 시작으로, 안전해지려는 욕구(safety needs), 사랑과 소속 욕구(love&belonging), 존경 욕구(esteem)와 마지막 욕구인 자아실현 욕구 (self-actualization)로 계층화 되어 있다.

3. 허즈버그의 동기위생 이론(Motivation-hygiene theory)은 직원들의 동기를 부여시키는 동기요인과 불만을 높이는 위생요인이 있다는 것으로 '2요인 이론'이라고도 불린다.

4. 알더퍼(C.Alderfer)가 매슬로우의 욕구단계설을 발전시켜 주장한 ERG이론은 사람의 욕구가 단 계적이라는 부분은 매슬로우와 동일하지만 그 단계를 5개에서 3개로 줄였다. ERG는 다음의 세 가지 욕구의 약자이다.
   - Existence needs : E는 존재의 욕구
   - Relatedness needs : R은 관계의 욕구
   - Growth needs : G는 성장의 욕구

5. 더글라스 맥그리거(Douglas McGregor)는 상반되는 인간본질에 대한 가정을 중심으로 XY이론을 제기하였다.
   X이론에서의 관리자의 관리전략은 직원들의 행동을 감독·통제하고 시정하는 책임을 지며, 처벌·통제·위협 등을 선호한다고 가정한다.
   Y이론에서의 관리자의 관리전략은 개인목표와 조직목표를 조화될 수 있도록 하며, 관리자는 직무를 통하여 욕구가 충족되고 개인이 발전할 수 있는 운영방침을 채택하는 것이다.

6. 동기부여의 방법 중 동기부여를 위한 내적 보상은 다음의 네 가지로 구성된다.
   - 의미 : 자신이 가치있는 일을 하고 있다는 느낌
   - 선택 : 일을 할 때 자신에게 선택권이 있다는 느낌
   - 역량 : 일을 할 수 있다는 느낌
   - 성과 : 목표를 향해 나아가고 있다는 느낌

스스로 적어보는 오늘 교육의 메모

코칭과 임파워먼트 능력

Contents

Learning Objectives

1. 코칭의 개념을 설명할 수 있다.

2. 임파워먼트의 개념을 설명할 수 있다.

3. 6단계 코칭대화를 활용할 수 있다.

4. 임파워먼트의 4가지 구성요소를 설명할 수 있다.

6
Chapter

상황에 맞는 대화법

특급호텔 양식당에서 서버로 근무하던 김씨는 최근 캡틴으로 승진하였다. 승진을 기뻐하던 마음도 잠시였다. 김씨는 승진 이후 오히려 업무 시간이 늘고 스트레스도 심해졌다. 담당 서버로 근무할 당시에는 8시간 교대근무를 했지만. 지금은 정해진 8시간 외에도 평균 3시간 이상 근무 시간이 더 길어졌다. 직원들이 질문을 하거나 도움을 요청하면 열심히 가르쳐주다가도 습득능력이 떨어지는 직원들이 한심해보여 김씨가 직접 일을 처리하는 경우가 많아졌기 때문이다.

부하직원들이 하는 일이 마음에 들지 않아 자꾸 꾸짖거나 잔소리를 하게 되면서 팀 분위기도 예전같지 않아졌다. 어느 날 직원휴게실에서 그런 자신을 험담하는 얘기를 듣고는, "내가 이러려고 이렇게 시간을 들여 가르쳐주고 도와주었나.."하는 속상함과 괘씸함에 잠을 이루지 못했다.

지금 김캡틴에게 필요한 부하직원들을 이끄는 대화법은 무엇일까?

6장에서는 개인은 물론 조직의 역량을 높이기 위한 대화기법으로, 코칭의 개념과 6단계의 코칭대화모델을 학습한다. 또한 조직의 생산력을 높이는데 필요한 임파워먼트에 대해서 알아본다.

1. 코칭에 관련된 설명으로 적절하지 않은 것은?

   ① 코칭은 조직의 지속적인 성장과 성공을 만들어내는 리더의 능력이라 할 수 있다.
   ② 코칭은 모든 사람을 팀에 관여하도록 하고, 프로젝트 또는 업무를 훌륭하게 수행하도록 하는데 기여한다.
   ③ 코칭은 다른 사람들을 지도하는 측면보다 이끌어주고 영향을 미치는데 중점을 두는 활동이다.
   ④ 코칭에서 리더는 조직원들에게 유용한 정보와 지식을 제공하고 최종 의사결정 권한을 갖는다.

2. 다음 중 임파워먼트와 거리가 먼 것은?

   ① 권한위임과 업무위임은 다른 의미를 지닌다.
   ② 임파워먼트 환경에서는 사람들이 현상을 유지하고 순응하게 만드는 경향이 있다.
   ③ 성공적인 임파워먼트를 위해서는 권한 위임의 한계를 명확하게 하여야 한다.
   ④ 임파워먼트에 장애가 되는 요인은 개인, 대인, 관리, 조직의 4가지 차원에서 생각해 볼 수 있다.

3. 다음 중 임파워먼트와 거리가 먼 것은?

   ① 능력과 의지를 키우는 일
   ② 공식적 권한을 위임해 주는 일
   ③ 실제 의사결정 과정에 참여토록 하여 영향력을 체험토록 하는 일
   ④ 계획과 실행상황을 점검하고 통제하는 일

1. 코칭과 임파워먼트의 개념

(1) 코칭의 개념

국제코치연맹(ICF)은 코칭을 '고객의 개인적, 전문적 가능성을 극대화시키기 위해 영감을 불어넣고 사고를 자극하는 창의적인 프로세스 안에서 고객과 파트너 관계를 맺는 것'으로 정의하고 있다. 또한 존 휘트모어는 "코칭은 개인의 잠재 능력을 최대한 발휘하도록 하는 것으로서, 가르치기보다 스스로 배우도록 돕는 과정을 말한다. 개인은

아름드리 떡갈나무로 자라날 잠재력을 지닌 도토리이다. 양분과 빛, 세심한 정성이 필요하지만 어쨌거나 떡갈나무가 될 자질은 이미 우리 안에 존재한다."라고 말했다.

코칭이란 코치가 정답을 알려주는 대화가 아니다. 성장하고자 하는 의지가 있는 개인이 스스로의 틀 속에 갇혀 더 이상 개방적인 사고를 하지 못하고 더 이상 성장의 방향으로 나아가지 못할 때, 스스로 헤쳐나갈 수 있도록 도와주는 방식의 과정이다. 고객을 마음 속 깊이 인정해주고 존중함으로써 고객이 힘을 얻고 자신의 긍정성을 펼칠 수 있게 도와주는 동반자적인 관계설정이 코칭에서는 중요하다.

[표 6-1] 코칭, 심리상담, 멘토링의 차별점

심리상담	멘토링	코칭
과거의 상처로 인해 현재에 잘 기능하지 못하게 되었을 때, 상담을 통해 고객이 과거 상처로부터 치유되어서 현재에 잘 기능할 수 있게 하는 것	전문지식과 경험이 있는 사람이 그렇지 못한 사람에게 자신이 알고 있는 모든 것을 효율적으로 전수하는 것	현재로부터 미래를 바라보며, 원하는 목표를 설정하고 고객 스스로가 그 답을 찾도록 돕는 과정

(2) 코칭철학

에노모토 히데타케는 '코칭의 기술'에서 코칭철학에는 다음의 세 가지 기본 가정이 있다고 기술하고 있다.

[가정 1] 모든 사람에게는 무한한 가능성이 있다.

사람은 누구나 무한한 가능성과 잠재력을 지니고 있다. 다만, 자신의 내면에서 그러한 가능성과 잠재력을 믿고 끌어올릴 수 있느냐 여부의 차이이다. 그러므로 코치는 개인의 무한한 잠재력을 고무시켜줌으로써 고객이 스스로 내면의 가치를 찾아낼 수 있도록 돕는다. 고객의 가능성을 믿어주는 것은 코치의 기본 자질이라고 할 수 있다.

[가정 2] 그 사람에게 필요한 해답은 모두 그 사람 내부에 있다.

해답을 주는 대화방식이 아니라 고객이 스스로의 의지를 다잡아 방향을 찾고 시행착오를 하도록 허용하라는 것이다. 내면의 힘을 사용하여 스스로 답을 찾아갈 수 있는 요소를 갖추는 것에 가치가 있다는 것이다. 코치는 고객의 의지와 열정을 이끌어 내주면 된다.

[가정 3] 해답을 찾기 위해서는 파트너가 필요하다.

때로는 우리의 무의식적인 행동 패턴이나 자동화된 사고가 성장의 길로 나아감을 방해한다. 사고의 분산을 막기 위해 본래의 코칭의 의도와 목적을 일깨워주는 것도 중요한 코치의 역할이라고 할 수 있다.

(3) 임파워먼트의 개념과 효과

① 임파워먼트의 개념

GE 전 잭 웰치 회장은 임파워먼트에 대해 이렇게 말했다. "대부분의 리더들은 어떻게 하면 부하들이 역량을 발휘할 수 있도록 북돋아주면서도 결과에 대한 통제권은 유지할 수 있는가하는 고민을 한다."

임파워먼트의 뜻을 그대로 해석하면 '권한과 능력을 부여하는 것'이다. 임파워먼트는 리더들이 지니고 있는 권한과 책임을 부하들에게 위임하고, 그 권한과 책임을 잘 활용하여 업무능력을 낼 수 있도록 돕는 활동을 말한다.

임파워먼트(Empowerment)**란**
조직 구성원을 신뢰하고, 그들의 잠재력을 고무시켜 높은 업무 성과를 내는 조직으로 만드는 일련의 행위

② 임파워먼트의 효과

임파워먼트는 특히 고객접점이 빈번한 서비스 산업군에서 고객의 만족을 위해 빠른 피드백을 줄 수 있는 구조를 확립하기 위해서 많이 도입되고 있다. 이러한 임파워먼트의 실행을 통해 얻을 수 있는 효과는 다음과 같다.

㉠ 비용절감

지시, 점검, 감독, 감시, 조정 등에 필요한 노력과 비용이 줄어들기 때문에 비용이 절감된다.

㉡ 빠른 피드백

고객 접점에서의 응대가 보다 신속하고 탄력적으로 이루어진다.

㉢ 업무 몰입도 향상

구성원들의 능력을 최대한 발휘하게 하고, 그들의 업무 몰입도도 극대화할 수 있다.

㉣ 품질 및 서비스 수준 제고

업무 수행 상의 문제점을 가장 잘 알고 있는 실무자들이 고객들에게 적합한 응대를 하게됨으로써 품질과 서비스 수준을 제고할 수 있게 된다.

 Level up Mission

☎ 다음 주어진 세 가지 사례를 각각 코칭, 심리상담, 멘토링으로 구분하시오.

> A. 올해 어린이집에 새로 부임한 신입교사 김선생은 다음 주에 있을 학부모 면담을 어떻게 이끌어갈지 걱정이 이만저만이 아니다. 처음 담임을 맡아 진행하는 터라 면담 시에 어떤 점에 중점을 둬야 할지 아이디어가 떠오르지 않아 주임선생님께 도움을 요청하였다.
>
> a. 심리상담   b. 멘토링   c. 코칭

B. 호텔에서 계약직으로 근무하던 김씨는 이번에 정직원으로 전환된다는 기쁜 소식을 들었다. 희망근무 부서를 정해야 하지만 사실 김씨는 자신이 어느 파트에 관심과 재능이 있는지 몰라서 이번 주말 은사님을 찾아뵙기로 했다.

a. 심리상담   b. 멘토링   c. 코칭

C. 간호사로 일하는 김씨는 요즘들어 수술실에 들어가는게 무섭다. 아마도 지난 달 수술실에서 사망한 담당 환자가 떠올라서 인 것 같다.

자신이 좀 더 세심히 살폈다면 수술결과가 달라지지 않았을까 하는 죄책감이 들기도 했다. 김씨는 이 문제를 해결하기 위해 전문가를 찾아가보기로 했다.

a. 심리상담   b. 멘토링   c. 코칭

 사례 : 300달러짜리 임파워먼트의 힘

프론트데스크의 김씨는 불만에 가득찬 고객의 전화를 받았다. 고객은 객실 예약 당시 엘레베이터에서 멀리 떨어진 곳으로 요청했고 컨펌 메일을 받았다고 했다며, 지금 입실한 객실은 바로 엘리베이터 옆이라 시끄럽다는 것이었다. 김씨는 전화를 받으며 객실예약시스템에서 고객이 주장한 내용을 확인할 수 있었지만 현재 객실이 만실이라 변경해줄 수 없는 상황이었다.
김씨는 고객님께 죄송하지만 지금은 만실이라 빈 객실이 생기는 즉시 변경해드릴 수 있다고 답변 후 객실 매니저에게 보고했다. 그 사이 고객은 총지배인을 불러달라며 컴플레인 정도가 심해져 난감한 상황이 되었다.

프론트데스크의 이씨는 불만에 가득찬 고객의 전화를 받았다. 고객은 객실 예약 당시 엘레베이터에서 멀리 떨어진 곳으로 요청했고 컨펌 메일을 받았다고 했다며, 지금 입실한 객실은 바로 엘리베이터 옆이라 시끄럽다는 것이었다. 이씨는 전화를 받으며 객실예약시스템에서 고객이 주장한 내용을 확인할 수 있었지만 현재 객실이 만실이라 변경해줄 수 없는 상황이었다.
이씨는 고객님께 죄송하다는 사과의 말과 함께 빈 객실이 생기는 2일 후에 조용한 객실로 바꾸어주고 추가로 투숙기간동안 클럽 라운지를 이용할 수 있게 하겠다고 말했다. 그 비용은 금액으로 환산하면 300달러 정도였지만 고객은 이내 마음을 풀고 도리어 고맙다고 감사의 뜻을 전했다.

실제로 특급호텔인 R 호텔은 고객컴플레인에 대한 응대 및 피드백이 만족스럽기로 유명하다. 서비스 산업군이다보니 고객 개개인의 취향을 충족시키기에는 어려움이 있지만, 고객께서 불편한 점이 있다면 즉시 처리할 수 있도록 상부의 결재를 거치지 않고 300달러 이하 선에서 본인이 알아서 처리할 수 있도록 한 임파워먼트 시스템 덕분이다.

⊙ 위의 두 가지 사례에 대해 자신의 의견을 팀원과 공유하시오.

　① 위의 사례에서 김씨와 이씨의 차이는 무엇이라고 생각하는가?

　② 임파워먼트에 장애가 되는 요소는 무엇이라고 생각하는가?

2. 코칭의 3가지 핵심역량과 코칭대화의 6단계

(1) 코칭의 3가지 핵심역량

고객 스스로가 원하는 결과를 얻는데 도움을 주기 위해, 필요요소에 대한 자각과 인식의 확대가 이루어질 수 있도록 코치의 핵심역량이 필요하다. 코칭의 핵심역량은 다음의 세 가지로 크게 구분할 수 있다.

① 상호 관계조성

고객이 자신의 약한 모습을 보여줄 만큼 신뢰할 대상이 필요하기 때문에 고객과 코치와의 친밀감 형성이 중요하다.

② 효과적으로 대화하기

적극적인 경청과 강력한 질문, 명쾌하고 또렷한 대화로 고객이 관점을 바꾸어 자신을 성장시키고 변화시키는 방향으로 발걸음을 떼게 할 수 있다.

③ 결과 촉진하기

고객의 자각과 인식이 확대되어 구체적인 목표달성 아이디어와 행동방향을 설정할 수 있도록 실천강화 시스템 구축을 돕는다.

(2) 코칭대화의 6단계

① 1단계 : 신뢰감 형성

신뢰감을 형성하는 것은 라포(Rapport)라고도 하고, '친밀감을 형성한다.'라고도 한다. 신뢰감을 형성하기 위해서는 상대방에 대한 관심, 수용, 편안한 환경제공 등이 필요하다.

② 2단계 : 목표설정

코칭은 목표가 분명히 정해진 '목적 지향적 대화'이며, 그것은 고객이 스스로 원하는 목표이어야 한다. 또한 고객이 모호하고 분명하지 않은 목표를 이야기할 때에는 SMART 목표설정규칙에 맞춰 설정한다.

[표 6-2] SMART 목표설정규칙

SMART 목표설정규칙
Specific 구체적인
Measurable 측정가능한
Agreed 합의된
Realistic 현실적인
Time Phased 시간이 정해진

③ 3단계 : 현실점검

현실점검이란 고객이 눈앞에 놓인 일에서 한 걸음 뒤로 물러나서 상황을 보다 객관적으로 검토할 수 있는 여유를 갖는 것이다. 코칭 주제를 둘러싼 현실적 요소들에 대해 서로가 어떤 연관성을 갖는지에 대한 통찰을 얻을 수 있다.

④ 4단계 : 대안모색

이전의 단계에서 얻어진 내용을 바탕으로 새롭게 무엇을 시도해보면 좋을지에 대한 아이디어를 생각해 본다. 코칭의 흐름 상 자연스러운 대안이자 다양한 아이디어를 담고 있는 대안을 표현해 본다.

⑤ 5단계 : 장애물 제거

미래에 발생가능한 장애물을 사전에 예측해보고 이를 극복할 방법을 미리 설정해 둠으로써, 이전 단계인 대안모색단계에서 결정한 대안을 효과적으로 수행할 수 있는 안전장치라고 할 수 있다.

⑥ 6단계 : 실행의지

고객이 무엇을 할지 실행계획을 구체화하고 언제까지 어떤 방식으로 이루어 갈 것인지에 대해서도 도와줘야 한다. 고객이 자신의 말로 코칭 세션을 정리해 보도록 하는 것도 도움이 된다.

 Level up Mission

☎ 아래 박스의 6개의 질문을 코칭대화의 6단계별로 나열하시오.

> a. 오늘 대화를 통해 무엇을 결심하셨습니까?
>
> b. 지금까지 생각해보지 못한 새로운 방법이 있다면 무엇일까요?
>
> c. 향후 어떤 장애요소가 예상되십니까?
>
> d. 현재 무엇이 어떻게 돌아가고 있다고 생각하시나요?
>
> e. 오늘 하루 어떠셨나요? 특별히 기억에 남는 일이 있으셨나요?
>
> f. 오늘 코칭대화를 통해 얻고 싶은 결과는 무엇입니까?

 Tip 1 코칭의 환경

코칭의 환경이라 함은 물리적인 환경과 코칭의 기본 규칙, 기대치와 합의사항으로 구성된 관계적 환경, 둘 다를 의미한다. 고객에게 안전하면서도 격려시킬 수 있는 환경은 다음의 4가지로 설명할 수 있다.

(1) 비밀유지

고객이 목표로 하는 결과를 도출하기 위해 필요한 발견 프로세스로 가려면 고객이 속내를 털어놓는 것은 매우 중요하다. 코칭대화 내용이 비밀유지가 된다는 확신이나 보호막이 없다면 효과적인 코칭이 이루어지기 어렵다.

(2) 신뢰

코치와 고객 간에 신뢰가 형성되어 있어야 제대로 된 코칭이 이루어질 수 있으며, 위에 언급한 비밀유지의 의무 또한 서로 간의 신뢰를 형성하는데 필요한 중요 요소 중 하나이다. 이외에도 시간을 잘 지키는 등의 사소한 약속을 잘 지키는 것이 서로 간의 신뢰를 쌓는데 도움이 된다.

(3) 진실 말하기

코칭대화 내용이 비밀유지가 되고 서로 간에 신뢰도 쌓였다면 이제 진실을 말할 수 있는 환경이 조성되어야 한다. 진실을 말하지 않고 감추거나 자기 자신을 미화하는 것은 코칭 관계에 도움이 되지 않는다. 고객은 자신의 과거 행동과 습관적인 패턴에 휩싸여 있어 종종 진실을 보는 눈이 흐려진다. 이때 코치가 용기를 내어 진실을 말한다면, 이러한 과정에서 코치와 고객 사이에 더 많은 신뢰가 형성될 수 있다.

(4) 개방성

고객이 광범위한 가능성을 탐색할 수 있도록 하기 위해서는 아무런 제약 없이 전략을 짜는 여유로운 마음의 공간을 제공해야 한다. 이것은 코치의 질문을 통해 개방성을 갖출 수 있게 된다. 예를 들어, '천만원이라는 돈이 있다면 지금 주어진 5가지 중 어떤 것을 가장 먼저하고 싶은가?'라는 등의 고객의 사고를 개방하는 질문을 통해 가능하다.

[출처] 〈코액티브 코칭〉, 김영순 옮김, 김영사, 2016

3. 임파워먼트의 4가지 차원과 장애요인

효과적인 리더는 각 사람들의 능력을 발휘할 수 있도록 조직 내의 임파워먼트 여건들을

창출하려 한다. 임파워먼트가 잘 되지 않는 환경에서는 사람들의 능력이 발휘되지 못할 것이다. 리더와 그를 따르는 사람들 모두에 의해 임파워먼트가 일어날 수 있는 문화가 조성되면, 임파워먼트는 조직의 모든 사람들로부터 창조적이고 시너지를 내는 에너지를 끌어낸다.

(1) 임파워먼트의 4가지 구성요소

스프레츠(Spreitzer)는 토마스와 벨트하우스의 임파워먼트 연구모형을 바탕으로 임파워먼트를 내재적 업무 동기부여로 파악하고, 다음과 같이 네 개의 구성요소로 되어있다고 주장하였다.

① 의미성(meaning)

의미성이란 개인의 과업에 있어서 자신의 일이 조직의 발전 또는 개인의 발전에 중요한 요인으로 작용하고 있다는 구성원들의 자각을 말한다. 이러한 자각을 바탕으로 구성원은 동기부여가 되며, 자신의 업무에 있어 자율적인 책임감을 형성하게 된다.

② 유능함(competence)

임파워먼트에서의 성과 또는 목표달성은 동기부여 능력으로 이루어지며, 구성원의 동기부여 못지않게 능력향상도 중요하다고 한다. 구성원의 능력을 향상시켜야 효율적인 업무처리가 가능하고 다른 요소들과 결합하여 조직의 발전을 이끌어 낼 수 있다.

③ 자기결정력(self determination)

업무의 처리에 있어 사소한 일에도 결정권한이 없다면, 직무만족도는 급격히 하락하며, 직무의 수행시간과 의사결정 또한 지체되어서 조직의 경쟁력은 하락한다. 따라서, 직무에 대하여 권한이양을 통한 자기결정은 임파워먼트의 중요 요소라 할 수 있다.

④ 영향력(impact)

업무 처리에 대한 자기결정과 함께 책임도 구성원이 갖게 되면, 책임감을 높일 수 있고 보다 자율적인 상황에서 효율적인 업무처리가 가능해진다.

(2) 임파워먼트 장애요인

리더는 임파워먼트의 여건을 마련하는 일 외에 임파워먼트에 장애가 되는 요인들에 대해서도 알고 있어야 한다. 임파워먼트 장애요인을 정리하면 다음 [표 6-3]과 같다.

[표 6-3] 임파워먼트의 장애요인

개인 차원	주어진 일을 해내는 역량의 결여, 동기의 결여, 결의의 부족, 책임감 부족, 의존성
대인 차원	다른 사람들과의 성실성 결여, 약속 불이행, 성과를 제한하는 조직의 규범, 갈등처리 능력 부족, 승패의 태도
관리 차원	통제하는 리더십 스타일, 효과적 리더십 발휘 능력 결여, 경험 부족, 정책 및 기획의 실행 능력 결여, 비전의 효과적 전달 능력 결여
조직 차원	공감대 형성이 없는 구조와 시스템, 제한된 정책과 절차

 Level up Mission

☎ 어떻게 하면 임파워먼트를 성공적으로 할 수 있는지 세 가지만 아래에 적어보고, 팀원과 그 이유에 대해서 이야기해보자.

- _____

- _____

- _____

> 위임은 효과적인 의사결정을 할 수 있는 열쇠다. 리더는 부하직원에게 의사결정을 위임해야 하며, 결정을 윗사람에게 미루려는 아랫사람들의 자연스러운 성향을 거부해야 한다. 우리는 상호 보완의 원칙을 따라야 하며, 다른 사람의 의사결정 권리 혹은 그 능력을 빼앗는 것은 죄라는 사실을 알아야 한다.
>
> - 윌리엄 폴라드(ServiceMaster Company 前 회장) -

 사례

아래 사례에서 '알폰소 슈벡'은 주방을 어떻게 운영하고 있었는지 팀원과 의견을 이야기 나누어 보자.

독일 뮌헨 도심의 한 천막극장. 턱시도를 차려 입은 훤칠한 신사들과 반짝이는 화려한 드레스를 입은 숙녀들이 설레는 표정으로 줄을 지어 극장 안으로 입장하기를 기다리고 있었다. 그곳의 이름은 '팔라쪼(Palazzo)'. 맥주와 소시지를 제외하고는 유럽에서도 변방에 속해 있던 독일 요리를 순식간에 세계적인 반열에 올려놓은 독일 역사상 최고의 요리사 비츠 히만이 세운 극장식 레스토랑이 바로 이곳 '팔라쪼'였다. 거울로 둘러싸인 화려한 천막식당에서 세계 최고 수준의 요리사들이 만들어내는 독일 요리를 맛볼 수 있는 꿈의 식당을 채운 사람들이 음식을 기다리고 있는 동안 천막 뒤쪽에 자리잡은 주방에서는 조용한 전쟁이 시작되었다. 수십 명의 조리사와 웨이터가 한 치의 오차 없이 기계적으로 움직이고 있었으며, 그 움직임의 정점에 그가 서 있었다.

'알폰소 슈벡(Alfons Schubeck)'. 30년 경력의 베테랑 요리사로서 '올해의 요리사'상만도 수차례 수상했던 그의 말 한마디 손짓 하나에 주방은 일사불란하게 움직이고 있었다. 마치 '한 명의 주방장이, 한 명의 손님을 맞이하듯이'. 하지만 주방장이라고는 해도 슈벡은 이날 단 한 번도 국이나 팬을 잡지 않았다. 심지어 음식의 맛을 보거나 재료를 더 집어넣지도 않았다. 그저 주방을 오고 가며 음식을 들고 나르는 타이밍과 순서 등을 조절해 주고, 조리하고 있는 조리사들과 몇 마디 대화를 나눌 뿐이었다. 실제 재료를 썰고 볶고, 음식을 만들고 웨이터를 통해 테이블로 내보내는 것은 온전히 조리사들의 기술과 판단에 의해서였다. 그는 말한다. "난 그저 그들의 요리가 순서대로 잘 진행되고, 시간에 맞게 테이블로 나가는지를 살펴주고 도와주는 역할을 할 뿐입니다. 팔라쪼를 만들어가는 것은 바로 그들입니다."

[출처] 〈팔로워십, 리더를 만드는 힘〉, 신인철 저, 한스미디어, 2007

Tip 2　임파워먼트가 실패하는 10가지 이유

미국의 유명 경영컨설턴트인 수잔 헤스필드(Susan Heathfield)는 임파워먼트가 실패하는 이유를 아래의 열 가지로 제시하고 있다.

1. 리더가 임파워먼트의 필요성을 말로만 강조하고 실제로는 믿지도 않고 실행하지도 않는다.
2. 리더가 임파워먼트의 진정한 필요성을 이해하지 못하고 있다.

3. 임파워먼트의 범위를 정확하게 설정하지 못하고 있다. 누가 어떤 업무를 언제 어떻게 행사할 지를 확실하게 정하지 못하는 경우 권한이양은 결코 성공할 수 없다.

4. 겉으로는 임파워먼트를 한 것처럼 보이지만 실제로는 리더가 세세한 일까지 간섭하고 있다.

5. 임파워먼트를 해놓고 리더가 뒤에서 딴소리하고 비판을 일삼는다.

6. 임파워먼트를 해놓고 실제로 그 권한을 행사할 기회를 주지 않는다.

7. 이양하는 권한에 대한 정확한 정보와 권한에 대한 학습 기회 또는 권한 행사에 관계되는 교육 기회를 주지 않는다.

8. 임파워먼트를 했다고 해서 경영자가 수수방관하고 자신의 직무와 책임을 다하지 않는다.

9. 임파워먼트에 장애가 되는 요소들을 제거해주지 않거나 필요한 지원을 해주지 않는다. 임파 워먼트에 필요한 시간과 수단, 그리고 교육과 자료 및 타부서의 협력 등이 따라주지 않으면 실패할 수밖에 없다.

10. 임파워먼트에 수반되어야 할 응분의 보상과 권한을 이양받는 사람의 적절한 직위, 성공적인 권한 행사에 대한 격려 등이 따라주지 않는다.

[출처] 〈아주 특별한 경영수업〉 中, 예종석 저, 리더스북, 2006

학습평가 Quiz

1. 다음 중 코칭 리더에 대한 옳은 설명은?

① 리더는 선배로서 가이드라인을 제시하여 문제해결을 도와준다.
② 리더는 조직원들에게 유용한 정보와 지식을 제공하고 최종 의사결정 권한을 갖는다.
③ 리더는 경청과 지원을 통해 원하는 결과를 이끌어낼 수 있도록 돕는다.
④ 리더는 해당 분야의 전문가로서 실질적인 해답을 이끌어낸다.

2. 다음 중 코칭의 철학에 해당하지 않는 것은?

① 모든 사람들은 현상을 유지하고 순응하고자 한다.
② 모든 사람에게는 무한한 가능성이 있다.
③ 그 사람에게는 필요한 해답은 모두 그 사람 내부에 있다.
④ 해답을 찾기 위해서는 파트너가 필요하다.

3. 다음 중 코칭의 3가지 핵심역량이 아닌 것은?

① 상호 관계조성
② 효과적으로 대화하기
③ 결과 촉진하기
④ 신뢰감 형성

4. 임파워먼트는 능력과 의지를 키우는 일, 공식적 (   )을 위임해 주는 일, 그리고 실제 의사 결정 과정에 깊이 참여토록 함으로써 자신의 (   )을 체험토록 해야 하는 일들이 전제되어 야 한다.

5. 코칭이란 무엇인지 그 의미를 쓰시오.

학습내용 요약 Review (오늘의 Key Point)

1. 코칭은 개인의 잠재 능력을 최대한 발휘하도록 하는 것으로서, 가르치기보다 스스로 배우도록 돕는 과정을 말한다.

2. 임파워먼트는 리더들이 지니고 있는 권한과 책임을 부하들에게 위임하고, 그 권한과 책임을 잘 활용하여 업무 능력을 낼 수 있도록 돕는 활동을 말한다.

3. 코칭대화는 아래와 같이 6단계의 프로세스로 진행된다.
   신뢰감 형성 → 목표설정 → 현실점검 → 대안모색 → 장애물 제거 → 실행의지

4. 임파워먼트는 의미성, 유능함, 자기결정력, 영향력의 4가지 차원으로 구성되어 있다.

5. 임파워먼트의 장애요인은 개인, 대인, 관리, 조직 차원의 4가지로 정리할 수 있다.

스스로 적어보는 오늘 교육의 메모

변화관리 능력

Contents

Learning Objectives

1. 변화관리능력의 정의와 중요성을 말할 수 있다.

2. 성공적인 변화관리 전략을 설명할 수 있다.

3. 변화에 저항하는 사람들의 4가지 유형을 이해하고 말할 수 있다.

7
Chapter

변화를 거부한 1등기업 _ 131년 코닥의 몰락!!!

"디지털카메라를 처음 만든 기업은?" 이 질문에 니콘이나 캐논을 떠올리기 쉽지만 정답은 바로 코닥이다. 코닥은 1975년 세계 최초로 디지털카메라 기술을 개발해 어떤 업체보다 발빠르게 미래를 예견했다. 하지만 당시는 필름 현상과 인화가 절대 진리로 통하던 시절. 코닥은 기존 주력제품이던 필름시장이 잠식당할까봐 디지털카메라의 개발과 마케팅에 적극적으로 나서지 않았다. 소니가 필름이 필요 없는 디지털카메라 '마비카'를 출시한 1981년에도 코닥은 디지털카메라를 기회가 아닌 위협으로 생각했다. 당시 미국 필름시장의 80%를 차지할 만큼 독보적인 위치를 차지하고 있었기 때문이었다. 하지만 소비자들은 디지털카메라로 점차 눈길을 돌리고 있었다. 시장에서는 필름카메라 시대가 저물고 있다는 사실을 모두 아는데 코닥만 모르고 있다는 얘기가 나올 정도였다.

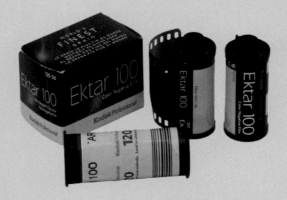

1990년대 중반 위기위식을 느낀 코닥이 뒤늦게 디지털카메라 사업에 뛰어들었지만, 여전히 필름시장에 미련을 버리지 못했다. 2005년까지 코닥은 여전히 필름업계 1위였지만 성장에 한계가 있었고 매출은 반토막이 났다. 급기야 2009년 필름 사업을 버리는 결단을 내렸지만 회생하기에는 역부족이었고, 결국 2012년 1월 파산하고 말았다. 130년 코닥의 역사는 이렇게 끝났다. 코닥이 허망하게 망한 것은 기술력의 문제가 아니라 시대의 변화를 수용하고 발빠르게 대처하지 못했기 때문이다.

[출처] 변화를 거부한 1등기업 _ 131년 코닥의 몰락!!!|작성자 이정관 비즈니스코치

7장에서는 기업의 지속가능한 경영에 있어서 필수요소인 변화관리에 대해 알아본다. 변화관리의 정의와 중요성, 변화관리 성공전략과 요소 등의 내용을 통해 기업의 발전 방향을 탐구해 본다.

1. 다음은 무엇에 대한 설명인가?

> 비전 × 스킬 × 공유욕구 × 자원 × 행동계획

① 변화관리 방정식   ② 협상 방정식

③ 재무제표 방정식   ④ 리더십 방정식

2. 변화관리에 대한 설명으로 적절하지 않은 것은?

① 조직 내부에서 변화는 위에서 아래로 이루어지며, 지위고하를 막론하고 모두에게 영향을 미친다.

② 조직에서 일어나는 변화는 모두 바람직한 것이다.

③ 변화에 저항하는 직원들을 성공적으로 이끌기 위해서는 개방적인 분위기를 조성하는 것이 좋다.

④ 일반적인 변화관리 3단계는 변화 이해, 변화 인식, 변화 수용으로 진행된다.

3. 변화관리의 대가인 존 코터가 주장한 변화관리는 총 몇 단계로 구성되어 있는가?

① 3단계   ② 5단계

③ 8단계   ④ 9단계

1. 변화관리의 정의와 중요성

> "사람들은 향후 2년 안에 일어날 변화를 과대평가하고,
> 향후 10년 안에 일어날 변화에 대해서는 과소평가하는 경향이 있다."
>
> - 빌 게이츠 -

(1) 변화관리의 정의와 이해

변화관리란 기업에 일어나는 중대한 변화를 기업 성과가 향상되는 방향으로 관리하는 것을 말한다. 즉, 변화관리는 구성원의 행동 및 업무수행 방식의 변화를 이끌어 내는 "혁신과정을 조정하고 관리"하는 모든 활동을 말하는 것이다. 변화관리는 성과 하락의 폭과 깊이를 줄이고 지속적인 성과 향상으로 이어지게 하는 혁신관리 활동이며, 혁신 추진 과정상의 문제는 대부분의 조직이 겪는 문제이므로 조직을 변화관리의 대상으로 정하게 된다.

피터 드러커(Peter Ferdinand Drucker)는 이 세상에서 변화하지 않는 유일한 것은 "모든 것이 항상 변화한다는 사실 한 가지"라고 주장했다. 이렇듯 이러한 변화의 시대에 변화를 생활화하고 체계적으로 관리하는 것은 기업의 성장과 더불어 생존에 필수적이다. 이러한 점에서 볼 때, 경쟁사에 비해 더 빠르고 더 효과적으로 경영환경의 변화에 대응해 조직을 변화시키는 것은 매우 중요하다. 성공을 원하는 기업은 반드시 체계적인 변화관리 프로세스를 가지고 있어야 한다. 더군다나 최근 기업이 직면하는 변화는 기존의 시스템 내에서 부분적으로 변화하는 점진적 변화가 아니라, 기존의 시스템 자체에 대한 변화를 포함하는 변혁적 변화이며, 그 빈도나 강도에 있어서도 훨씬 더 높은 수준으로 일어나고 있다.

성공적인 조직변화를 위해서는 기본적으로 3가지 요소가 필수적이다. 첫 번째는 현 상황에 대한 불만이나 변화의 필요성에 대한 인식으로, 이는 조직변화를 위한 자극 또는 동기유발의 요인이 된다. 두 번째는 새로운 상황에 적합한 달성 가능한 비전 설정으로, 이는 조직변화의 방향 및 가능성을 명확히 해준다. 세 번째는 성공에 대한 신념과 함께 실천을 위한 명확한 아이디어 도출로, 이는 실천계획과 함께 조직변화의 지원세력으로 작용하게 된다. 이들 세 가지 요소가 모두 갖추어졌을 때 성공적인 조직변화가 가능하며, 이 중 어떤 한 가지 요소라도 결핍되는 경우 조직변화는 성공할 수 없다. 구성원 모두가 변화의 필요성에 대해 공감하고 기업의 새로운 비전을 받아들이며, 이에 맞춰 자신의 태도와 가치관을 변화시킴으로써 비로소 변화가 시작되는 것이다. 스스로 생각하고 행동하는 방식을 바꿈에 따라 기업의 변화 프로그램에 몰입하게 되고 성공적인 변화가 이뤄진다. 이러한 구성원 개개인들의 사고방식과 행동양식의 변화는 조직의 전략, 구조, 시스템, 그리고 문화가 한 방향으로 정렬될 때, 그리고 조직을 상호 유기적으로 연결된 관계로 보고 전체적인 균형을 이루도록 할 때 가능하다.

　결국 변화관리는 환경과 조직, 그리고 조직의 구성 요소들 간에 정렬을 시키는 지속적인 과정이며 궁극적인 변화의 대상은 구성원 개개인이다. 성공적인 변화관리를 위해서는 모든 부분들이 서로 의사소통해 조직의 다양한 부분들이 어떻게 상호 작용하는지에 대한 인식을 공유하게 하고, 새로운 균형이 모든 부분에 공통적으로 적용될 것이라는 믿음과 함께 변화에 대한 주도적 역할을 부여하는 것이 중요하다. 변화관리는 단기적인 치유책이 아니라 장기적으로 구성원들의 변화를 유도해내야 하는 지속적인 과정이다.

　기업의 혁신을 추구하는 변화관리 방정식을 정리해 보면 아래와 같다.

변화관리 방정식 : 비전 × 스킬 × 공유욕구 × 자원 × 행동계획

[출처] 사람을 행복하게 하는 기술연구소

조직이 변화를 시행할 때 발생할 수 있는 문제점은 다음과 같다.

① 비전이 없다면 혼란에 빠지게 되고

② 스킬이 없다면 불안이 가중되며

③ 공유 욕구가 없다면 조직의 변화 속도는 저하되고

④ 자원이 없다면 좌절하게 된다.

⑤ 또한, 행동계획이 없다면 잦은 오류를 범하고 실수를 낳게 된다.

결론적으로 무엇보다 중요한 변화의 성공요소는 비전을 가진 리더가 변화를 주도하고 조직원들과 합의 하에 꾸준한 관심을 가지고 변화를 이행하는 것이다. 그리고 이런 한 방향 정렬이 가능할 때 조직의 건강한 변화관리가 성취 가능하게 된다.

(2) 변화관리의 중요성

현대 사회에서 변화란 선택의 문제가 아닌 생존의 문제로 대두되고 있다. 특히 기업의 경우 세계적인 경제 위기를 맞이하여 변화에 대한 의지가 매우 강력하다. 기업은 일종의 사회적 유기체로서 성과향상 또는 수익성 제고를 위해 끊임없이 자발적으로 변해야 한다. 더욱이, 기업의 인수 및 합병, 대규모 사업교환, 기업결합, 대기업으로 부터의 분리 독립 등으로 인해 기업은 많은 변화에 직면하고 있다. 현재의 환경변화는 변화의 정도(Degree of Change), 변화의 속도(Speed of Change), 변화의 방향(Direction of Change) 면에서 과거와는 다르다. 이런 단절적인 변화를 가져온 변화의 주요 동인은 글로벌 경쟁, 기술 혁명, 소비자 욕구의 다양성 등이다.

자유화, 개방화 등에 따른 제도적인 장벽의 해체, 국제자본의 자유로운 이동, 인터넷의 발달로 야기된 글로벌 경쟁은 게임의 룰을 전혀 다르게 변화시켰다. 글로벌 경쟁 시대에는 국내/지역시장을 기반으로 한 기업들이라도 세계적인 기업과의 경쟁에 직면해야 한다. 세계 최고 수준의 경쟁력을 보유하지 못하면 생존은 위협받는다. 자본시장은 기업에게 높은 수익성과 미래 성장 가능성 확보를 주지만, 요구에 부응하지 못한 기업은 시장가치의 하락을 막을 수 없고 결국 도태하게 된다. 따라서, 모든 기업에 있어 기업가치(시장가치)의 증대는 긴급한 과제이다.

디지털 기술의 발달이 불러온 기술 혁명은 전혀 새로운 방식의 가치창조를 가능케 했고, 기업 경영의 시스템을 빠른 속도로 변화시키고 있다. 이 변화를 신속하게 기업 경영에 접합시키지 못하는 기업은 가치증대 능력 감소는 물론이고 생존 가능성도 감소한다. 기업가치 창출의 많은 부분이 지식 기반, 무형 자산 기반, 기술 및 인터넷 기반 등 비전통적인 새로운 사업모델(Business Model)에서 이뤄지고 있다. 환경에 성공적으로 적응하기 위해서는 기업 내부의 각 기능/사업간 연결방식은 물론, 기업의 경계를 다시 정의하고 내·

외부 참가자 간의 가치 네트워크를 재구축하는 등 새로운 사업시스템(Business System)이 필요하다.

또한 고객의 욕구가 점점 더 다양화됨에 따라 고객 요구를 충족하고 진정한 고객가치 창출에 성공한 기업만이 생존하게 된다. 최근의 소비자들은 단순히 제품이나 상품을 소비하기 보다는 상품·서비스와 관련된 총체적인 경험을 구매한다. 그런데 고객이 원하는 가치는 고객의 삶의 방식과 경험에 따라 다르다. 따라서 선택의 권한을 포함한 시장에서의 힘(Power)의 균형이 고객에게로 옮겨지고 있는 상황에서 고객을 이해하고 고객과의

사례 : '맛집' 등장에 유명 브랜드 몰락…고개숙인 외식업계

최근 '오너셰프 레스토랑'이 인기를 끌고 있는 가운데, 기존 대기업이 운영하는 외식업체와 대형 외식프랜차이즈들이 바짝 긴장하고 있다.

소셜네트워크서비스(SNS)의 발달로 언제 어디서든지 맛집을 검색해 이동할 수 있는 환경이 갖춰지면서 더이상 '브랜드'만으로 소비자의 선택을 받던 시대는 끝났기 때문이다. 이에 외식업체들은 신생 브랜드를 알릴 때, 자사 브랜드를 앞세우기보다 '입소문'에 더 주력하고 있다.

국내 외식업계는 미쉐린가이드 발표 등으로 소비자들의 미적 수준이 더욱 높아질 것이라면서, 이에 대한 대안을 모색하지 않는 한 브랜드만 내세운 기존 업체들은 어려움에 처할 것이라고 우려하고 있다. 아웃백, 피자헛, TGIF 등의 쇠락도 이와 무관치 않다는 설명이다.

일례로 아웃백코리아는 1997년 론칭한 이후 한 때 100여개 이상의 매장을 운영했지만 현재 성장세가 꺾이며 80여 곳으로 줄었다. 2013년 3,000억 원을 웃돌던 매출은 지난해 말 1,900억원대로 감소했다. 한국피자헛도 매출이 2006년 2,600억 원에서 2014년에는 1,100억 원대로 반토막났다. 브랜드의 영광이 지고 있다는 게 업계 관계자들 분석이다.

대기업 외식업계 한 관계자는 "예전까지 대기업이나 프랜차이즈업체가 운영하는 식당에 가면 어딜 가든지 '실패하지 않는 식사'를 할 수 있다는 점 때문에 찾았지만, 최근에는 SNS가 등장하면서 숨은 맛집을 찾고 정보를 공유하는 트렌드가 확산되면서 브랜드만 내세워 고객을 이끌었던 업체들은 고민에 빠졌다."고 말했다. 이어 "기존 유명 브랜드 외식업체들은 경기침체, 다양한 외식의 등장 등으로 매출하락이 불가피한 상황이지만, 아직까지도 이에 대응할 만한 대안은 찾고 있지 못해 답답해하고 있다"고 덧붙였다.

[출처] 아시아경제 오주연 기자 2016.11.18

관계를 기업가치의 증대로 연결시키기 위해서는 탁월한 고객가치 제안(Value Proposition)이 필수적이다.

여러 가지 면에서 종합해 볼 때, 변화의 시기를 맞이하여 기업의 변화관리의 중요성은 점점 커지고 있다.

☎ 현재 나의 모습에서 변화가 필요한 부분은 어디일까?

☎ 나의 삶을 돌아봤을 때 스스로 선택했던 가장 큰 변화와 그 변화를 결심하게 된 이유가 무엇인지 이야기 나누어보자.

2. 변화관리 성공전략

(1) 변화관리 프로세스

① 변화관리 1단계 : 변화를 이해하라

먼저 변화의 실상을 정확하게 파악한 다음, 익숙했던 것들을 버리는 데서 오는 감정과 심리적 상태를 어떻게 다룰 것인가에 대해 신중하게 고려해야 한다. 일반적으로 개인이든 기업이든 기존의 안정된 상태를 벗어나 새로운 도전을 하는 상황을 받아들이기는 쉽지 않다.

상황을 통찰하는 핵심 질문

- 변화가 왜 필요한가?
- 무엇이 변화를 일으키는가?
- 변화는 모두 좋은 것인가?

---

② 변화관리 2단계 : 변화를 인식하라

변화가 일어나면 보통 불안하고 의심스러운 분위기가 조성된다. 그리고 사람들은 두려움과 스트레스에 시달리게 되며 당연히 의욕도 떨어지게 된다. 이럴 때 조직이라면 변화와 관련된 정보를 찾고 직원들에게 상세한 정보를 공유해 상황을 타개하는 것이 중요하다.

무엇보다 직원들 스스로가 자신이 변화를 직접 주도하고 있다는 마음이 들 수 있도록 상황을 이끌어야 한다.

변화에 저항하는 직원들을 이끄는 성공적인 방법

- 개방적인 분위기 조성
- 객관적인 자세 유지
- 직원들의 감정 살피기
- 변화의 긍정적인 면 강조
- 변화에 적응할 시간 주기

151

③ 변화관리 3단계 : 변화를 수용하라

인간은 태어날 때부터 변화를 싫어하는 속성을 지니고 있는데 조직도 마찬가지이다. 어떤 변화든 '저항(resistance)'이 있기 마련이고 변화에 성공하려면 저항을 극복해야 한다. 저항 요인을 분석해서 구성원 모두를 변화에 동참하게 만들면 조직은 변화에 성공할 것이다. 이를 위해서는 이 모든 것을 기획하고, 분석할 수 있는 리더가 있어야 한다. 구성원 모두를 변화에 동참하게 만들지 못하면 진정한 변화는 어렵다.

기업의 변화에 있어서 변화를 바라보는 리더의 자세, 변화에 동기를 부여하는 행동, 변화에 필요한 행위 등은 직원들을 변화시키는데 상당히 중요한 역할을 한다. 리더는 변화관리 과정에서 왜 변화가 일어나야 하는지를 직원들에게 상세히 설명하고, 변화를 위한 직원들의 노력에 진심어린 지원을 할 수 있도록 한다.

무엇보다도 직원들과 수시로 커뮤니케이션하는 것이 중요하다. 정기적인 회의를 통해 직원들이 자신의 생각이나 제안을 직접 말할 수 있는 분위기를 만들어 주는 것이 중요하다.

(2) 변화관리 모델

> 존 코터(Kotter, J. P.)의 변화관리 8단계 모델
> '기업을 둘러싼 경영환경은 끊임없이 변한다.
> 변화하는 외부 환경을 감지하고 기업 스스로 어떻게 적응하는가가 곧 혁신의 길이요,
> 기업의 흥망성쇠를 좌우한다.'
>
> - 존 코터-

변화의 시작은 위기를 인식하는 것에서 출발한다. 가장 대표적으로 변화관리의 이론은 하버드대학교 경영대학원 석좌교수인 존 코터(Kotter, J. P.)가 주장한 모델이다. 코터는 6~8년여 동안 조직의 변화관리를 수행하여 실패하거나 성공한 100여개 회사들을 집중 분석해서 변화에 성공한 8가지 원인을 규명하였다. 이를 바탕으로 코터는 성공적인 조직 변화를 위한 실행기법을 8단계로 체계화하여 각 단계별 시행오류와 함께 다음과 같이 제시하였다.

[1단계] 위기를 눈으로 확인시키는 긴장감 조성(Increase Urgency)

변화 프로그램에서 긴장감을 조성하는 첫 번째 단계는 매우 중요하다. 동기부여가 없다면 구성원들이 참여도가 낮고 변화관리에 실패할 수 있다. 기업의 50% 이상이 1단계에서 실패한다. 그러므로 현재의 상황을 정확히 전달하고 위협과 도전을 전 직원들에게 전달하고 참여토록 하여야 한다. 동기부여가 없다면 구성원들의 참여가 어려워지기 때문에 사전에 철저한 준비를 통해 변화를 추진해야 한다.

[2단계] 강력한 변화선도팀 구성(Build the Guiding Team)

강력한 추진엔진을 갖추지 못한 조직변화의 노력은 단기간의 가시적인 진전을 가져올 수 있을지는 몰라도, 변화에 대한 저항 세력이 결집되면 개혁은 바로 중단되고 만다. 변화의 구심체는 정상적인 조직 내의 조직체가 아닌 특별조직을 구성하는 것이 일반적이어서 경영진이 추구하고자 하는 변화에 대한 단결과 결집의 엔진이 될 수 있다.

[3단계] 비전과 전략의 수립(Get the Vision Right)

우리 기업의 미래 모습은 어떠할 것인가? 비전은 기업의 조직이 향후 나가야 할 방향을 명확히 정해주는 역할을 한다. 초기의 비전은 경영자들의 주관적 견해로 인해 명확하지 않은 경우도 있지만, 변화에 참여하고자 하는 조직에서 경영자의 의지를 모아 정리하고 개발하면 새롭고도 명확한 비전을 제시할 수 있다. 변화에 실패한 경우 보편적으로 개혁의 절차, 방법 등은 상세히 구성되어 있으나 기업의 비전이 결여된 경우가 많다. 따라서 비전은 직원들을 결집시킬 수 있는 큰 힘을 가지고 있다. 조직의 미래 모습을 함께 그려나갈 수 있는 간결하고 강력한 비전의 수립이 필요하다.

[4단계] 효과적인 커뮤니케이션을 통한 비전의 전달(Communicate for Buy-In)

모든 조직원들이 변화를 환영하는 것은 아니다. 추진 과정에 있어서 일부 직원들은 새로운 변화에 도전하지 않으려 저항할 가능성도 있다. 따라서 변화를 하고 개혁을 추진하려면 기업의 비전이 전체 종업원에게 전달되어야 한다. 변화에 성공한 기업은 비전을 전달하기 위해 기존의 모든 의사소통 채널을 활용한다. 의사소통은 말과 행동에 의해 이루어지는데 행동은 가장 강력한 의사소통의 수단이다. 핵심 인물들의 말과 행동의 불일치

보다 더 크게 변화를 저해하는 요소는 없다. 만약 경영진이 비전을 선포하고 선포한 비전과 반대되는 행동을 한다면, 종업원들의 조직문화는 냉소주의에 빠지고 신뢰도는 떨어지게 될 가능성이 있다. 그렇기 때문에 언행일치를 통한 비전의 전달은 직원들에겐 그 무엇보다도 강력한 인상을 주게 된다.

[5단계] 행동을 위한 권한 위임(Empower Action)

성공적인 개혁을 위해 구성원들은 새로운 시도, 새로운 아이디어의 개발, 새로운 리더십 등의 자극을 받게 된다. 유일한 고려사항은 구성원들의 행동이 정립된 비전에 부합해야 한다는 점이다. 하지만 개혁의 초반단계에서 이에 따른 저항은 반드시 수반되며, 성공적인 개혁의 수행을 위해서는 저항을 제거하는 과정이 필요하다. 만일 일부 구성원들의 행동이 조직의 정립된 비전에 부합하지 않는다면, 그들의 행동을 새로운 비전과 일치하는 방향으로 교육하고 적절한 권한 위임을 통해 책임감을 갖게 함으로써 개혁의 성공 가능성을 높일 수 있다.

[6단계] 단기간에 눈에 보이는 성과를 이끌어 낸다(Create Short-Term Wins)

변화를 이루기 위해서는 오랜 시간이 필요하다. 하지만 변화를 위한 노력은 성취할만한 단기목표가 없으면 추진력을 잃게 될 수도 있다. 단기적인 성과가 없으면 많은 사람들이 변화를 쉽게 포기하거나, 변화에 저항하는 사람들이 생기게 된다. 그러므로 단기성과를 실현하기 위한 노력을 통해 긴장감을 높여주고, 비전을 명확히 실현할 수 있는 분석적 사고를 가질 수 있도록 유도한다.

[7단계] 속도를 늦추지 않고 지속적인 변화를 창출한다.(Don't Let up)

조직의 문제점들 중 대부분은 변화 과정의 초기에 드러난다. 위기감의 강도가 적절하지 못하거나 추진력이 충분하지 못했을 경우, 그리고 비전이 명확하지 못한 경우가 많다. 따라서 리더들은 성공에 단기적인 성과로 형성된 신뢰를 활용해 보다 큰 과제에 도전하는 멈추지 않는 열정을 보여줄 수 있도록 한다. 또한 초기보다 더욱 방대한 새로운 변화 프로그램을 도입하며, 변화 노력이 몇 달이 아니라 몇 년이라는 긴 시간을 필요로 한다는 점을 숙지하는 것이 필요하다.

[8단계] 조직에 변화를 지속시킨다.(Make Change Stick)

조직의 변화는 단시간에 쉽게 이루어지는 것이 아니다. 일하는 방식이 바뀌고, 그것이 기업 내에 체화됐을 때 비로소 정착되기 때문이다. 새로운 행동이 사회규범과 조직 내의 공유가치로 뿌리내리지 못하면, 변화 압력이 제거되자마자 조직은 퇴화하게 된다. 변화를 기업문화 속에 정착시키기 위해서는 새로운 접근방법·행동·태도가 성과 개선에 어떻게 도움이 됐는지를 의도적으로 사람들에게 보여주어야 하는데, 만일 직원들이 자의적으로 판단하도록 내버려 둘 경우에는 세 요소간의 관계를 부정확하게 이해할 가능성이 있다. 따라서 사람들에게 상황을 바르게 이해시키기 위해서는 체계적인 의사소통이 필요하다. 사내 신문이나 사보 등을 통한 변화의 성과 공유와 지속적인 추진 열정을 보여주는 것 등이 매우 효과적인 방법이라 할 수 있다.

[출처] 존 코터와 댄 코헨의 The Heart of Change - 기업이 원하는 변화의 기술 中 발췌

르윈의 조직변화 3단계 모델(Lewin's Three-step Model)

심리학자인 르윈(Lewin, 1951)은 조직이 새로운 시스템, 과정, 구조가 도입되는 것만으로는 변화하지 않는다는 걸 알았다. 성공적인 변화는 조직 구성원들이 스스로 변화에 참여하여 조직을 앞으로 나아가게 하고, 조직의 성과를 거둘 때 일어난다. 르윈은 변화란 고정된 어떤 상태에서 새로운 상태로 바뀌는 것이라고 주장했고, 그러한 세 가지 상태를 해빙, 변화, 재결빙이라고 이름 붙였다.

① 해빙(Unfreeze) 단계

조직원들이 변화할 준비를 갖추게 하는 단계이다. 이 단계에서는 어떠한 움직임, 변화에 대한 저항성을 감지하고 목표를 정의하며 변화하도록 사람들을 선동한다. 모든 사람들이 변화할 준비를 하도록 하는 것은, 어떠한 행동이 이행되기 전에 변화에 긍정적인 사람의 수가 부정적인 사람들의 수를 넘는지를 판단하기 위해 찬반양론을 가늠해 보는 것이다. 이것은 르윈이 '힘의 영역 분석(The Force Field Analysis)'이라고 부르는 것을 위한 기본적인 단계이다. 이 방법은 하나의 선을 그은 다음, 의도한 변화를 위하는 요소와, 반대하는 요소들을 나열하는 것과 같이 간단하다. 핵심은 변화를 지지하는 세력은 강화하고, 변화

에 반하는 세력은 조절함으로써, 변화를 더욱 성공적으로 만드는 것이다. 변화를 지지하는 세력이 반대 세력보다 세지 못하면, 변화를 위한 동기부여가 부족하다고 말할 수 있다. 이 단계에서의 도전과제는 변화에 대한 협상을 성공적으로 이끌어 가는데 중요한 역할을 하는 유리한 조건들이 지속되도록 하는 것이다. 르윈의 모델은 변화가 저항에 직면할 것이라고 가정한다. 이는 대부분의 사람들의 기본적인 경향이 정체성과 친밀감을 부여하는 안전함과 통제할 수 있다는 느낌을 주는 환경을 추구하는 것이라는 점을 근거로한다. 르윈의 모델은 이러한 현상을 조직의 '평형상태(equilibrium, homeostasis와 관련)'에 적용하는데, 이는 현 상황의 좋고 나쁨에 상관없이 대부분의 조직들은 본래 상태로 돌아가려는 욕구가 있음을 뜻한다.

② 변화(Change) 단계

두 번째 단계는 원하는 상태에 도달하는 데에 필요한 작업들을 하는 것이다. 이 단계는 보통 약간의 혼란을 야기한다. 기존의 관습은 바뀌고, 새로운 형태의 업무, 새롭게 제정된 규정과 조직원들은 타협해야 한다. 개인은 생각, 감정, 행동 전부의 변화를 요구받게된다. 이 시기에 조직은 일시적인 업무 효율 감소를 경험하게 된다. 이 단계는 강력한 리더십, 집중적인 대화와 참여, 그리고 변화의 정도에 따라서 지도와 훈련을 필요로 한다.

③ 재결빙(Refreeze) 단계

마지막 단계는 재결빙이다. 이 시점의 목적은 달성된 변화 상태를 제도화하기 위해 안정성과 생산성을 창출하고, 조직원들로 하여금 지금 그들이 안전하고 익숙하다고 인지하는 환경과 재 연결되도록 하는 것이다. 접근법은 조직에 따라 다를 수도 있지만, 주로 새로운 지침을 정하고, 성과에 대한 보상, 새로운 기준을 제정하는 것을 포함한다. 마지막 단계는 변화 관리자로 하여금 조직원들이 새로운 시스템을 설치하고, 테스트하며, 오류를 찾고 평가하고 향상시킬 수 있도록, 조직원들과 적극적으로 업무활동을 할 것을 요구한다. 이 단계를 제대로 완수하지 못하면 과거의 관습으로 회귀할 가능성이 높다.

사례: 코닥처럼 망할 줄 알았는데···후지가 간 길은 달랐다

코닥과 함께 세계 필름카메라 시장을 장악하고 있던 회사는 일본의 후지필름이다. 후지필름도 2000년 정점을 찍은 필름카메라 시장이 급속히 줄어들면서 위기에 빠져들었다. 하지만 15년이 지난 지금 후지필름은 코닥과는 전혀 다른 길을 걷고 있다. 몰락은 커녕 역대 최고 실적 경신을 목표로 하루가 다르게 혁신을 거듭하며 성장하고 있다. 2014년도(2015년 3월 결산) 후지필름홀딩스의 매출은 전년보다 2% 늘어난 2조 4,926억엔을 기록했다. 놀라운 것은 순이익이다. 순이익은 1,185억엔으로 전년 동기 대비 무려 46%나 늘어났다. 순이익이 14년 만에 최고 수준을 경신하며 디지털 쇼크에서 벗어난 것은 물론 완전히 새로운 회사로 변신한 것이다.

후지필름의 대변신은 창조적 혁신이 무엇인지를 그대로 보여주고 있다. 후지필름이 성공한 것은 디지털카메라를 재빨리 받아들여 디지털화에 성공했기 때문이 아니다. 그렇다고 구조조정을 통해 완전히 다른 사업으로 변신한 것도 아니다. 후지필름은 자신들이 수십 년에 걸친 연구개발로 축적한 화학기술에 상상력을 총동원해 전혀 새로운 사업을 펼쳐나갔다.

현재 후지필름의 주 사업은 화장품과 제약 등 건강 관련 사업, 복합기 등 문서관리 관련 사업, 그리고 기존 카메라 관련 사업이다. 이 중 문서 관련 사업을 짚어보자. 후지필름은 지분 75%를 보유한 후지필름홀딩스를 통해 문서 관련 사업을 대대적으로 확장해 나가는 데 성공했다. 복합기 시장은 언뜻 보면 프린터처럼 레드오션으로 수익을 내기 불가능한 것처럼 보이지만, 후지필름은 하드웨어 사업을 수익성 높은 서비스 사업으로 바꿔나가는 혁신력을 발휘했다. 후지제록스는 2012년에 문서관리, 인쇄 등 비즈니스 프로세스 아웃소싱(BPO)을 주로 하는 호주 기업을 인수했다.

단순히 하드웨어를 파는 것이 아니라 기업의 오피스 기기 전체를 체계적으로 관리해 효율성을 높여주는 사업 모델이다. 후지제록스는 대기업뿐 아니라 중소기업의 문서관리 인쇄 기기의 가동상황을 조사한 후 불필요한 기기 비용 삭감을 제안하면서 시장을 넓혀나가는 전략을 펴고 있다. 기업마다 원가절감을 위해 문서 인쇄 매수를 줄이는 상황에서 프린터, 복사기 등 인쇄 관련 하드웨어를 판매하는 것으로는 성장이 어렵다고 보고 부가가치가 높은 서비스 사업으로 기반을 돌린 것이다.

후지필름이 불과 10여 년 만에 위기를 기회로 삼아 부활한 것은 고모리 회장의 리더십이 절대적인 역할을 하고 있다. 2003년부터 최고경영자(CEO)를 맡고 있는 고모리 회장은 후지필름 혁신을 진두지휘하며 리더십을 발휘해왔다.

[출처] 건강바이오 사업으로 활로 찾은 후지필름 [매일경제 Luxmen 제64호(2016년 01월) 기사]

Level up Mission

☎ 우리나라의 기업들 중 변화관리에 성공한 기업은 어디가 있을까?

3. 변화관리 성공요소

성공적인 변화는 전사적으로 이루어져야 한다. 최고 경영진이 속한 조직의 최상위 부서에서 시작되어 기업 전체로 확산된다. 빠르고 대대적인 변화에 대응할 수 있는 능력이야말로 기업문화의 필수요소이므로 성공적인 변화를 위해서 최고 경영진의 후원과 중간 관리자에게 주어지는 적절한 권한 부여가 필요하다.

① 탁월한 리더십

리더십이란 변화관리에 있어서 조직의 최고 실권자가 큰 흐름을 주도하는 것을 말한다. 이는 가장 효과적인 방법이며, 이런 강력한 리더십으로써 저항이나 장애 요인을 극복할 수 있다. 리더는 현재 진행되고 있는 혁신 프로그램에 있어서 통찰력을 갖고 있어야 하며, 업무를 지시할 때 현재의 혁신 과제와 미래의 진행 업무가 한 방향성을 이루도록 해야 한다. 혁신과 일상 업무를 따로 지시하면 사원들은 이중의 고생을 하게 되고 형식적인 혁신에 그치게 될 수밖에 없다.

② 계층별 변화주도자 배치

이는 조직원들이 변화에 수동적인 상태가 아니라 실제로 참여하고 관리하는 것을 말하는 것으로, 최고 경영진뿐만 아니라 중간 관리자 또한 변화 주도자 역할을 수행할 수 있다고 보는 것이다. 중간 관리자는 모든 기업에서 변화에 대한 사고방식과 분위기를 조성할 책임을 맡고 있기 때문에 일선에서 중요한 연결고리의 역할을 하게 된다. 변화관리의 전략을 수립하는 것은 최고 경영진이지만, 그 절차를 용이하게 만드는 것은 중간 관리자이기 때문에 최고 경영자는 고도로 숙련된 변화 전문가를 계층간에 배치해서 변화에 따른 문제점을 해결해 나가는 것이 좋다. 배치된 변화 전문가는 조직의 변화 활동을 성공적으로 이행하고 다른 변화 관련 임무을 지원하는데 필요한 핵심 활동, 개인적 계발 계획을 세워야 한다.

③ 명확성

변화관리에 따른 이익, 앞으로 전개될 변화관리 활동, 변화관리 비용, 변화 전문가의 역할 등이 명확하지 않을 때, 조직원들의 저항이 나타날 수 있다. 이를 해결하기 위해선 변화로 인해 발생하는 이득을 직원들에게 충분히 인지시키고 변화관리의 궁극적인 비전을 제시해 공유하는 것이 중요하다. 또한 변화관리의 성공기준을 조직원들이 함께 합의해서 결정하고 그 기준에 따라 성과를 측정하는 것이 좋다. 더 나아가 성공 기준을 보완하고 현재 진행되고 있는 변화관리 과정을 지속적으로 보여줌으로써 과업달성의 현 위치를 공유해 변화과정에 대한 구체적인 방향을 지속적으로 제시해 주어야 한다.

④ 열린 커뮤니케이션

변화가 진행되는 동안 꾸준히 직원의 참여를 유도해야 한다. 변화관리 성공의 핵심요소 중 하나는 직원들의 제안을 듣고 고려해 신속한 조치를 취하는 것이다. 그렇기 때문에 수직적 커뮤니케이션을 지양하고, 다양하고 효과적인 커뮤니케이션 채널을 활용하여 모든 계층에서 소통이 자유롭게 이뤄질 수 있도록 하며, 더 나아가 새로운 커뮤니케이션을 바탕으로 조직 전체의 협업을 추구해야 한다.

⑤ 교육실시

성공적인 변화관리를 위해 교육은 필수요소이다. 직접 시범을 보이고 새로운 것을 가르쳐야 효과적인 변화관리를 추진할 수 있게 된다.

　　새로운 혁신을 시작하기 위해서는 제일 먼저 혁신담당 부서원들을 대상으로 변화관리 교육을 해야 한다. 교육내용에는 혁신의 틀, 변화관리 방법, S/W 및 진행스케줄 등이 필요한 사항이다. 또한 경영자 교육도 빼 놓을 수 없는데, 경영자 교육내용은 혁신의 주요 내용, 경영자가 해야 할 임무와 리더십에 관한 것 등이다. 새로운 혁신 프로그램이 실시되면 새로운 프로그램에 대한 오리엔테이션도 같이 수행되어야 한다.

　　그리고 현장에서 임무를 맡고 있는 관리자 교육의 중요성도 간과하지 않도록 한다. 사원들과 가장 많이 접촉하고 영향력을 행사하는 계층은 경영진보다는 관리자이다. 관리자는 사원을 가르치고 프로젝트를 실행하며, 그 결과를 결정하는 계층이기 때문에 관리자에게는 혁신의 방법을 정확하고 상세하게 교육시켜야 한다. 또한 회사의 표준 교안을 바탕으로 스스로 사원들을 교육할 수 있는 교안을 만들어 변화에 대한 실무적인 지식을 전달할 수 있도록 해야 한다. 마지막으로 사원 교육을 들 수 있는데, 사원은 우선 인원이 가장 많은 계층인데다 현장에서 실무를 보는 사람들이기 때문에 매우 중요하다. 이들을 위한 변화관리의 내용은 경영혁신 틀의 이해, S/W 및 자신들의 업무가 어떻게 변화할 것인가, 또한 자신들의 행동이 어떻게 달라져야 하며, 이러한 변화를 위하여 무엇을 해야 하는지에 대한 구체적인 행동 방법 등이다.

4. 변화에 저항하는 사람들의 4가지 유형

1. Routine Seeking : '놀라기보다 지겨운 편이 낫다'고 답하는, 일상적 반복을 추구하는 사람
2. Emotional Reaction : 변화에 부정적 반응을 강하게 드러내고 새로운 과제나 일을 실행할 때 긴장하며, 스트레스를 받고 불편함을 느끼는 사람
3. Short-term Focus : '누군가 어떤 일을 바꾸도록 압박할 때 궁극적으로 도움이 된다고 생각할지라도 저항하는 경향이 있다'고 답하는, 단기적으로 사고하는 사람
4. Cognitive Rigidity : '일단 결정을 내리면 잘 바꾸지 않는다'고 답하는, 인지적 완고성을 지닌 사람

코넬대학교의 샤울 오레그(Shaul Oreg) 교수는 변화를 받아들이는 데 적절한 사람과 부적절한 사람의 유형을 드러내기 위해 '변화에 대한 저항(resistance to change)'을 조사하는 연구를 기획했다. 그리고 연구 결과를 통해 그는 '변화 저항자'를 다음과 같이 4가지 유형으로 정리했다.

연구 결과에 따르면 이들은 다른 사람들보다 더 똑똑하거나 덜 똑똑하거나 하는 특성을 보이지는 않았다. 그러나 변화에 대해서는 특히 저항이 심했다. 변화에 대한 저항 점수가 높은 학생들은 학기가 시작된 후 수강 일정을 바꿀 가능성이 낮았다. 또한 높은 저항 점수가 나온 코넬대학교 교수들은 낮은 점수가 나온 교수들보다 새로운 기술을 받아들여서 강의 내용을 온라인으로도 확장하는 경향이 약했다.

조직의 성공적인 변화를 위해서는 이러한 변화 저항자에 대한 관리가 매우 중요하다. 자칫 이들을 방치하게 되면 '썩은 사과' 하나가 상자 안의 모든 사과를 썩게 하듯이 조직의 변화에 브레이크가 걸릴 수 있기 때문이다. 혹시 내가 변화 저항자는 아닌지, 혹은 조직에 이런 사람이 있지는 않은지 고민해 보도록 하자.

[출처] 변화에 저항하는 사람들의 4가지 유형 | 작성자 솔개 -
《성공을 퍼트려라(Scaling up Excellence)》의 내용을 참고

학습평가 Quiz

1. 다음은 무엇에 대한 설명인가?

> "사람들은 향후 2년 안에 일어날 변화를 과대평가하고,
> 향후 10년 안에 일어날 변화에 대해서는 과소평가하는 경향이 있다."
>
> - 빌 게이츠 -

① 변화관리의 중요성　　　② 갈등관리의 중요성
③ 협상의 중요성　　　④ 리더십의 중요성

2. 다음 중 변화관리에 대한 설명으로 옳은 것은?

① 변화관리는 하향식 변화관리만 가능하다.
② 직원들간의 정보 공유는 금지하도록 한다.
③ 기업에 일어나는 중대한 변화를 기업 성과가 향상되는 방향으로 관리하는 것을 말한다.
④ 변화를 위해서는 경영진의 의지만 있으면 된다.

3. 존 코터의 변화관리 모델 중 3단계에 해당하는 것은?

① 행동을 위한 권한을 위임한다.　　　② 조직의 변화를 지속시킨다.
③ 효과적인 커뮤니케이션을 한다.　　　④ 비전과 전략을 수립한다.

4. 조직의 변화관리 단계를 해빙, 변화, 재결빙 3단계로 설명한 사람은 누구인가?

(　　　　　　　　)

5. 성공적인 변화관리를 위한 핵심 포인트 5가지를 서술하시오.

학습내용 요약 Review (오늘의 Key Point)

1. 변화관리란 구성원의 행동 및 업무수행 방식의 변화를 이끌어 내는 "혁신과정을 조정하고 관리"하는 모든 활동을 말한다.

2. 존 코터의 변화관리는 총 8단계로 구성된다.

① 1단계 : 위기감을 고조시킨다.
② 2단계 : 변화 선도팀을 구성한다.
③ 3단계 : 비전을 새로이 정한다.
④ 4단계 : 의사소통을 실시한다.
⑤ 5단계 : 행동을 위한 권한을 위임한다.
⑥ 6단계 : 단기간에 성공을 이끌어 낸다.
⑦ 7단계 : 속도를 늦추지 않는다.
⑧ 8단계 : 조직에 변화를 지속시킨다.

3. 르윈의 조직변화 3단계 모델(Lewin's Three-step Model)은 해빙, 변화, 재결빙 단계로 구성된다.

4. 성공적인 변화관리를 위해서는 탁월한 리더십, 계층별 변화주도자 배치, 명확성, 열린 커뮤니케이션, 교육실시 등이 수반되어야 한다.

5. 변화에 저항하는 사람들의 4가지 유형은 다음과 같다.

① Routine Seeking : 일상적 반복을 추구하는 사람
② Emotional Reaction : 변화에 부정적 반응을 강하게 드러내고 불편함을 느끼는 사람
③ Short-term Focus : 단기적으로 사고하는 사람
④ Cognitive Rigidity : 한번 정하면 바꾸지 않는 인지적 완고성을 지닌 사람

스스로 적어보는 오늘 교육의 메모

갈등관리와 협상

Contents

3
PART

갈등의 의미와
갈등해결 방법

Contents

Learning Objectives

1. 갈등의 개념을 말할 수 있다.

2. 갈등관리의 순기능과 역기능을 설명할 수 있다.

3. 효과적인 갈등의 해소와 조정 방법을 말할 수 있다.

8
Chapter

조직은 목표달성을 전제로 모든 활동이 이루어지는 곳이다. 각자의 목표와 이해가 한 방향을 향하기도 하지만 서로 대립되는 상황도 자주 일어나기 때문에 조직에서는 각자가 맡은 일을 열심히 하게 되면 필연적으로 대립과 갈등이 벌어지게 된다.

예를 들어, 품질보증을 담당하는 부서는 불량률을 최소화시키는 것이 목표이자 존재 이유이기 때문에 이를 위해 생산 중인 제품을 더욱 꼼꼼히 검사하고 싶어 한다. 하지만 생산부서 입장에서 보면 품질부서의 꼼꼼한 품질검사나 품질확인절차 확대는 생산성을 낮추는 원인으로 인식되기도 한다. 이 둘 간의 합의된 목표는 회사의 성장이지만 세부적인 목표는 대립될 수밖에 없는 상황이 연출되는 것이다.

카드사의 영업사원과 이용대금 회수부서의 대립도 마찬가지이다. 과장해서 말하면 발급실적은 건수대로 올라가기 때문에 영업사원은 서울역 앞 노숙자에게도 카드를 신규 발급할 수 있으면 좋다. 쉽게 말해 영업사원은 신용등급이 낮은 사람에게도 발급을 할 수 있어야 좋은 것이다. 하지만 카드를 사용한 대금을 고객으로부터 회수해야 하는 부서의 경우 신용도나 대금지급 가능성이 낮은 사람에게 발급된 카드는 재앙에 가깝다. 두 부서가 대립하고 갈등할 수밖에 없는 상황이 만들어지는 것이다.

품질부서와 생산부서의 갈등, 영업부서와 이용대금 회수부서의 갈등은 결코 이들이 인격적으로 미성숙하거나 비 도덕적이어서 발생하는 것이 아니다. 자신의 일을 충실히, 더 높은 수준으로 수행하고자 하는 욕망의 결과일 뿐이다. 그래서 우리는 이러한 갈등을 더 잘 이해하기 위해 몇 가지 태도를 지녀야 한다.

먼저 '조직에서의 갈등은 조직이 존재하는 한 필연적인 것'으로 받아 들여야 한다. 인간이 살아 있는 한 숨을 쉬어야 하는 것처럼, 조직이 존재하는 한 갈등이 발생한다는 것을 인정해야 한다. 감정을 상하게 하고 혼란을 부추기는 갈등이 조직에 필연적이라는 것을 인정하는 것은 쉽지 않은 일이다. 하지만 이것을 이해하는 것이 조직갈등을 관리하는데 있어서 가장 중요한 출발점이 된다. 업무적 갈등으로 시작된 건전하고 창조적 갈등이 이내 감정적 갈등과 힘 싸움으로 변질되지 않을 수 있도록 우리는 갈등에 대한 건강한 의식을 가져야 한다.

[출처] 조직 갈등관리, 체질과 문화에 대한 개념을 이해해야 ... I 작성자 성과경영연구소
- 정상진 성과경영연구소 대표... 요약 및 발췌

8장에서는 갈등에 대한 개념과 갈등 발생의 원인, 그리고 갈등해소 방법에 대해 알아본다. 이를 통해 조직 내에서 갈등을 보다 효과적으로 관리하는 방법을 알고 실천에 옮길 수 있게 될 것이다.

1. 다음은 무엇에 대한 설명인가?

> 동시에 두 개 이상의 상반된 충동, 동인 및 내·외적 욕구가 발생했을 때 나타나는 거의 비슷한 힘이 대립된 상태를 의미한다.

① 갈등   ② 협상
③ 타협   ④ 세일즈

2. 다음 중 갈등을 알아채는 단서가 아닌 것은?

① 지나치게 감정적인 논평과 제안
② 편을 가르고 타협을 거부
③ 개인적인 수준에서 미묘한 방식으로 서로를 공격
④ 핵심을 이해하며 서로 의견을 공유

3. 갈등을 증폭시키는 원인이 아닌 것은?

① 승·패의 경기   ② 승리보다는 문제해결을 원함
③ 각자의 입장만을 고수   ④ 자신의 입장에 감정적으로 매몰

 1. 갈등의 이해

(1) 갈등의 개념

북해 바다에서 청어잡이를 하는 어부들의 최대 고민은 바로 "어떻게 하면 청어를 런던까지 산 채로 가져갈 수 있을까?"하는 것이었다. 싱싱하게 살아있는 청어와 죽어버린 청어간의 가격 차이는 매우 컸는데, 안타깝게도 대부분의 청어는 도착 전에 이미 더운 배 밑창에서 죽어버리거나 신선도가 떨어졌다. 하지만 유독 한 어부는 방금 잡은 듯 싱싱하게 펄떡이는 청어를 산 채로 운송해와 큰 수익을 내고 있었다.

과연 그 비결이 무엇이었을까? 다른 어부들이 그 비결을 묻자 그 어부가 대답했다.

"청어 무리 속에 굶주린 메기를 몇 마리 집어 넣어보시오." 메기가 청어를 잡아먹으려고 돌아 다니는 통에 청어들은 죽지 않기 위해 발버둥을 치며 런던까지 싱싱한 모습으로 올 수 있었던 것이다. 천적인 메기가 먹어버린 청어는 불과 몇 마리에 불과했다.

이 이야기는 역사가 토인비(Arnold Toynbee)박사가 자주 인용하던 말이다.

우리나라에서는 1993년 삼성의 이건희 회장이 경영혁신을 내세우며 이 이론을 인용하면서 유명해졌다. 기업의 경쟁력을 키우기 위해서도 적절한 자극과 위협이 필요하다는 신경영이론의 핵심으로 자주 등장한 이 이론은 훗날 생태학자들의 주장에 의하면 근거가 없다고 전해지기도 한다. 하지만 이미 갈등관리에 있어서 전 세계적으로 가장 유명하게 활용되는 이론이다. 어쨌거나 이 이론에 의하면 삶이나 조직에 적절한 갈등을 유용하게 활용될 수 있다.

"메기" 없는 삶이 "편안한 삶"일지는 몰라도 "바람직한 삶"이라고 보기는 어렵다. 오히려 메기 없는 삶은 "더운 배 밑에서 썩어가는 청어들의 삶"이 되기 쉽다. 어쩌면 우리를 괴롭히는 갈등은 잘만 관리하면 우리와 조직을 살아있게 하고 발전시키며, 성공시키기 위한 중요한 요소가 될수도 있다는 이야기이다.

갈등이란 동시에 두 개 이상의 상반된 충동, 동인 및 내 · 외적 욕구가 발생했을 때 나타나는 거의 비슷한 힘이 대립된 상태를 의미한다.

오늘날 조직에서의 갈등은 보편적인 현상으로 나타나고 있다. 조직은 공통된 목적을 달성하기 위해 여러 사람들이 모여 함께 일하는 집단이다. 따라서 함께 일하는 사람들이 조직의 공유된 목적이 무엇이며, 어떻게 그것을 달성할 수 있을지 뿐만 아니라 조직 내에서 개인적인 목표를 어떻게 달성할 수 있는가에 대해 서로 의견이 일치하지 않는다면, 조직은 항상 갈등의 원인을 내포하고 있는 셈이다.

제한된 자원에 대한 경쟁은 내적으로나 외적으로 갈등을 불러일으킨다. 자원이 제한된 환경 하에서 보다 중요한 것은 서로 상충하는 목표와 일처리 방식을 관리하는 능력이다.

갈등을 해결하지 않거나 관리하지 않게 된다면 그것은 점점 증폭되어 구성원들이 조직의 목적보다는 갈등 그 자체에 대해 더욱 집중하기 때문에 조직의 성장은 더뎌지게 된다.

따라서 이러한 갈등을 얼마나 효과적으로 해결하는가에 따라 조직의 미래가 결정될 수도 있다. 갈등은 우리가 적절하게 관리하고 해결하게 된다면 생산적인 성장을 가능하게 해준다.

① 갈등의 단서

우선 조직 내에 갈등이 존재하는지를 파악하고 인식하는 일이 중요하다. 다음은 갈등을 파악하는 데 도움이 되는 몇 가지 단서들이다.

- 지나치게 감정적으로 논평과 제안을 한다.
- 타인이 의견발표를 마치기 전에 타인의 의견에 대해 공격한다.
- 핵심을 이해하지 못한 것에 대해 서로 비난한다.
- 편을 가르고 타협을 거부한다.
- 개인적인 수준에서 미묘한 방식으로 서로를 공격한다.

② 일반적인 갈등의 증폭 원인

- 적대적 행동
  - 팀원들은 '승·패의 경기'를 시작한다.
  - 팀원들은 문제해결보다는 '승리하기'를 원한다.

- 입장고수
  - 팀원들은 공동의 목표를 달성할 필요를 느끼지 않는다.
  - 팀원들은 각자의 입장만을 고수하고, 의사소통의 폭을 줄이며, 서로 접촉을 꺼린다.
- 감정적 관여
  - 팀원들은 자신의 입장에 감정적으로 묶인다.

 사례

H군은 대학 졸업반으로 두 곳의 좋은 회사에서 입사 합격 통지를 받았다.

하지만 도대체 어느 회사를 가야할지 결정하기가 너무 어렵다. 첫 번째 회사는 이제 막 시작하는 벤처기업으로, 제2의 구글같은 신화를 만들고 30대 중반이면 해외 휴양지에서 남은 인생을 즐길 수 있는 좋은 기회라고 할 수 있다.

하지만 많은 하이테크 기업이 그렇듯 이 회사도 하루아침에 망해버려 실직자 신세로 전락해서 거리를 헤매야 할지도 모를 위험 부담을 안고 있다.

두 번째 회사는 설립된 지 오래된 전통이 있는 제조기업이다. 벤처기업같이 하루아침에 사라질 회사는 아니지만 승진도 더디고 급여도 많은 편은 아니다. 이번 결정으로 졸업 후 자신의 인생이 결정된다는 생각을 하니 끊임없이 "어떻게 하면 좋을까…정말 갈등되네…"라는 혼잣말을 되뇌이며 고민에 휩싸여 있다.

 Level up Mission Step 1

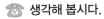 생각해 봅시다.

- 직장이나 가정에서 또는 다른 모임에서 갈등을 경험한 적이 있는가?
- 어떤 상황이나 어떤 경우에 자주 갈등을 경험하는가?

- 갈등을 해결하지 않거나 관리하지 않게 되면 마음에 큰 상처를 남기게 된다. "우리를 죽이지 않는 것은 우리를 더욱 강하게 만든다."라는 서양의 격언이 있다. 이는 갈등을 적절히 관리하고 해결하게 되면 긍정적인 결과를 가져오게 된다는 것을 의미한다.
당신은 갈등이 일어나게 되면 어떻게 행동하는가?

(2) 갈등의 원인과 유형

① 갈등의 원인

갈등은 심리적 원인과 사회적 원인, 조직적 원인에 의해서 발생된다. 세부 항목은 아래와 같다.

ㄱ 심리적 원인 : 욕구 좌절, 방어 매커니즘, 사회적 학습

ㄴ 사회적 원인 : 역할과 신분에 따른 갈등, 집단간의 특성, 지각의 차이

ㄷ 조직적 원인 : 수행 목표의 차이, 자원의 할당 문제, 제도와 규정의 성숙성, 계층직급 간의 차이, 집단이 독재적으로 관리되거나 집권화 되어 있을 때, 각 부문간의 상호 의존성, 능력급 혹은 성과급 보상제도 등

위와 같은 갈등은 어떠한 조직에서나 생기는 현상이기 때문에 조직은 갈등 현상에 의식적으로 대처하는 활동을 해야 한다. 이러한 대립된 의견의 차이로 초래된 결과는 부정적으로는 지배와 복종, 긍정적으로는 대립과 경쟁, 협조와 통합을 들 수 있다.

 Level up Mission Step 2

 생각해 봅시다.

갈등을 키우는 원인은 무엇일까?

Q. 목표를 달성하기 위해 노력하는 조직이라면 갈등은 피할 수 없는 현상이다. 그 이유는 바로 의견 차이 때문이다. 하지만 그 결과가 항상 부정적인 것 만은 아니다. 갈등은 새로운 해결책을 만들어주는 기회를 제공해 줄 수도 있다. 직장생활을 하면서 구성원들 사이의 갈등은 왜 발생하는 것일까?

사례: 갈등 발생 원인

예전에는 손님들이 줄을 서서 식사를 대기해야 할 정도였지만 연이은 경기 불황에 작년부터 경영난이 심각해진 T 레스토랑. 적자를 면치 못하던 차에 간부 회의가 소집되었다. 사장은 조리장에게 다음과 같은 의견을 냈다. "원가 절감을 위해 국내산이었던 식재료를 중국산으로 바꿉시다."
"그럴 순 없습니다." 조리장은 즉각 대응하며 사장의 말을 가로막았다. "저희 레스토랑은 그동안 품질 좋은 국산제품만을 고집하며 웰빙 음식점으로서의 입지를 다져왔습니다. 이제 와서 원가 때문에 좋은 식재료를 포기한다는건 있을 수 없는 일입니다."
이때 대표이사가 한마디 했다. "자. 다들 진정하세요. 이 문제에 대해서는 이견이 있는 것 같은데 우선 서로의 이야기를 조금 더 들어보고 더 좋은 대안이 있는지 한번 고민해보는 것은 어떨까요?"

신규 거래처 확보를 위한 전투적인 영업을 위해 회의를 하던 중, 팀장은 같은 부서의 직원인 Q대리와 J대리 사이에 미묘한 기류가 흐르는 것을 감지했다.
Q가 아이디어를 내놓을 때마다 J는 즉시 반대를 표현했다. 그 결과 Q는 점점 말이 없고 위축되어 갔다. 또 다른 미팅 자리에서도 비슷한 상황이 연출되었다.
Q가 입을 열면 말을 마치기도 전에 "그건 잘 몰라서 하는 소리입니다."라는 공격적인 이야기가 나왔다. Q도 더 이상 참지 못해 "내 말을 끝까지 듣기나 했습니까? 내가 무슨 말을 할 줄 알고 이러는 겁니까?"하며 언성을 높였다. 더 이상 두고볼 수 없다고 생각한 팀장은 두 사람 사이에 끼어들었다. "자. 그렇게 큰소리 낼 거 없지 않겠나. 우리 마음을 가라앉히고 하나하나 짚어봅시다."

Insight

이 사례는 조직 내 갈등이 있다는 것을 인정하는 것의 중요성을 보여주는 사례이다. 이처럼 갈등을 즉각적으로 다루지 않으면 나중에는 돌이킬 수 없이 커져버린다. 그 결과 갈등은 팀 전체의 성공을 저해하는 강력한 장애물이 될 것이다. 하지만 갈등이 존재한다는 것을 인정하고 해결을 위한 조치를 취한다면, 갈등은 성공을 위한 하나의 좋은 기회가 될 수도 있다. 앞의 사례에서 보듯 갈등과 직접 관련이 있는 사람이든, 이를 중재하려는 사람이든간에, 갈등을 해결하고자 한다면 갈등의 의미를 알고 갈등이 존재한다는 사실부터 인정하는 것이 중요하다.

② 갈등의 7가지 유형

인맥관리에 있어 관계를 강화하는 것 못지않게 중요한 것은 갈등이 생겼을 때 슬기롭게 해결할 수 있는 능력이다. 비즈니스 인맥뿐만이 아니라 부모, 형제, 부부, 친구관계에서 발생하는 갈등을 올바로 해결해야 인간관계의 유지, 강화가 가능해진다. 대인관계의 갈등은 보통 다음과 같은 7가지 요인으로 인하여 발생한다.

㉠ 반감

반감은 특별한 원인이나 이유없이 상대방에게 가지게 되는 적대적 감정이다. 사회생활을 하다보면 아무 이유없이 그냥 얄미운 사람이 하나쯤 있었을 것이다. 티브스라는 학자에 의하면, 사람이 초면에 느끼는 감정은 우애감 46%, 적대감 32%, 무관심 22%라고 한다. 반감을 줄이기 위해서는 첫인상이 호감을 줄 수 있도록 노력하고, 자신의 습관이나 태도에 다른 사람의 불쾌감을 자아낼 수 있는 요소가 있는지를 점검해 보아야 한다.

㉡ 가치의 대립

서로가 지향하는 가치관에 차이가 있을 경우 갈등이 발생한다. 일중심의 가치와 사람중심의 가치, 조직중심의 가치와 개인중심의 가치, 회사중심의 가치와 고객중심의 가치 등 사람마다 다양한 가치관을 가지고 있으며, 이러한 가치관의 차이에 따라 대립이 생긴다.

㉢ 경향의 대립

가치에 있어서는 차이가 없으나 추구하는 방법에 있어 차이가 있을 경우 갈등이 생긴다. 일요일에 문화생활을 하자는 데는 동의하나, 영화를 보고 싶어하는 남편과 연극을 보고 싶어하는 아내 사이에서 생기는 갈등처럼 경향, 방법의 차이는 갈등을 불러일으킨다.

㉣ 이해의 대립

상호간의 이해가 대립될 때 갈등이 생긴다. 성과배분을 놓고 벌어지는 노사 간의 대립,

재산상속을 둘러싼 형제 간의 분쟁이 모두 여기에 속한다.

ⓜ 감정의 대립

처음부터 감정적인 문제로 인해 갈등이 발생하거나 갈등의 해결과정에서 감정적인 문제로 비화되기도 한다. 자존심에 상처를 받거나 기대치가 위반되어 실망할 경우 모욕감, 원망, 분노 등의 감정에 의해 갈등이 생긴다.

ⓗ 상황의 대립

상황 자체에서 갈등이 생긴다. 고부간 갈등이 빚어지는 경우 아들로서의 역할과 남편으로서의 역할 차이에서 갈등이 생긴다. 물건을 팔고자 하는 영업사원과 물건을 사고는 싶으나 권한이 없는 고객 사이에는 상황의 대립에 따른 갈등이 존재한다.

ⓢ 오해

실제로 대립되고 있는 차이는 없으나 외형적으로 차이가 있는 것으로 간주되는 경우 갈등이 생긴다. 노사 간의 교섭에 있어 양측의 최종 목표가 서로에게 받아들여질 수 있는 수준임에도 불구하고, 협상 과정의 불확실성으로 인해 서로의 요구가 받아들여지지 않을 것으로 오해되는 경우 갈등이 발생한다. 문상때문에 외박하고 들어온 남편의 말을 믿지 않는 아내 사이에는 오해로 인한 갈등이 생긴다.

(3) 갈등해결을 위한 사고의 전환

갈등을 잘 해결하려면 사고방식, 즉 패러다임의 전환이 필요하다. 부정적인 패러다임을 버리고, 더 긍정적인 방향으로 상황을 이끌어줄 세 가지 방법은 다음과 같다.

① 생각의 전환
② 역지사지의 정신
③ 긍정적인 태도

이러한 태도를 유지한다면 정신적으로 폐쇄된 관점을 벗어나 더욱 더 개방적인 관점으로 향할 수 있다. 개방적인 관점을 갖게 되면 갈등해결이 성공할 가능성이 높아진다.

☎ 당신의 팀원 중 한 명이 다른 사람들 앞에서 호되게 질책을 당한다면 그 사람은 어떤 느낌일까?

☎ 당신과 지금 갈등을 빚고 있는 그 사람은 어떤 느낌일까?

☎ 현재 갈등을 빚고 있는 사람과 타협점을 찾으려면 어떻게 해야 할까?

  갈등을 성공적으로 잘 해결하기 위해서는 쟁점의 양 측면을 모두 이해해야 한다. 문제 해결을 위해 서로의 관점과 공동의 책임을 수용하도록 하는 한 가지 방법은 팀원들에게 서로의 역할을 바꾸어서 수행해보도록 하는 것이다.

2. 갈등의 순기능과 역기능

갈등은 표면적인 행동뿐 아니라 내면적인 적대감과 같은 심리적인 요소를 포함하는 개념이다. 조직 내 갈등은 순기능과 역기능을 가지는데, 갈등은 조직의 현재 균형을 깨뜨려 불안과 무질서를 초래할 수도 있으나, 조직을 더 나은 방향으로 성장시키는 원동력으로 작용해 조직의 발전을 도모하기도 한다.

① 갈등의 순기능적 측면

정보의 투입과 대안을 풍부하게 만들고, 의사결정 과정에서 당사자들의 민주적인 참여를 활성화시킨다.

② 갈등의 역기능적 측면

㉠ 의사결정을 지연시켜 불필요한 비용을 증가시키며, 갈등 당사자들을 심리적 불안과 좌절 상황에 처하게 한다.

㉡ 일의 진행이 늦어진다.

㉢ 폭력적 갈등이 발생하면 손실이 커진다.

③ 갈등관리의 의미

㉠ 갈등관리는 갈등의 역기능을 최소화하고, 갈등을 예방하거나 감소시키는 것

㉡ 갈등이 확대되어 상황이 악화되는 것을 막고 갈등이 유리한 결과를 실현하는 데 도움을 주는 구조를 마련하는 것(Bercovitch, 1984)

㉢ 합의되지 않고 있는 문제가 합의된 절차에 의해 다뤄짐으로써 갈등이 수용 한계를 벗어날 정도로 악화되거나 고조되는 것을 방지하는 것(Krauss, 1984)

④ 갈등의 수준과 생산성

갈등수준	낮음	이상적	높음
영향	역기능적	순기능적	역기능적
집단행동	• 환경 변화에 적응력 둔화 • 무사안일주의 • 잠재적 의욕상실	• 환경 변화에 신속한 적응 • 변화지향적 • 활발한 문제해결 행동 • 적극적 목표달성 행동	• 혼란 • 분열 • 상호 조정 결여 • 목적의식 결여
성과	낮음	높음	낮음

⑤ 갈등관리 방식의 변화

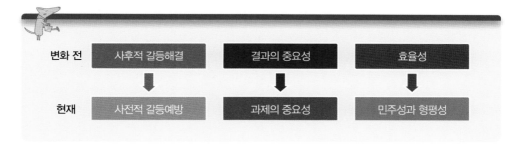

3. 갈등의 해소와 조정 방법

(1) 갈등의 예방 방법

① 명확한 권한에 대한 규정과 확실한 업무구분으로 갈등의 소지를 줄임

② 평소 회의나 회식 등 공식, 비공식 모임을 통해 서로 대화의 장을 마련해 갈등을 예방

③ 업무가 비슷해 조직 내 집단 간에 갈등이 자주 발생할 경우 그 집단을 통합

④ 미래의 일을 사전에 계획하고 추진

⑤ 순환보직을 통해 상대방의 입장을 이해하는 기회를 마련

(2) 갈등해소 방법

① 서로 다른 목표를 동시에 충족할 수 있는 수단을 찾는다.

② 갈등이 심할 경우 한 쪽을 다른 쪽으로 인사조치 시킴.

③ 당사자나 조직의 대표 간 협상을 통해 합의점 도출

④ 상위의 더 큰 목표를 강조해 내부의 갈등을 잠재움.

⑤ 제3자가 중재자의 역할을 수행해 갈등을 합리적으로 조정

⑥ 시간과 비용을 들여 교육 훈련을 진행, 이를 통해 사람의 태도를 바꾸어 갈등을 해소

(3) 갈등 프로세스의 이해

■ Donelson의 갈등의 제과정

단계	내용
의견 불일치	상황의 작은 특징에 의존해 발생한다고 해서 '상황갈등'이라고 부름.
대결단계	반대 입장에 있는 사람들은 관련된 쟁점들을 토론하고 상대방을 전환시키려는 시도에 집중하게 되며, 이런 가운데 커뮤니케이션이 급격히 증가
격화단계	갈등은 더 격화되며 논쟁의 강도 역시 더욱 심화된다. 이런 갈등의 격화는 갈등 당사자들 모두에게 오해와 좌절, 불신을 초래하고 '눈에는 눈, 이에는 이'라는 부정적 심리를 갖게 함.
진정단계	갈등 당사자들은 자신들의 관점에 강하게 개입하게 되었지만, 계속되는 논쟁으로 인해 시간과 에너지가 낭비되고 있다는 것을 인식하게 되는 단계
해소단계	어떤 집단도 갈등에 의해 생성된 문제들을 해결하지 않고는 목표를 달성할 수 없기 때문에 관여된 사람들은 어떻게 해서든 갈등 이전의 상태, 즉 일치 상태로 되돌리려 한다. 이 단계가 갈등의 해소단계이다.

(4) 효과적인 Win - Win 갈등해결 방법

갈등은 문제를 근본적으로 해결하는 것이 가장 바람직한 해결 방안이다. 갈등과 관련된 모든 사람들로부터 의견을 받기 위해 노력한다면, 문제의 본질적인 해결책을 얻을 수 있다. 이를 "윈-윈(Wi -Win) 관리법"이라고 한다. 서로가 원하는 바를 얻을 수 있기 때문이다. 팀에서 특정한 갈등해결 모델을 사용하는 데 서로가 동의할 때 팀 내의 갈등이 감소된다. 다음의 모델을 살펴보자.

Level up Mission

☎ Win – Win 관리법 실습

나의 경우를 떠올리며, 각 단계에 맞는 내용을 적어보자.

◉ 1단계 : 충실한 사전준비

- 자신의 위치와 관심사를 적어보자.

- 비판적인 패러다임 전환

- 상대가 주장한 입장과 내면의 관심사를 찾아보자.

◉ 2단계 : 긍정적인 접근방식

- 상대방이 필요로 하는 것에 대해 생각해 보았다는 점을 인정

- 모두가 만족하는 '윈윈 의도' 주장

- 윈윈 절차, 즉 협동적인 절차에 임할 자세가 되어 있는지 확인

◉ 3단계 : 두 사람 사이의 입장을 명확히 하기

- 작은 부분이라도 동의하는 점이 있으면 인정

- 기본적으로 다른 부분을 인정

- 자신이 이해한 바를 확인

⊙ 4단계 : 윈윈에 기초한 기준에 동의하기

- 상대에게 중요한 기준을 명확히 하기
- 자신에게 어떤 기분이 중요한지 말하기

⊙ 5단계 : 몇 가지 해결책을 생각해내기

- 해결책에 대해 아이디어 내보기

⊙ 6단계 : 해결책에 대해 평가하기

- 4단계에서 세운 기준을 바탕으로 5단계에서 생각해낸 몇 가지 해결책 평가하기

⊙ 7단계 : 최종 해결책 선택 후, 실행에 동의하기

학습평가 Quiz

1. 다음은 무엇에 대한 설명인가?

> • 지나치게 감정적으로 논평과 제안을 한다.
> • 타인이 의견발표를 마치기 전에 타인의 의견에 대해 공격한다.
> • 핵심을 이해하지 못한 것에 대해 서로 비난한다.
> • 편을 가르고 타협을 거부한다.
> • 개인적인 수준에서 미묘한 방식으로 서로를 공격한다.

① 갈등의 단서   ② 갈등의 심화
③ 설득의 정석   ④ 협상의 단서

2. 다음 중 갈등해결 방법을 모색함에 있어서 적절한 행동이 아닌 것은?

① 어려운 문제는 우선 피한다.
② 다른 사람들의 입장을 이해한다.
③ 마음을 열고 적극적으로 경청한다.
④ 존중하는 자세로 사람들을 대한다.

3. 다음 중 갈등관리법에 대한 설명으로 바르지 않은 것은?

① 문제의 본질적인 해결책을 얻는 방법이다.
② 갈등을 피하거나 타협으로 예방하기 위한 방법
③ 갈등 당사자 서로가 원하는 바를 얻을 수 있는 방법
④ 긍정적인 접근방식에 의거한 갈등해결 방식

4. 다음의 3가지 행동 [생각의 전환, 역지사지의 정신, 긍정적인 태도]는 무엇을 위해 제시되는가?
(   )

5. 갈등을 유발하는 3가지 요인에 대해 서술하시오.

학습내용 요약 Review (오늘의 Key Point)

1. 갈등이란 동시에 두 개 이상의 상반된 충동, 동인 및 내·외적 욕구가 발생했을 때 나타나는 비슷한 힘이 대립된 상태를 의미한다.

2. 갈등은 심리적 원인과 사회적 원인, 조직적 원인에 의해서 발생된다.

3. 갈등해결을 위한 사고의 전환은 생각의 전환, 역지사지의 정신, 긍정적인 태도이다.

4. 갈등의 순기능은 정보의 투입과 대안을 풍부하게 만들고, 의사결정 과정에서 당사자들의 민주적인 참여를 활성화시키는 것이다.

5. 갈등의 역기능은 의사결정을 지연시켜 불필요한 비용을 증가시키며, 갈등 당사자들을 심리적 불안과 좌절 상황에 처하게 하는 것이다.

6. 갈등관리의 의미는 갈등의 역기능을 최소화하고, 갈등을 예방하거나 감소시키는 것을 말한다.

스스로 적어보는 오늘 교육의 메모

갈등관리 유형과 대응 전략

Contents

1. 갈등 점증모형
2. 갈등관리 유형
3. 갈등해결을 위한 대응전략과 의사소통

Learning Objectives

1. 갈등 점증모형에 대해 설명할 수 있다.
2. 갈등관리 유형별 특징을 설명할 수 있다.
3. 갈등해결을 위한 대응전략과 의사소통에 대해 설명할 수 있다.

오늘의 사건 : 결국 오늘도....

너무해씨 : 순둥씨! 좋은 아침이에요. 그런데 병원장님이 내일 오후까지 제출하라고 한 병원 홍보계획서 말이야. 내가 하기로 했었는데 오늘 급히 중요한 약속이 생겨 서 나가봐야 할 것 같아. 어쩌지? 순둥씨가 도와 줄래? 내가 밥 살게~~응?

순둥씨 : (마음 속으로..." 아.. 또 시작이네.. 한두번도 아니고 정말 너무하잖아") 아...그래요...? 그런데 저도 오늘은 좀.....

너무해씨 : 아니. 왜? 바빠? 무슨 일이 있는데? 응?

순둥씨 : 뭐... 꼭 그런건 아니지만....

너무해씨 : 아이~, 그럼 좀 해주라~~. 이런 일도 다 경험이잖아. 좋게 좋게 생각해. 그 리고 이번에 도와주면 나도 다음에 도와줄게. 알잖아~.

순둥씨 : (어라? 경험? 그럼 당신이 하시지. 응???) 아...글쎄요..우선은 제가 할 수 있 는 일인지도 잘 모르겠고..저는.....

너무해씨 : 좋아. 그럼 일단 할 수 있는 데까지 해서 나한테 넘겨주면 내가 검토해볼게. 걱정하지마.

순둥씨 : (나 원 참. 이제 아주 대놓고 시키네) 어쩔 수 없다면 해야죠... 잘 될지는 모 르겠지만....알겠어요.

너무해씨 : 좋아!! 역시 ~~!! 고마워.

순둥씨 : (오늘도 또 당했네. 당했어. 이런...팔자에 없는 야근이라니... 아... 나도 싫고 너도 싫다... 흑흑)

갈등이 발생하면 사람들은 대부분 매번 비슷한 대처행동을 보이게 된다. 이는 갈등 상황에서 선호하는 자신의 스타일이 있다는 이야기이다. 하지만 항상 같은 방식으로 대처를 하다보면 분명 문제가 생기기 마련이기 때문에 상황에 따라 가장 바람직한 방 식으로 대처하는 것이 중요하다.

9장에서는 이러한 갈등의 대처 방식에 대한 내용을 구체적으로 알아본다. 갈등의 전개 모형과 갈등관리 유형, 갈등해결을 위한 대응전략과 소통법을 통해 조직에서 발생하는 갈등에 보다 효과적으로 대처하는 힘을 길러보도록 하자.

1. 다음은 무엇에 대한 설명인가?

> 이 이론은 갈등이 시작되어 점점 증폭되는 과정을 정리한 것으로, 총 9단계이며 단계가 올라갈수록 긴장감이 계속 증가하는 현상에 대해 설명하고 있다.

① 매슬로우의 욕구발달 이론 　② 글라슬의 갈등 점증모형
③ 동기위생 이론 　④ 협상의 이론

2. 다음 중 글라슬의 갈등 점증모형에서 "세력화"에 해당하는 설명으로 옳은 것은?

① 상대의 약점과 부정적인 이미지를 파악해 공개함으로써 타인이나 집단과의 제휴를 모색하고 편을 짜려고 하는 단계이다.
② 논쟁을 통해 자신의 생각과 감정, 의지를 나타내며 자기중심적인 사고를 나타낸다.
③ 갈등이 극단적으로 치닫게 되면서 자신을 동조하던 개인이나 집단이 이탈하게 되는데, 이것을 상대방 때문이라고 믿으며 상대를 비난하고 파괴하며 분열시키는 데 목적을 두게 된다.
④ 공개적으로 상대방의 체면을 훼손하기 위해 음해를 한다거나 함정에 빠뜨리는 행동을 하게 되는데, 이 단계는 갈등이 극단적으로 치닫게 되는 기점이 된다.

3. 다음 중 케네스 토머스와 랠프 킬만(Kenneth W. Thomas & ralph H. Kilmann)이 정의한 갈등관리의 5가지 유형에 해당하지 않는 것은?

① 경쟁형 　② 통합협
③ 타협형 　④ 미래형

 1. 갈등 점증모형(Glas' ls Conflict Escalation Model)

　글라슬의 이 이론은 갈등이 시작되어 점점 증폭되는 과정을 정리한 것으로, 단계가 올라갈수록 긴장감이 계속 증가하는 현상에 대해 설명하고 있다.

　일반적으로 갈등에 직면한 사람들은 무엇인가를 원하고 있다. 그런데 점점 갈등이 증폭될수록 원하는 것에서 그치는 것이 아니라 상대에게 고통을 주고 위협을 가하기도 하다가 결국은 상호 파괴에 이르게 되는 것을 볼 수 있다. 단계별로 차례차례 짚어보자.

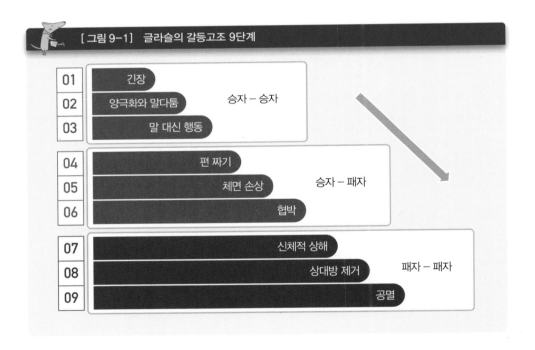

[그림 9-1]　글라슬의 갈등고조 9단계

01	긴장	
02	양극화와 말다툼	승자 - 승자
03	말 대신 행동	
04	편 짜기	
05	체면 손상	승자 - 패자
06	협박	
07	신체적 상해	
08	상대방 제거	패자 - 패자
09	공멸	

　이와 같이 갈등의 증폭 상태를 9단계로 정리해보았는데, 보는 바와 같이 갈등의 단계가 높을수록 상대에 대한 강압은 높아지게 되며 해결할 수 있는 가능성도 줄어들게 된다. 그래서 갈등은 초기단계에서 긍정적으로 관리가 될 수 있도록 노력하는 것이 중요하다.

① 1단계 : 경직화

서로간의 욕구나 이해관계가 상충함으로써 갈등이 시작되는 단계이다. 소통에 문제가 생기고 의사결정의 통합이 이루어지지 않아 긴장이 발생하는 단계로, 대화가 단절되고 대면기피 증상을 보이며 관계는 굳어진다. 하지만 이 단계에서는 대화를 통한 갈등해결이 가능하다.

② 2단계 : 논쟁

논쟁을 통해 자신의 생각과 감정, 의지를 나타내며 자기중심적인 사고를 나타낸다.

③ 3단계 : 편향 행동

상대에 대해 적의를 갖게 되고 더 이상은 대화가 통하지 않는다는 생각을 하게 된다. 감정에 치우쳐서 오해와 왜곡이 발생하고 상대방에 대한 고의적인 방해가 나타나는 단계이다.

④ 4단계 : 세력화

상대의 약점과 부정적인 이미지를 파악해 공개함으로써 타인이나 집단과의 제휴를 모색하고 편을 짜려고 하는 단계이다.

⑤ 5단계 : 체면 훼손

공개적으로 상대방의 체면을 훼손하기 위해 음해를 한다거나 함정에 빠뜨리는 행동을 하게 되는데, 이 단계는 갈등이 극단적으로 치닫게 되는 기점이 된다.

⑥ 6단계 : 위협

자신이 갖고 있는 인적·물적 자원과 권력 등을 동원해 상대를 위협하는 단계이다. 전략적인 위협을 가함으로써 갈등이 가속화되게 된다.

⑦ 7단계 : 피해주기

이 단계에 접어들면 더 이상 상대방을 인격체로 보지 않게 된다. 이때는 자신에게 손해가 되더라도 상대에게 치명상이 되는 피해를 주는 것이 목적이 되어 자신의 가치관까지 바뀌며, 갈등으로 인해 초래된 손실이 오히려 이익인 것처럼 느끼게 되는 오류에 빠진다.

⑧ 8단계 : 분열 시도

갈등이 극단적으로 치닫게 되면서 자신을 동조하던 개인이나 집단이 이탈하게 되는데, 이것을 상대방 때문이라고 믿으며, 상대를 비난하고 파괴하며 분열시키는 데 목적을 두게 된다.

⑨ 9단계 : 공멸

적대관계에 있어 전혀 양보나 타협의 의사가 없고 결국 '너죽고 나죽자'라는 식의 극단적인 생각을 하게 된다. 결국 갈등 당사자 모두 치명상을 입는 공멸 단계가 되고 이것을 후회하지만 자포자기에 빠져 수습 또한 포기하게 된다. 이 모든 것이 상대방의 잘못이라는 자기합리화를 지속한다.

사 례

[사설] 노사갈등 불씨된 이마트의 정규직 전환 10년. 20017. 6. 17 매일경제 뉴스

국내 대형마트 1위인 이마트가 2007년부터 정규직 전환 실험 '정규직 전환 실험'을 대대적으로 진행했으나 근로자 '차별 대우'에 관한 노사갈등은 여전하다. 이마트 노조는 무기계약직 근로자 중 주당 40시간 미만 근무자들이 병가 제도, 휴양시설 이용 등에서 차별을 받고 있다며 5일 행정소송에 나섰다.

이마트는 2007년 점포 계산원 4,223명을 정규직으로 전환했고, 2013년에는 판매용역사원 1만 772명도 정규직으로 전환했다. 회사측은 무기계약직인 이들에게 정년 보장, 4대 보험, 정규직과 동일한 복지 혜택을 제공한다며, 사실상 정규직으로 분류하고 있다. 반면 근로자 측은 일반 정규직에 비해 이들이 임금과 승진에서 차별을 받는다면, '무늬만 정규직'이라고 주장하고 있다. 노조는 이번 소송에서 다니간 근로자에 관한 차별 대우를 내걸었지만 실제로는 무기계약직은 2만 명에 이른다. 정규직 전환이 대대적으로 이루어졌지만 갈등이 해소되기보다는 또 다른 갈등이 잉태된 셈이나 다름없다.

온라인 유통업체 쿠팡은 배달기사를 정규직으로 대거 전환하려 했지만 지금은 오히려 임금 체불 논란에 빠져있다.

업종 특성을 무시한 채 정규직화를 강행했다가 혼란에 빠질 수 있고, 또 아무리 좋은 의도를 갖고 있어도 기업이 성장하지 않으면 한계에 직면한다는 사실을 보여주는 사례들이다. 이마트

문제도 정부의 대형마트 규제로 인한 신규 출점 둔화가 그 근본 배경 중 하나라고 할 수 있다. 정부는 공공부문 비정규직 해법으로 직접 고용, 무기계약직, 자회사 설립 등을 거론 중인데, 지속 가능한 근로조건 개선을 위해 기업들의 다양한 사례를 수집하고 다양한 주장에 더 귀를 열어야 한다.

2. 갈등관리 유형

우리는 누구나 갈등상황 속에서 살아간다. 갈등은 무조건 피하려고만 해서는 안 되며 상황에 따라 적절한 갈등이 오히려 약이 될 수도 있다. 그렇다면 갈등에 대처하는 유형별 스타일에는 어떤 방법이 있을까? 독일의 심리학자 케네스 토머스와 랠프 킬만(Kenneth W. Thomas & ralph H. Kilmann)은 갈등관리의 5가지 유형을 제시했는데 이는 경쟁형, 통합협, 타협형, 회피형, 수용형이다. 아래의 갈등관리 스타일을 분석해보자.

① 갈등관리 스타일 진단

[지시사항]

• 자신이 평소에 직장에서 어떻게 생각하고 행동하고 있는지를 생각합니다.

• 너무 오랫동안 생각하지 않습니다.

• 바람직한 모습이나 이상적인 모습에 답하지 않고 실제 자신의 행동 모습에 답합니다.

• 다음은 갈등을 다루는 우리의 가정과 신념에 대한 기술입니다. 각 문장을 읽고 자신이 동의하는 정도를 해당 숫자에 ○표 합니다.

내용	매우 동의	약간 동의	보통	별로 동의안함	전혀 동의안함
1. 업무가 첫째다. 사람들은 이것에 적응해야만 한다.	5	4	3	2	1
2. 갈등은 대부분 상위 계층에서 해결된다.	5	4	3	2	1

내용	매우 동의	약간 동의	보통	별로 동의안함	전혀 동의안함
3. 사람들은 모두 기쁘게 해주기에는 그들 사이에 너무 많은 차이가 존재한다. 우리는 중재해만 한다.	5	4	3	2	1
4. 협상은 분열을 최소화하려는 진지한 의도를 가지고 착수되어야 한다.	5	4	3	2	1
5. 누군가는 이겨야만 하고 누군가는 져야만 한다는 가정은 파괴적인 경쟁을 가져올 수 있다.	5	4	3	2	1
6. 갈등은 피할 수 없는 것이다. 사람은 이기고자 하므로 결국 우리는 싸워야만 한다.	5	4	3	2	1
7. 대부분의 갈등은 제3자의 중재에 의해서 해결되어야 한다.	5	4	3	2	1
8. 합의가 불가능한 문제들을 해결하기 위한 방안들은 그룹이 만들어 놓아야 한다고 믿는다.	5	4	3	2	1
9. 감정은 분쟁이 생겨날 때 통제되어야만 한다.	5	4	3	2	1
10. 갈등은 자연적인 것이고, 긍정적인 힘과 부정적인 힘 모두를 가지고 있다. 이러한 힘들을 이용하는 것은 우리의 일이다.	5	4	3	2	1
11. 의사결정은 나의 우월한 지식과 경험에 달려있다. 사실과 논리가 이기게 될 것이다.	5	4	3	2	1
12. 갈등은 관련된 모든 사람들을 좌절시킨다. 갈등의 부정적인 면이 나타날 때 할 수 있는 일은 아무것도 없다.	5	4	3	2	1
13. 지성인답게 행동하고 서로 조금씩만 주고받으면 갈등에 대해서 신경쓸 필요가 없다.	5	4	3	2	1
14. 이기심과 편협한 태도가 사람들을 서로 멀어지게 한다.	5	4	3	2	1
15. 다른 관심사들은 새로운 가능성과 상호간의 새로운 조건으로 발전해나갈 수 있다.	5	4	3	2	1
16. 사람들은 사실을 직시해야만 한다. 오직 하나의 해결책만이 존재한다. 나는 그들에게 올바른 견해를 납득시켜야 한다.	5	4	3	2	1
17. 나는 어느 한쪽을 편드는 것을 반대한다. 그리고 그들 스스로 논의하고 분쟁을 해결하도록 한다.	5	4	3	2	1

내용	매우 동의	약간 동의	보통	별로 동의안함	전혀 동의안함
18. 갈등을 해결하는 가장 좋은 방법은 다른 의견에 동의한다는 사실을 표현하는 것이고, 문제들에 대해 양쪽 모두 공감할 수 있는 제안을 내놓는 것이다.	5	4	3	2	1
19. 나는 마음으로부터 다른 사람들의 입장을 공감하려 하고, 가능한 그들에게 도움을 주려고 한다.	5	4	3	2	1
20. 갈등은 건강한 것이 될 수도 있다. 따라서 상호간의 목표가 판단을 위한 기준이 될 것이다.	5	4	3	2	1
21. 타협은 해결하는 것보다 더 많은 문제를 일으킨다. 강한 지도력만이 오랜 갈등에 대한 유일한 해결책이다.	5	4	3	2	1
22. 갈등은 파멸적인 것이고, 우리는 긴장을 증가시키는 대결을 피하도록 노력해야만 한다.	5	4	3	2	1
23. 우리는 극단적인 것들을 배제하고 중도적인 합의점을 찾아내야만 한다.	5	4	3	2	1
24. 갈등은 두려운 것이라고 생각한다. 차이점들은 사람들이 서로 화내고 공격하지 않는 과정에서 토론되어야만 한다.	5	4	3	2	1
25. 모든 문제들은 공개되고 토론되어야 한다.	5	4	3	2	1
26. 나는 나의 확신을 지지하고 그것들을 다른 사람들에게 강요한다.	5	4	3	2	1
27. 나는 불안과 긴장을 일으키는 사람들을 좋아하지 않는다. 나는 이런 일이 일어날 때 그 상황을 피하기 위해서 노력한다.	5	4	3	2	1
28. 나는 팀의 개념을 강조하고 다른 견해를 가진 편에게는 시류에 편승하라고 간청한다.	5	4	3	2	1
29. 나는 대체로 문제해결에 방해가 되는 것을 피하고 조화를 유지하기 위해서는 다른 사람들과도 협력한다.	5	4	3	2	1
30. 나는 다른 사람들의 관심사를 알아보기 위해 노력한다. 그리고 사람들과 이러한 관심사를 해결해보도록 요청한다.	5	4	3	2	1

[참조] 로버트 벤파리 著, Changing Your Management Style

[집계표]

강요/대립형		회피형		타입형		양보		협력형	
1		2		3		4		5	
6		7		8		9		10	
11		12		13		14		15	
16		17		18		19		20	
21		22		23		24		25	
26		27		28		29		30	

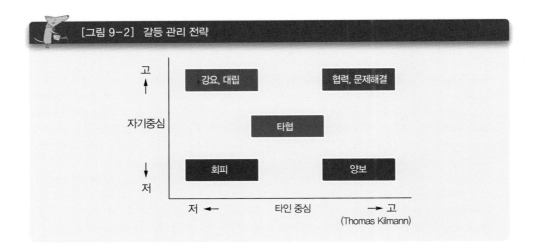

[그림 9-2] 갈등 관리 전략

② 갈등관리 유형별 특징

㉠ 강요 / 대립 유형(Win – Lose Style)

　ⓐ 갈등은 의지들 간 투쟁의 장이다.

　ⓑ 참가자는 모두 적이다.

　ⓒ 반대자는 신뢰할 수 없다.

ⓓ 방어적인 위치가 효과적이다.

ⓔ 위협하는 자세를 취하는 것이 효과적이다.

ⓛ **협력 유형**(Win – Win Style)

ⓐ 갈등은 자연적인 것이거나 해결될 수 있는 것이다.

ⓑ 참가자들은 문제의 해결자들이다.

ⓒ 참가자 전원은 문제해결 과정에 참여해야 한다

ⓓ 모든 참가자들의 이익은 존중 받을만한 가치가 있다.

ⓔ 지나치게 자기 실익을 따져 다른 사람과의 타협을 기피하는 태도는 버려야 한다.

ⓒ **타협 유형**(Compromise Style)

ⓐ 갈등은 힘든 협상과정을 통해서 해결된다.

ⓑ 참가자들은 상호간의 양보를 통해서 서로의 신의를 보여줄 수 있어야 한다.

ⓒ 참가자들은 자신이 결국 양보하게 될 것이라는 사실을 알면서도 상대방의 요구에
과장된 몸짓을 보일 수도 있다.

ⓓ 참가자들은 단호해야만 한다.

ⓔ **회피 유형**(Lose – Leave Style)

ⓐ 갈등은 비합리적인 것이다.

ⓑ 갈등은 무시될 수 있다.

ⓒ 회피 반응은 받아들여질 수 있다

ⓜ **양보 유형**(Lose – Yield Style)

ⓐ 갈등은 피해야만 한다.

ⓑ 참가자는 서로 신뢰해야 한다.

ⓒ 양보는 상호간의 관계를 향상시켜 준다.

ⓓ 압력은 복종을 요구한다

③ 갈등관리 방법에 따른 효과적 적용 상황

강요(대립)

- 신속하고 결정적 대안이 필요할 때
- 인기 없는 대안이지만 관철시키는 것이 필요한 중대 사안일 경우
- 조직 전체에 영향을 주는 긴요한 사안일 경우
- 적극적으로 참여하지 않는 사람이 이익을 얻는 것을 방지할 필요가 있을 경우

협력(문제해결)

- 양측의 주장이 모두 중요하여 절충할 수 없을 때 통합적인 해결책을 찾을 경우
- 서로 다른 관점을 가진 사람들의 견해를 통합 시킬 필요가 있을 때
- 양측의 참여나 합의가 절대적으로 필요한 경우

타협

- 동등한 힘을 가진 양측이 서로 배타적인 목표를 강하게 고집할 경우
- 복잡한 사안에 대해 잠정적인 대안이 필요한 경우
- 크게 중요한 목표는 아니지만 굳이 마찰을 불러 일으킬 필요가 없을 경우
- 시간이 촉박하여 임시해결책 마련이 필요한 경우
- 문제해결에 실패해서 대안의 마련이 필요한 경우

회피(억압)

- 별로 중요하지 않은 사인일 경우
- 원하는 바를 만족시킬 수 있는 기회가 없다고 여겨질 때
- 대립해서 얻을 손실이 이익보다 클 경우
- 냉각기를 두고 긴장을 감소시키고 평정을 되찾을 필요가 있을 때
- 다른 사람들이 그 갈등을 보다 효과적으로 해결할 수 있을 경우

양보(화해)

- 자신이 잘못되었음을 인식할 경우
- 사안이 상대방에게 더 중요한 경우
- 이후 더 중요한 일을 위해 신뢰를 쌓을 필요가 있을 경우
- 경쟁, 대립의 지속이 서로에게 모두 해가 될 경우
- 조화의 유지와 분류로부터 벗어나는 것이 급선무일 경우

3. 갈등해결을 위한 대응전략과 의사소통

(1) 갈등관리 대응전략

① 패 – 패 전략

갈등 속에 있는 양자 모두가 목표를 달성하지 못함으로써 양자가 다 패자가 될 수밖에 없는 역기능적인 갈등을 만드는 이 전략은 회피기법 또는 더 나아가 타협기법으로 전개되는 것이 일반적이다. 일반적으로 보면 승 - 승 전략은 물론이거니와 또한 승 - 패 전략보다도 더 바람직하지 못한 것으로 알려진 이 전략은, 노사분규에도 흔히 동원되는 승 - 패 전략이 동원될 때와 같은 상황적 특성을 지닌다.

② 패, 패 – 승 전략

갈등 속에 있는 두 집단에서 갈등해소를 위해 가장 일반적으로 적용되는 이 전략은, 다른 편의 희생 하에서 자기 편의 이익과 목적을 달성하는 것이므로, 어느 한 편이 다른 한 편보다 유리한 고지를 점령하게 되어 결과적으로 승자와 패자가 있게 마련이다.

③ 승 – 승 전략

갈등해소 전략 중에서 양자 모두가 승자가 되도록 양자에게 유익하게 하여 기능적인 갈등이 되는 유일한 이 전략은, 다음과 같은 가설에 입각하고 있음으로써 개인적인 관점에서나 조직의 관점에서 일반적으로 가장 바람직한 전략으로 주장되고 있다.

(2) 갈등해결을 위한 의사소통

① 개방적으로 행동하라(Openness)

ㄱ 자신의 감정과 생각을 개방적, 직접적, 정직하게 표현하라.

ㄴ 부정적인 말로써 탓하지 말라.

ㄷ 나 전달법인 I-Message를 이용하여 자신의 느낌, 원하는 것을 말하라.

ㄹ 현재의 구체적인 것에 초점을 맞추어 문제를 확인하라.

② 공감하라.(Empathy)

　　㉠ 공감하는 태도로 경청하라.

　　㉡ 상대방이 느끼고 있는 것을 이해하고 느끼려고 노력하라.

　　㉢ 상대방의 시각으로 상황을 보려고 노력하라.

　　㉣ 자기가 이해하고 있는 바를 이야기하고, 상대방의 감정을 확인하라.

　　㉤ 상대방의 견해를 진심으로 이해하고 있다는 것을 알게 하라.

③ 지지하라.(Supportiveness)

　　㉠ 자신도 같은 어려움이 있다는 것을 행동으로 설명한다.

　　㉡ 상대방을 지지하고 있으며, 늘 관심을 가지고 있음을 표출한다.

　　㉢ 서로간에 이익이 되는 해결책을 찾기 원한다는 것을 상대방이 알게 한다.

　　㉣ 기꺼이 자신의 의견을 바꾸도록 유동적인 입장을 견지한다.

　　㉤ 기꺼이 상대방의 입장을 지지한다.

④ 적극적으로 대처하라.(Positiveness)

　　㉠ 동의하고 강조할 영역을 확인하려고 노력한다.

　　㉡ 전체 상황을 좀더 이해하기 위한 수단으로서, 새롭고 보다 좋은 해결책을 찾기
　　　위한 수단으로서 갈등을 인식한다.

　　㉢ 상대방에 대해 적극적으로 대하고, 적극적인 대인관계를 유지한다.

　　㉣ 일에 대한 해결책을 찾는 것이 자기 책임이라는 것을 표명한다.

⑥ 동등하게 대하라.(Equality)

　　㉠ 상대방과 그의 생각, 의견을 동등하게 대한다.

　　㉡ 상대방이 자신의 생각을 완전히 설명할 수 있는 시간과 공간을 제공한다.

　　㉢ 모든 아이디어와 의견을 논리적으로 평가한다.

사 례

같은 병원의 동료인 성신씨와 지후씨는 무척 까다로운 의료기술적 문제를 놓고 논쟁을 하고 있다. 성신씨가 문제를 해결할 방식 한 가지를 제시하며 논리적으로 설득하기 위해 "이렇게 하면 되지 않겠어요?"라고 묻자 지후씨는 "좋은 방식이에요, 그런데 아주 중요한 점을 놓치고 있어요. 그런식으로 하면 어떤 위험이 있는지 의료 연구 결과를 읽지 않았나 보죠."라고 반문했다.

그 말을 들은 성신씨는 "나도 읽었어요. 하지만 그 연구는 우리 상황하고 많이 다르다고요."라고 말했다. 계속해서 논쟁은 이어졌고, 같은 부서의 다른 사람들이 한마디씩 거들어주기도 했다. 두 사람은 상대방의 관점을 이해는 하고 있었지만 그 문제를 다르게 보고 있었다.

 Level up Mission

☎ 성신씨와 지후씨가 이 문제를 협력형으로 풀어가기 위해서는 어떻게 해야 할까?

☎ 갈등 상황이 발생했을 때 서로가 Win-Win으로 문제를 해결했을 때의 장점은 무엇인가?

☎ 최근에 발생했던 나의 갈등 상황을 떠올려보고 나는 어떤 방식으로 문제를 해결했는지 동료와 이야기 나누어보자.

207

학습평가 Quiz

1. 다음은 갈등해결을 위한 의사소통 중에서 무엇에 대한 설명인가?

> • 자신도 같은 어려움이 있다는 것을 행동으로 설명한다.
> • 상대방을 지지하고 있으며, 늘 관심을 가지고 있음을 표출한다.
> • 서로간에 이익이 되는 해결책을 찾기 원한다는 것을 상대방이 알게 한다.
> • 기꺼이 자신의 의견을 바꾸도록 유동적인 입장을 견지한다.
> • 기꺼이 상대방의 입장을 지지한다.

① 위로하라   ② 공감하라

③ 협동하라   ④ 지지하라

2. 다음 중 갈등해결을 위한 의사소통의 방법에 해당하지 않는 것을 고르시오.

① 공감하라. (Empathy)

② 개방적으로 행동하라. (Openness)

③ 논쟁하라. (Arguement)

④ 동등하게 대하라. (Equality)

3. 다음 중 갈등관리 대응전략에 해당하지 않는 것은?

① 패-패 전략   ② 패-승 전략

③ 승-승 전략   ④ 휴전

4. 갈등관리 시 가장 바람직한 해결방안은 어떤 전략인가?

(   )

5. 갈등관리 상황별 대처방안에서 "협력형"의 행동에 해당하는 것을 적으시오.

학습내용 요약 Review (오늘의 Key Point)

1. 글라슬의 갈등점증모형은 갈등이 시작되어 점점 증폭되는 과정을 정리한 것으로, 단계가 올라 갈수록 긴장감이 계속 증가하는 현상에 대해 설명하고 있다.

2. 글라슬의 갈등 9단계 이론은 '경직화 – 논쟁 – 편향 행동 – 세력화 – 체면 훼손 – 위협 – 피해 주기 – 분열 시도 – 공멸'로 이어진다.

3. 케네스 토머스와 랠프 킬만(Kenneth W. Thomas & ralph H. Kilmann)은 갈등관리의 5가지 유형을 경쟁형, 통합형, 타협형, 회피형, 수용형으로 제시했다.

4. 갈등해결을 위한 커뮤니케이션의 방법은 크게 5가지로 공감하라(Empathy), 개방적으로 행동하라 (Openness), 동등하게 대하라(Equality), 지지하라(Supportiveness), 적극적으로 대처하라 (Positiveness) 이다.

5. 갈등관리 유형은 다음과 같이 5개로 나뉘어진다.

- 강요/대립 유형(Win – Lose Style)
- 협력 유형(Win – Win Style)
- 타협 유형(Compromise Style)
- 회피 유형(Lose–Leave Style)
- 양보 유형(Lose–Yield Style)

스스로 적어보는 오늘 교육의 메모

협상의 이해와
협상 프로세스

Contents

1. 협상의 개념 및 특징

2. 협상의 4가지 결정요소

3. 협상의 5단계 프로세스

Learning Objectives

1. 협상의 의미와 특징을 설명할 수 있다.

2. 협상의 결정요소를 설명할 수 있다.

3. 협상의 5단계 프로세스를 적용할 수 있다.

10
Chapter

이야기 속으로 ...

김교사는 어린이집 근무 8년차 베테랑 교사이다. 현재 임금 협상 중에 있는 상태이며, 김교사와 어린이집 원장님의 대화를 살펴보고 두 가지 상황에 대해서 이야기해보자.

[상황 1]

원장님 : 김선생님, 어서 와요. 커피 한 잔해요. 자, 머리 아픈 연봉 협상 시즌이 돌아왔네요. 그렇죠?

김교사 : 네, 원장님. 감사합니다. 머리가 아프긴 하지만 제 능력에 대한 적정한 평가가 이루어졌으면 좋겠습니다.

원장님 : 그래요. 김선생님. 작년 연봉은 3천만원이고 전년 인상률은 5%입니다. 내 생각엔 작년 수준으로 올해도 반영했으면 하는데, 김선생님 생각은 어때요?

김교사 : 올 한 해를 돌아볼 때 정말 최선을 다했다고 생각합니다. 실제로 추가 근무 수당없이 밤을 새워 행사를 준비한 날도 많았고, 제가 주도한 생태 프로젝트도 재단에서 상을 받기도 했습니다.

원장님 : 맞아요. 김선생님의 업무 능력에 대해서는 나도 100% 인정합니다. 성실하고 맡은 일에 대한 책임감이 강해서 제가 가장 신뢰하는 선생님 중에 한 명입니다.

김교사 : 감사합니다. 그런데 최근 제 친구들 이야기를 들어보니 제 연봉이 좀 낮게 책정되어 있는 것 같습니다.

원장님 : 그래요. 그 친구들도 우리경쟁사나 관련 업계에서 일하고 있나?

김교사 : 꼭 그런 건 아니지만 나이와 근속 연수를 비교해보자면 차이가 나는 것 같습니다. 작년 한 해동안 이룬 성과를 보자면 최소 10% 이상은 인상되어야 한다고 생각합니다.

원장님 : 연봉은 관련 업계 간 비교가 공정한 비교같은데...동종 업계에서는 연봉이 낮은 편이 아닌데...여하튼 알겠어요. 다시 얘기해보도록 합시다.

[상황 2]

원장님 : 김선생님, 어서 와요. 커피 한 잔해요. 자, 머리 아픈 연봉 협상 시즌이 돌아왔네요. 그렇죠?

김교사 : 네, 원장님. 감사합니다. 원장님께서 가장 힘드실 것 같습니다. 고생많으십니다.

원장님 : 그래요. 김선생님 작년 연봉은 2천5백만원이고 전년 인상률은 5%입니다. 내 생각엔 작년 수준으로 올해도 반영했으면 하는데, 김선생님 생각은 어때요?

김교사 : 올 한 해를 돌아볼 때 정말 최선을 다했다고 생각합니다. 실제로 추가 근무 수당없이 밤을 새워 행사를 준비한 날도 많았고, 제가 주도한 〈우리가 이끌어갈 깨끗한 세상〉 생태 프로젝트가 재단에서 상을 받아 우리 어린이집에 수족관을 설치하기도 했지요.

원장님 : 맞아요. 김선생님의 업무 능력에 대해서는 나도 100% 인정합니다. 성실하고 맡은 일에 대한 책임감이 강해서 제가 가장 신뢰하는 선생님 중에 한 명입니다.

김교사 : 사실 얼마 전에 제 동문이 부원장으로 있는 어린이집에서 연봉 3천만원으로 이직 권유를 받았습니다. 하지만 연봉을 제외하고는 현재에 정말 만족하고 있습니다. 원장님께 배우고 싶은 것도 많고요...그래서 고민이 됩니다.

상황 1, 2번 중에서 높은 연봉을 받을 가능성이 높은 쪽은 단연 [상황 2]이다. 상황이 여의치 않다면 다른 곳으로 가겠다는 뜻을 흘리며 자신의 가치를 높이고 있는 것이다.

10장에서는 협상의 개념 및 특징에 대해 학습하고, 협상력을 결정하는 4가지 요소에 대해 학습한다. 또한 성공하는 협상의 5단계 프로세스를 학습한다.

1. 다음 중 협상에 대한 설명으로 적절하지 않은 것은?

① 협상은 갈등관계에 있는 이해당사자 간에 대화를 통해 갈등을 해결하고자 하는 상호작용 과정이다.
② 협상은 자신의 욕구충족을 위해 상대방으로부터 최선의 것을 얻어내기 위해 상대방을 설득하는 커뮤니케이션 과정이다.
③ 협상에서 성공하기 위해서는 시종 협상의 통제권을 잃지 않도록 해야 한다.
④ 일반적으로 협상의 과정은 협상 시작, 상호 이해, 실질 이해, 해결 대안, 합의문서 작성의 5단계로 구분할 수 있다.

2. 다음 중 협상의 특징이 아닌 것은?

① 두 사람 이상의 이해관계 당사자가 있어야 한다.
② 갈등해소를 위한 상호작용 과정이다.
③ 상호 이익극대화가 목적이다.
④ 통제권을 우선 확보한다.

3. 다음 중 협상의 4가지 결정요소가 아닌 것은?

① 시간   ② 요구
③ 정보   ④ 힘

1. 협상의 개념 및 특징

(1) 협상의 개념

우리는 세상을 살아가며 끊임없이 협상을 한다. 어릴 적 부모님과 용돈 금액을 조정하던 것부터 조직에서 연봉을 협상하는 것까지 살다보면 반드시 여러 가지 협상을 하게 된다. 그렇다면 협상이란 무엇인가? 리차드 쉘(Richard Sell)은 "협상이란 자신이 협상 상대로부터 무엇을 얻고자하거나 상대가 자신으로부터 무엇을 얻고자 할 때 발생하는 상호작용적인 의사소통 과정이다."라고 정의했다. 또한 모란과 해리스(Moran, R & Harris, P)는 "협상이란 상호 이익이 되는 합의에 도달하기 위해 둘 또는 그 이상의 당사자가 서로 상호작용을 하여 갈등과 의견의 차이를 축소 또는 해소시키는 과정이다."라고 했다. 이를 종합해보면 협상이란, "둘 이상의 의사결정 주체가 서로 상충하는 이해관계에 대하여 보다 나은 결과를 도출하기 위하여 의견 교환 과정을 통해 합의에 도달하는 것"이라고 정의할 수 있다.

협상이란?

갈등 상태에 있는 이해 당사자들이 대화와 논쟁을 통해서 서로를 설득하여 문제를 해결하려는 정보전달 과정이자 의사결정 과정이다.

(2) 협상의 5가지 특징

협상은 자신 또는 상대방의 일방적인 승리보다는 협상 양측이 적절하게 만족을 느끼는 수준에서 합의를 도출하는 것에 주요 목적을 두어야 한다. 협상의 개념에는 다음의 5가지 특징을 가지고 있다.

첫째, 두 사람 이상의 이해관계 당사자가 있어야 한다.

이해 당사자는 개인이나 집단, 국가 모두에 해당되며, 한 사람이 단독으로 협상을 진행할 수 없으므로 반드시 두 사람 이상의 이해관계 당사자가 존재한다.

둘째, 협상 주제가 존재해야 한다.

협상을 진행하기 위해서는 협상 이슈가 있어야 할 것이다. 이는 결국 당사자들의 이해관계가 될 것이다.

셋째, 갈등해소를 위한 상호작용 과정이다.

협상이란 희소한 자원을 나누어 가지려는 과정에서 발생하는 갈등을 합리적이고 효율적으로 해소하기 위한 것이므로 한정된 자원을 나누어 가지려는 사람들끼리 대화를 해야 한다. 이러한 협상과정은 당사자들 간에 정보교환과 소통을 위한 상호작용이 절대적으로 필요하다.

넷째, 상호 이익극대화가 목적이다.

협상에서는 상호 간에 이해대립이 존재한다는 것을 인지하고, 상호 만족할 만한 대안을 도출하여 서로의 이익극대화가 1차 목표라는 점을 이해해야 한다.

다섯째, 상호 존중과 신뢰가 중요하다.

협상 과정이 상호 간에 갈등을 증폭시키는 과정으로 변질된다면, 이는 상호 불신때문이라고 할 수 있다. 따라서 협상이 본래의 목적을 달성하기 위해서는 협상자들 간의 존중과 신뢰를 바탕으로 진행될 때 성공적인 협상이 된다는 것을 알아야 한다.

 Level up Mission

☎ 자신이 최근 일주일 간에 시도했던 협상내용을 세 가지만 떠올려 적어보고, 그 결과를 팀원들과 공유해보자.

협상내용	협상결과

사 례

리처드 쉘(Richard Shell)은 옥시덴탈 석유회사의 CEO였던 해머(Armand Hammer)의 특별한 협상 사례를 소개하고 있다. 1960년 해머는 리비아의 석유 채굴권을 매일하는 입찰에서, 양가죽 문서에 입찰 조건을 적고, 리비아의 상징색인 초록색과 검은색 리본을 묶어 제출했다고 한다. 아랍 문화에 대한 경의를 표현한 것이다. 리비아는 같은 조건이라면 자국을 이해하고 존중하는 회사에게 채굴권을 주는 것이 국가 이익에 도움이 된다고 판단했다.

심리학자 로버트 치알다니(Robert Chaldini)는 "우리는 자신이 잘 아는 사람, 좋아하는 사람의 요구를 수락하는 경향이 있다."고 밝혔다. 이것이 바로 '유사성의 법칙'이다. 우리는 자신이 익숙한 상황, 자신과 비슷한 점이 많은 사람을 더 신뢰한다. "저도 그 학교 출신이에요. 저도 그 동네에 살았어요." 등 이런 대화는 관계 맺기에서 중요한 역할을 하여 협상에서도 도움이 된다.

이는 미국의 협상학자 팀이 미국 내 최고의 비즈니스 스쿨인 켈로그와 스탠포드 학생 간에 온라인 협상 실험에서도 증명된 바 있다. 학생들을 두 그룹으로 나눈 후, 협상을 위한 채팅을 하도록 했다. 한 그룹에겐 협상 상대의 이름만 알려준 채 협상을 하게 했다. 나머지 한 그룹은 상대의 배경, 가족, 취미 등 개인정보를 교환하도록 채팅 시간을 준 후에 협상을 하도록 했다. 그 결과 눈에 띄게 대조되는 결과가 나왔다.

이름만 교환하고 협상을 시작한 그룹에서는 30%가 협상이 결렬되었고, 개인정보를 교환하는 채팅 이후에 협상을 한 그룹에서는 단 6%만이 협상이 결렬되었다. 채팅 초반에 서로 주고 받은 대화로 상대에 대한 호의가 증진되고 보다 열린 마음으로 협상에 임하게 만든 것이다. .

[출처] 〈협상의 공식〉, 남학현, 고려원북스, 2016

2. 협상의 4가지 결정요소

협상을 결정하는데 4가지 중요한 요소가 있다. 이는 생각보다 훨씬 중요한 요소이다. 협상에 직·간접적으로 영향을 주는 이 4가지 요소를 다루는 실력이 곧 협상 성패에 그대로 반영된다고 할 수 있으며, 바로 이것이 협상력을 결정한다고도 할 수 있겠다.

(1) 시간(Time)

협상에서도 시간이 정말 중요하다. 즉, 협상에서 '시간이 급하면 진다.'라는 사실을 명심해야 한다. 그렇기 때문에 협상에 대한 시간제약과 압력으로 상대의 협상시한이 언제 까지인지 알아두는 것이 중요하다.

누구나 마음이 급하면 쉽게 양보하거나 혹은 더 큰 양보를 하게 되고, 자신의 주장을 굽 히기도 한다. 만약 우리 측의 급박한 상황을 상대가 알게 된다면, 상대는 더욱 여유롭게 접근할 것이고, 우리 측은 급한 마음으로 협상 상황이 악화되기 쉽다. 따라서 협상의 시 간을 최대한 확보해야 한다. 또한 협상 일정을 결정할 때 과연 어느 쪽이 시간을 더 많이 가지게 되는가를 예측해야 한다.

(2) 최초요구(Primary request)

협상에서 최초요구란 협상 당사자가 제시하는 최초 제안을 말한다. 최초의 요구가 협 상에서 차지하는 비중은 매우 크며, 당당하게 요구하는 것이 포인트이다. 아주 당연한 듯 이 충분한 근거를 들어 상당히 높은 범위에서 불러야 한다. 첫 제안은 그 이후에 진행되는 모든 협상에서의 준거가 된다. 최초요구에 대한 적절한 대응이 협상의 향후 방향과 주도 권에 많은 영향을 미치기 때문이다.

(3) 정보(Information)

손자병법에도 '지피지기면 백전불패'라고 했다. 협상에서 정보란 협상 당사자. 경쟁사, 협상 상황 등에 대한 것을 말한다. 21세기에 기업이 비즈니스를 하면서 가장 중요하게 여 겨야 할 것 중의 한 가지가 바로 정보수집 능력이다. 협상 상황에 영향을 주는 정보를 사 전에 가능한 많이 입수해두어야 하며, 사전 정보가 준비되지 않은 상태에서 협상에 들어 가지 않는 것은 협상의 기본 상식이라고 할 수 있다.

협상에 임하는데 꼭 알아야 할 상대의 정보에는 상대방의 요구사항, 상대방의 장점과 단점, 상대방의 협상기한, 상대방이 양보할 수 있는 한계선(가격), 그리고 협상이 결렬되었 을 때 상대방이 취할 수 있는 대체수단이 있다.

(4) 힘(Power)

협상에서의 힘은 통제력을 발휘할 수 있도록 하는 것들로 지식, 합법성, 관계, 권위, 다

른 경쟁자, 시간 등으로 수없이 많은데, 아래와 같이 크게 3가지로 분류할 수 있으며, 이 외에도 시간, 경쟁자, 제3의 대안 등이 있다.

① 개인적 역량의 힘 : 지식, 경험, 태도, 전문성 등

② 사회적 타당성의 힘 : 합법성, 정당성, 관례, 전례, 상식 등

③ 사회적 우월성의 힘 : 권위, 나이, 직책, 성별 등

 Level up Mission

 다음 [사례] 협상에서 중요한 결정요소는 무엇이라고 생각하는지 〈협상의 4가지 결정요소〉표를 작성해보고 왜 그렇게 생각하는지 이유를 팀원과 공유해보자.

협상내용	협상결과		
1. 시간	상	중	하
2. 최초요구	상	중	하
3. 정보	상	중	하
4. 힘	상	중	하

사 례

얼마 전 금 시세가 정점에 달했다는 뉴스를 보고 김씨는 유행 지난 반지를 팔아야겠다고 생각했다. 며칠 뒤 김씨는 고객과의 미팅을 위해 이동하던 중 귀금속 가게 3곳에 들어가 지니고 있던 반지의 시세를 물었다.

대체로 40만원 정도라는 말을 듣고 네 번째 가게를 들어가니, "다른 가게에서 얼마로 알아보고 오셨어요?"란 주인의 말에 "43만원 주신다고 하던데요."라고 대답했다.

"그럼 43만원 이상 드려야 파시겠네요?"라며 가게 주인은 가격을 책정해보더니 승낙했다. 그러나 잠시 뒤 주인은 심각한 얼굴로 예상치 못한 이야기를 했다.

"죄송한데 제가 금의 무게를 잘못 잰 거 같아요. 큐빅 무게를 빼지 않았네요."라며 다시 책정하기 시작했다. 미팅 시간 때문에 마음은 조급했지만 또 언제 나와서 팔 수 있을지 몰라 무작정 기다릴 수밖에 없었다. 주인이 "죄송합니다만 40만원 이상은 드리기가 힘드네요. 아까는 제가 무게를 잘못 계산해서..."라고 말하기에, "알겠어요. 그럼 제가 지금 가야 하니 딱 중간 42만원에 해주세요."라고 제안했다.

"아니요. 죄송합니다만 40만원 이상은 드리기가 힘들겠네요."라는 가게 주인의 말에 김씨는 고민에 빠졌다. 미팅 시간은 촉박했고, 몇 만원의 이익을 위해서 다시 올 것인가, 아니면 평균적인 금액을 받고 갈 것인가. 잠깐의 고민 끝에 40만원에 금반지를 팔고 안타까운 마음으로 귀금속 가게를 나왔다.

이 협상은 무엇이 잘못된 것일까?

[출처] 〈한국형 협상스킬〉 수정 및 참고, 이재현 외, 2015, 형설아카데미

3. 협상의 5단계 프로세스

협상 과정은 다음과 같이 협상시작, 상호이해, 실질이해, 해결대안, 합의문서의 5단계로 나누어 볼 수 있다.

(1) 협상시작

협상시작 단계에서는 협상 당사자들 사이에 라포를 형성하여 친근감을 쌓는다. 처음부터 직접적으로 협상의사를 전달하는 것보다 간접적인 방법으로 협상의사를 전달한다. 협상에 임하는 상대방이 협상의지가 없다면, 협상이 진행되기 어려우므로 협상의지를 우선 확인한 후, 협상진행을 위한 체제를 계획한다.

(2) 상호이해

상호이해의 단계에서는 우선 상호 간에 발생한 갈등문제가 어떻게 진행되고 있는지 현재 상황을 점검한다. 이러한 과정에서 적극적으로 상대방의 의견을 경청하면서 협상할 내용을 제시한다. 이러한 경청과 의견 제시 과정을 반복하며 협상을 위한 협상대상 안건을 결정한다.

(3) 실질이해

실질이해 단계에서는 협상에서 겉으로 주장하는 의견과 실제로 원하는 의견을 구분하여 실제로 원하는 것을 찾아낸다. 협상의 사안에 따라 분배협상 또는 통합협상을 활용하여 이해관계를 분석한다. 여기서 분배협상은 협상 당사자들 간에 분배되는 확정된 가치의 양이 있다고 가정하는 것으로, 한쪽이 이익을 보면 나머지 한쪽은 손해를 본다는 의미이다. 그러나 통합협상에서는 협상과정에서 상호 이익을 달성하기 위한 상생(win-win)현상을 추구한다.

(4) 해결대안

해결대안의 단계에서는 협상 안건마다 대안들이 적절한지 평가하고, 개발한 대안들을 평가하게 된다. 협상에 참석한 모든 당사자가 만족할 수 있는 최선의 대안에 대해서 합의하고 선택하게 되는 중요한 단계이다. 또한 최선의 대안의 이행을 위한 실행계획을 수립한다.

(5) 합의문서

협상의 마지막 단계로 상호 간에 합의된 합의문을 작성하고 합의문 상의 합의내용, 용어 등을 재점검한 후, 합의문에 서명한다.

[표 10-1] 협상 과정 5단계

협상단계	주요내용
1단계 : 협상시작	• 협상 당사자들 사이에 상호 친근감 쌓음. • 간접적인 방법으로 협상의사를 전달함. • 상대방의 협상의지를 확인함. • 협상진행을 위한 체제를 구성함.
2단계 : 상호이해	• 갈등문제의 진행 상황과 현재의 상황을 점검함. • 적극적으로 경청하고 자기주장을 제시함. • 협상을 위한 협상대상 안건을 결정함.

협상단계	주요내용
3단계 : 실질이해	• 겉으로 주장하는 것과 실제로 원하는 것을 구분하여 실제로 원하는 것을 찾아 냄. • 분할과 통합 기법을 활용하여 이해관계를 분석함.
4단계 : 해결대안	• 협상 안건마다 대안들을 평가함. • 개발한 대안들을 평가함. • 최선의 대안에 대해서 합의하고 선택함. • 대안 이행을 위한 실행계획을 수립함.
5단계 : 합의문서	• 합의문을 작성함. • 합의문 상의 합의내용, 용어 등을 재점검함. • 합의문에 서명함.

한편, 협상 과정은 협상 진행단계를 중심으로 협상 전단계, 협상 진행단계, 협상 후 단계의 3단계로 구분할 수 있다. 협상 전단계는 협상을 진행하기 위한 준비단계이고, 협상 진행단계는 협상이 실제로 진행되는 단계이며, 협상 후 단계는 합의된 내용을 집행하는 단계이다. 이러한 협상 진행 과정은 다음 [표 10-2]와 같은 내용으로 설명할 수 있다.

[표 10-2] 협상 진행 과정 3단계

협상단계	주요내용
협상 전 단계	• 협상기획 : 협상과정(준비, 집행, 평가 등)을 계획 • 협상준비 : 목표설정, 협상환경분석, 협상형태파악, 협상팀 선택과 정보수집, 자기분석, 상대방분석, 협상전략과 전술수립, 협상대표 훈련
협상 진행단계	• 협상진행 : 상호 인사, 정보교환, 설득, 양보 등 협상전략과 전술구사 • 협상종결 : 합의 및 합의문 작성과 서명, 교환
협상 후 단계	• 협의내용 비준 : 비준 • 협의내용 집행 : 실행 • 분석평가 : 평가와 피드백

 Level up Mission

☎ 아래 왼쪽의 협상의 5단계 프로세스에 맞는 오른쪽 내용을 연결시켜 보자.

1단계 협상시작 •   • 겉으로 주장하는 것과 실제로 원하는 것을
        구분하여 실제로 원하는 것을 찾아냄.

2단계 상호이해 •   • 합의문을 작성하고 서명함.

3단계 실질이해 •   • 협상 당사자들 사이에 상호 친근감을 쌓고,
        협상진행을 위한 체제를 계획.

4단계 해결대안 •   • 갈등문제의 진행 상황과 현재의 상황을 점검함.

5단계 합의문서 •   • 협상 안건마다 대안들을 개발함.

글로벌 협상에서는 특히 상대방의 협상 문화와 특징을 잘 파악해야 한다. 각 나라마다 협상의 의례와 격식이 다르다. 미국은 가장 자유로운 나라라고 평가할 수 있다. 상대의 직함보다는 이름을 편안하게 부르고, 의사 전달도 친밀하게 한다. 상대적으로 프랑스, 독일, 영국 등 유럽 국가들은 정형화된 의례를 갖고 있다. 상대의 호칭도 '씨, 박사님, 교수님 등 적절한 존칭을 사용하지 않으면 무례하다고 생각한다. 중국, 일본 등 동아시아 국가에서는 자신을 소개할 때 반드시 명함을 사용해야 한다.

글로벌 협상에서는 문화적 차이가 협상에 어떻게 영향을 주는지 이해해야 한다. 글로벌 협상에 임할 때는 더욱 철저한 사전 준비가 필요하다.

1. 직설적이고 실용적인 미국

前주미 싱가포르 대사인 토미 코(Tommy Koh)는 몇 년간 국제정치 분야에서 미국 협상가를 관찰한 결과, 장단점을 아래와 같이 정리했다.

미국 협상가의 장점을 꼽자면, '준비를 충실히 한다. 확실하고 명쾌한 발언을 한다. 이론보다 실용적으로 접근한다. 상대의 관점을 잘 파악한다. 협상에서 양보의 의미를 잘 알고 있다. 솔직하고 직설적인 대화를 한다.'는 것이다. 반면 단점으로는 '인내심이 부족하다. 문화적 민감성 및 상대문화에 대한 배려가 약하다.'는 점을 들었다.

2. 신용과 체면을 중시하는 일본

일본인은 자신의 감정을 절제하고 끈기 있게 기다리며, 자신을 드러내지 않는 조심스러운 면이 많다. 그들은 사람들에게 호의적이고 상관의 명령을 충실히 따르며, 체면을 지키는 것을 중요하게 생각한다. 빈틈없는 준비보다는 완벽한 인간관계에 의한 신용 상태에서 거래를 하고자 한다. 따라서 일본인들은 상대방과의 정면충돌을 피하려는 경향이 강하다.

3. 자존심을 목숨처럼 생각하는 중국

중국인들은 수많은 전쟁과 내란을 겪은 탓에 상대방에 쉽게 마음을 주지 않는다. 하지만 일단 관계가 맺어지면 그만큼 일의 진전이 쉬운 편이다. '중국에서는 제고가 아닌 관계가 일을 한다.'는 말이 있을 정도로 관계를 중시한다. 또한 중국인들은 배타적이고 자기중심적인 입장에서 협상을 진행하는 경향이 있다. 그들과 협상할 때는 자존심을 상하게 하거나 약점을 들추며 체면을 손상시키는 행위는 금물이다.

[출처] 〈협상의 공식〉, 남학현, 고려원북스, 2016

학습평가 Quiz

1. 협상과정 5단계 중 '겉으로 주장하는 것과 실제로 원하는 것을 구분하여 실제로 원하는 것을 찾아 냄'은 어느 단계인가?

   ① 협상시작　　　② 상호이해　　　③ 실질이해　　　④ 해결대안

2. 다음 중 협상의 4가지 결정요소 중 '힘(power)'에 해당하지 않는 것은?

   ① 개인적 역량의 힘　　　　　② 사회적 타당성의 힘
   ③ 객관적인 독립성의 힘　　　④ 사회적 우월성의 힘

3. '시간, 최초요구, 정보, 힘', 이 4가지를 무엇이라고 하는가?

   ① 협상의 최초요소　　　　　② 협상의 결정요소
   ③ 협상의 원리　　　　　　　④ 협상의 증명

4. 협상과정을 협상 시작, 상호 이해, 실질 이해, 해결 대안, 합의문서의 5단계에서, 각 단계별로 해야 할일을 연결시켜보자.

협상시작 •	• 겉으로 주장하는 것과 실제로 원하는 것 구분하여 실제로 원하는 것을 찾아냄
상호이해 •	• 합의문을 작성하고 서명함
실질이해 •	• 협상당사자들 사이에 상호 친근감을 쌓고, 협상진행을 위한 체제를 짬
해결대안 •	• 갈등문제의 진행상황과 현재의 상황을 점검함
합의문서 •	• 협상 안건마다 대안들을 개발함

5. '협상'의 의미를 쓰시오.

학습내용 요약 Review (오늘의 Key Point)

1. 협상이란 갈등상태에 있는 이해당사자들이 대화와 논쟁을 통해서 서로를 설득하여 문제를 해결하려는 정보전달 과정이자 의사결정 과정이다.

2. 협상의 특징은 다양하지만 아래 5가지로 정리해 볼 수 있다.

   ① 두 사람 이상의 이해관계 당사자가 있어야 한다.
   ② 협상 주제가 존재해야 한다.
   ③ 갈등해소를 위한 상호작용 과정이다.
   ④ 상호 이익극대화가 목적이다.
   ⑤ 상호 존중과 신뢰가 중요하다.

3. 협상의 4가지 결정요소는 시간, 최초요구, 정보, 힘이다.

4. 협상과정은 관점에 따라 다양하지만 5단계로 구분하면, 협상시작, 상호이해, 실질이해, 해결방안, 합의문서 등으로 구분할 수 있다.

5. 협상과정은 협상 진행단계를 중심으로 협상 전 단계, 협상 진행단계, 협상 후 단계의 3단계로 구분할 수 있다. 협상 전단계는 협상을 진행하기 위한 준비단계이고, 협상 진행단계는 협상이 실제로 진행되는 단계이며, 협상 후 단계는 합의된 내용을 집행하는 단계이다.

스스로 적어보는 오늘 교육의 메모

협상과 설득전략

Contents

Learning Objectives

1. 설득의 6가지 법칙에 대해 설명할 수 있다.

2. 협상전략 4가지에 대해 설명할 수 있다.

3. 설득의 9가지 전략에 대해 설명할 수 있다.

외모의 설득심리

재판 과정에 있어서 피의자의 외모나 체격이 판결에 매우 중요한 역할을 한다는 다수의 연구 결과는 우리를 심란하게 만들고 있다. 여성 범죄 전문가의 한 사람은 경험 많은 법률 전문가들도 피의자의 외모에 의해 간혹 속임을 당하곤 한다고 지적하고 있다.

다양한 종류의 사람들과 범죄에 익숙한 법률 전문가들도 단정하고 예쁜 외모를 가진 피의자를 만나게 되면, 설마 그녀가 죄를 범했으리라고는 생각하지 않는 오류를 가끔 저지르곤 한다. 어떤 이유에서인지는 모르지만, 대다수의 사람들은 범죄를 사람의 외모와 연결시켜 생각하기 때문에, 아름다운 여성 피의자는 유죄 판결을 받지 않을 확률이 높다(Mohahan, 1941).

통제된 실험실에서의 연구 결과도 앞서의 관찰을 지지할 뿐만 아니라 외모로 인한 혜택은 남자에게도 해당된다고 보고하고 있다. 종합적으로 말해서 피의자가 미인계를 이용한 사기죄처럼 그들의 신체적 매력을 사용하여 범행을 하지 않는 한 잘 생긴 피의자들은 재판 과정에서 매우 유리한 판결을 받을 확률이 높다고 정리할 수 있다(Sigall & Ostrove, 1975).

펜실베니아 주의 한 연구에서(Stewart, 1980) 연구자들은 74명의 남성 피의자들의 신체적 매력을 재판 초기에 측정한 후 얼마 간 시간이 흐른 다음에 이들이 받은 판결 결과를 조사해 보았는데, 매력적인 피의자들의 무죄 선고율이 그렇지 않은 피의자들의 그것보다 2배나 높았다. 모의 재판에 있어서의 손해배상청구를 다룬 또 하나의 연구 결과를 보면, 피고가 피해자보다 신체적 매력이 더 높을 경우의 배심원들의 평결이 평균 5624 달러의 손해배상액인 반면에, 피해자가 피고보다 더 매력적인 경우의 배심원들의 평결은 평균 10만 51달러의 손해배상액이었다고 기록하고 있다. 피의자의 신체적 매력에 기인한 이러한 편견은 남녀 배심원 모두에게 해당된다는 연구 결과도 있다(Kulka & Kessler, 19787).

[출처] 〈설득의 심리학〉, 로버트 치알디니 저, 이현우 역, 2002, 21세기 북스

11장에서는 협상을 잘하기 위한 설득의 법칙에 대해 살펴보고 협상전략 및 설득전략에 대해 자세히 탐색해 본다.

1. 다음 중 협상전략에 대한 설명으로 적절하지 않은 것은?

① 협동전략은 협상 당사자들이 자신들의 목적이나 우선순위에 대한 정보를 서로 교환하여 이를 통합적으로 문제를 해결하고자 할 때 사용한다.

② 수용전략은 자신의 주장을 견지하면서 자신과 상대방의 주장을 절충하여 서로 양보하고자 할 때 사용한다.

③ 회피전략은 상대방에게 돌아갈 결과나 자신에게 돌아올 결과에 대하여 전혀 관심을 가지지 않을 때 사용한다.

④ 경쟁전략은 자신의 주장을 상대방에게 확실하게 제시하고 일방적인 양보를 얻어내는 전략이다.

2. 협상의 설득전략 중 어떤 과학적인 논리보다 동료나 사람들의 행동에 의해서 상대방 설득을 진행하는 전략은?

① See-Feel-Change 전략　　　② 상대방 이해전략

③ 연결전략　　　④ 사회적 입증전략

3. 다음 중 상대방의 마음을 사로잡는 호감의 법칙이 아닌 것은?

① 반항심의 법칙　　　② 호감의 법칙

③ 상호성의 법칙　　　④ 권위의 법칙

1. 설득의 6가지 법칙

협상을 잘하기 위해서는 상대방을 설득하는 것이 매우 중요한데, 미국 애리조나 주립대학 심리학과의 로버트 치알디니 교수는 '사람의 마음을 사로잡는 6가지 불변의 법칙'이라는 제목으로 설득의 심리학을 잘 설명하고 있다. 다음 설득의 6가지 법칙에 대해 살펴본 후 협상에 임한다면 훨씬 더 효과적인 협상에 도움이 될 것이다.

(1) 호감의 법칙

사람들은 자신이 좋아하는 사람이 하는 것은 모두 좋아 보이기 마련이다. 또한 자신을 좋아해주는 사람을 좋아하며, 자신과 유사한 부분이 많으면 호감을 가지게 된다. 이것이 인간 사이의 호감의 법칙이다.

우리가 좋아하는 사람이 어떤 부탁을 하면, 냉정하게 거절하지 못하고, 상대방의 부탁을 들어주는 것이 대부분 사람들의 일반적 성향이다. 미국 자동차 판매왕 조 지라드의 말을 빌리면, 고객은 그들이 좋아하는 영업사원에게 차를 구입한다고 한다. 이는 자기가 좋아하는 사람이 말하면 설득이 잘 된다는 것이다.

(2) 상호성의 법칙

상대방을 설득하고자 할 때 내가 무언가를 받고 싶으면, 내가 먼저 상대방에게 주는 경우가 많다. 'Give and Take', '황금률의 법칙'과 같은 상호성의 법칙을 협상에서 활용하면 '내가 먼저 하나 양보하면 상대방도 하나 양보하겠지'라고 생각할 수 있는 '일보 후퇴 이보 전진' 설득전략이 될 수 있을 것이다.

저명한 문화인류학자인 리키(Leakey)는 상호성의 법칙이야 말로 인간을 인간답게 하는 가장 중요한 원천이라고 규정하고 있다. 그의 주장에 따르면 우리가 인간답게 된 것은 우리의 조상들이 가진 식량과 기술을 서로 나누는 방법을 습득하였기 때문이라고 한다.

(3) 사회적 증거의 법칙

사람들은 어떤 행위나 요구 혹은 결정을 할 때, 대부분 남들이 하는 대로 따라하려는 경향이 있다. 즉, 사회적으로 남들이 많이 하는 것을, 자신도 하고 싶어 하는 것이다. 수많은 다이어트 방법 중에서 인기를 끄는 방법이 언론매체에 소개되었다면, 사람들은 자신의 체질이나 건강에 상관없이 인기 있는 다이어트 방법을 따라한다. 인간은 사회적 동물이기 때문에 타인이 느끼는 감정과 유사하게 느끼고, 설득되는 심리를 가지고 있다.

(4) 일관성의 법칙

일관성의 법칙은 우리가 지금까지 행동해 온 것과 일관되게 혹은 일관되게 보이도록 행동하려 하는, 거의 맹목적인 욕구를 말한다. 일단 우리가 어떤 선택을 하거나 입장을 취하게 되면, 그러한 선택이나 입장과 일치되게 행동해야 한다는 심리적 부담감을 느끼게 된다. 그러한 부담감은 우리가 이전에 취한 선택이나 입장을 정당화하는 방향으로 행동하게 만들고 있다(Fazio, Blascovich, & Driscoll, 1992).

예를 들면, 홈쇼핑이나 인터넷쇼핑 후 게시판에 베스트상품평을 쓴 고객에게 추가 증정품을 보내주겠다고 하면, 이에 공모한 사람들은 포상의 유무와 상관없이 그 제품의 열렬한 응원자가 되는 것이다.

(5) 권위의 법칙

권위의 법칙은 보편적으로 누구나 활용하는 설득 기법이다. 즉, 어떤 분야의 권위자의 말은 당연히 말에 힘이 실린다. 어느 분야의 전문가는 해당 분야의 문제점을 상대방에게 설득시키기가 쉽다. 예를 들어, 화장품 광고에 저명한 피부과 의사가 나와서 주름을 없애주는 성분이 들어있다고 하면, 소비자들을 설득하는데 더 효과적인 경우도 이러한 권위의 법칙에 해당된다고 할 수 있다.

(6) 희소성의 법칙

사람들은 귀한 것을 갖고 싶어 하는 본능을 가지고 있다. 특히 이 순간이 지나고 나면

없어지는 많은 것들에 대한 애착이 많다. 홈쇼핑 방송에서 자주 등장하는 "이 조건, 오늘 이 마지막 방송입니다. 매진 임박입니다."라는 시간제한 또는 숫자제한 등이 있다. 이런 방송을 보면 당장 사야할 것 같고, 인사면 안 될 것 같은 조급한 마음이 든다. 사람의 마음을 조급하게 만들어 설득하는 것이다.

또한 보통 사람들은 자신이 갖지 못한 것을 더 갖고 싶어한다. 로미오와 줄리엣 효과처럼 주변에서 반대하는 사람과 더 결혼하고 싶거나, 한정판 시계를 꼭 사야할 것 같은 심리이다.

  Level up Mission

 아래에 제시된 심리의 6가지 법칙과 각각의 예를 연결하시오.

호감의 법칙 •	• 샘플을 받아본 상품은 사게 될 가능성이 높다.
상호성의 법칙 •	• 내가 선택한 상품과 서비스가 최고라고 믿고 싶어한다.
사회적 증거의 법칙 •	• 한정판매, 백화점 세일 마지막 날에 사람이 몰린다.
일관성의 법칙 •	• 전문가가 추천한 상품, 상을 받은 상품에 기울어진다.
권위의 법칙 •	• 잘생긴 피의자가 무죄 판결을 받을 가능성이 높다.
희소성의 법칙 •	• '가장 많이 팔린' 상품은 '더 많이' 팔릴 것이다.

 사례 : 상호성의 법칙

수년 전에 어떤 대학의 교수가 다음과 같은 재미있는 실험을 한 적이 있다. 그는 성탄절을 맞이하여 그가 전혀 알지 못하는 낯선 사람들의 이름과 주소를 전화번호부에서 무작위로 선정하여, 그들에게 크리스마스 카드를 만들어 보냈다. 그는 낯선 사람들로부터 얼마만큼의 답장이 올까 궁금해했는데, 놀랍게도 엄청난 양의 카드가 그가 한 번도 만난 적이 없는 낯선 사람들로부터 답신되었다.

크리스마스 카드를 답신한 사람들은 그들에게 카드를 보낸 사람이 전혀 모르는 사람이라는 사실을 꿈에도 생각하지 못했을 것이다. 그저 그들은 카드를 받으면 무조건 답신해야 한다는 고정관념에 따라 행동했을 뿐이었다(Kunz & Woolcott, 1976).

비록 위의 연구가 재미있는 하나의 이야기에 지나지 않을지 모르지만, 위의 연구 결과는 '상호성의 법칙'이라고 불리는, 막강한 힘을 가지고 있는 설득의 법칙 한 가지를 우리에게 분명하게 제시해 주고 있다. 이 법칙에 의하면, 우리는 다른 사람이 우리에게 베푼 호의를 그대로 갚아야 한다는 강박관념에 시달린다. 만일 어떤 사람이 당신의 생일을 기억하여 생일 선물을 보내면, 당신도 그의 생일날 선물을 보내야 하며, 또 만일 어떤 사람이 당신을 저녁 식사에 초대하면, 언젠가는 당신도 그들을 저녁 식사에 초대해야 한다는 것이다. 상호성의 법칙은 남의 호의, 선물, 초대 등이 결코 공짜가 아니라 분명 미래에 당신이 갚아야 할 빚이라는 사실을 우리에게 일깨워 주고 있다."

[출처] 〈설득의 심리학〉, 로버트 치알디니 저, 이현우 역, 2002, 21세기 북스

2. 협상전략

협상에 사용될 전략으로서 협상전략의 형태는 다양하다. 협상 당사자는 자신의 목적과 상대방의 목적, 그리고 상황적 요인에 따라서 다양하게 협상전략을 구사할 수 있다.

레위키(Lewicki, 1996)는 사람들이 협상을 진행할 때 여러 가지 상황에 따라 다른 협상전략을 사용하는 것에 기초하여, 다음과 같은 기본적인 전략을 제시하였다.

협상전략은 크게 두 가지 요인에 의해 4가지로 구분할 수 있는데, 첫째 요인은 협상 상대와 인간관계이며, 둘째 요인은 협상에서 얻게 될 성과이다. 이 두 가지 요인인 인간관계와 협상 성과를 배열하면, 다음 표와 같이 4가지 협상전략이 도출된다.

[표 11-1] 레위키의 협상전략

서로의 관계가 중요한가?	실제성과가 중요한가?	
	그렇다	아니다
그렇다	협동전략	수용전략
아니다	경쟁전략	회피전략

• 협동전략 : 실질적 결과와 상대와의 관계 모두 관심이 있을 때
• 수용전략 : 상대와 좋은 관계를 만들고 유지하며, 발전시키는 것에만 관심이 있을 때
• 경쟁전략 : 실질적 결과를 획득하는 데 관심이 있을 때(향후 관계나 후속거래에 관심이 없을 때)
• 회피전략 : 실질적 결과와 상대와의 관계 모두 원하지 않거나 자신이 없을 때

[출처] 〈최고의 협상〉 로이 J, 레위키 저, 김성형 역, 스마트비즈니스, 2005

(1) 협동전략(Win - Win)

협동전략은 협상 참여자들이 협동과 통합으로 문제를 해결하고자 하는 협력적 문제해결전략이다. 즉, 나도 잘되고, 상대방도 잘되는 '누이좋고, 매부좋은 상황', 즉 'Win-Win' 전략이라고 할 수 있다.

협동전략은 협상 상대와의 인간관계에도 매우 중요하고, 협상결과에서 얻게 될 성과에도 큰 관심을 가지는 경우이다. 협상 상대방과 함께 협력하여 우호적인 인간관계를 형성하면서 큰 협상 결과를 얻고자 하는 것이다.

(2) 수용전략(Lose - Win)

수용전략은 상대방이 제시하는 것을 일방적으로 수용하여 협상의 가능성을 높이려는 전략이다. 당신의 승리를 위해서 나는 손해를 봐도 괜찮다는, 즉 'Lose-Win'전략이다.

수용전략은 협상 상대와의 인간관계는 상당히 중요한 반면, 협상으로부터 얻어 낼 성과는 별로 크지 않거나 중요하지 않다고 생각하는 경우이다.

예를 들면, 가게를 새로 오픈한 주인은 방문하는 손님마다 단골로 만들고 싶어 손해를 보면서도 선물(경품)을 제공하여 원가 이하로 팔게 되는 경우를 들 수 있다.

(3) 경쟁전략(Win - Lose)

경쟁전략은 자신이 상대방보다 힘에 있어서 우위를 점유하고 있을 때 자신의 이익을

극대화하기 위한 공격적 전략이다. 내가 승리하기 위해서 당신은 희생되어야 한다는, 즉 'Win-Lose'전략이다. 경쟁전략은 협상 상대방과의 인간관계보다는 당장 협상 성과를 중시하는 경우 사용할 수 있다.

예를 들면, 고속버스 터미널이나 기차역의 음식점처럼 단골을 확보할 필요가 없는 일회성 거래로 나타나는 대부분의 상황에서 이루어지는 경우가 많다.

(4) 회피전략(lose - lose)

회피전략은 상대방이나 자신에게 돌아올 결과에 대해서 전혀 관심을 가지지 않을 때 사용할 수 있고, 자신이 얻게 되는 결과나 인간관계 모두에 대해서 관심이 없을 때 상대방과의 협상을 거절할 수 있다. 나도 손해보고 상대방도 피해를 입게 되어 모두가 손해를 보게 되는, 즉 'Lose-Lose'전략이다.

예를 들면, 명품가게에 허름한 손님이 방문하는 경우 주인은 별로 친절하게 응대하지 않는다. 이러한 차림의 손님은 물건을 구입하는 것보다 눈으로 구경만 하다가 간다는 것을 알고 있기 때문이다. 손님 또한 물건을 구입하기 보다는 그냥 시간을 소비하거나 눈요기나 하자는 마음으로 별 관심없이 돌아다니기 때문이다. 양측 모두 단골로도 거래 성과에도 관심이 없어 거래하는 협상을 회피하고 싶은 심정인 것이다.

Level up Mission

다음 [사례]를 읽고 4가지 협상전략 측면에서 어떠한 결과를 도출해 낼 수 있을지 팀원과 이야기 나누어보자.

전략	예측 결과
1. 협동전략	
2. 수용전략	
3. 경쟁전략	
4. 회피전략	

 사 례

강원도 춘천시에서는 근화동 음식물쓰레기 처리장 설립을 둘러싸고, 시와 주민들의 막강한 대립이 오가고 있다. 시는 산업기술시험원에 의뢰한 음식물쓰레기 처리장에 대한 성능검사 결과 악취 유발물질인 암모니아 등이 배출 허용기준치보다 훨씬 낮게 나타나 적합판정을 받았다고 주장하고 있다. 또 현재 타 지역으로 전량 보내고 있는 생활쓰레기의 자체 처리가 불가피해 처리장 건설이 시급하다는 입장이다. 반면 주민들은 투쟁위원회를 구성하고 최근까지 단식농성 등을 통해 준공 불가 및 시설 이전을 강력히 요구하고 있다.

쓰레기 소각장, 납골당 등 공익시설이지만 혐오스럽기 때문에 "우리 마을에 지을 수 없다."라고 주장하는 것을 님비현상이라 말한다. 화장장 건립이 몇 년째 표류하고 있는 서울시의 경우가 대표적이다. 위와 같은 공익시설들의 필요성은 모두 알고 있지만, 자기가 살고 있는 지역에는 그런 시설물을 설립할 수 없다고 주장하고 있다. 이처럼 대부분의 지자체 역시 님비현상에 밀려 혐오성 있는 공익시설을 건립하는 것에 큰 어려움을 겪고 있다.

어떻게 보면 이기주의라고 생각될 수 있지만, 또 다른 한편으로는 이해할 수 있다. 혐오시설의 설립으로 지역 주민들이 보는 피해가 있을 수도 있기 때문이다. 쓰레기 소각장 설립을 예로 들어 생각해보자. 소각장의 건설로 악취 때문에 사람들을 불쾌하게 만들고, 주변 가게에 피해를 주어 경제적 손실도 발생할 수 있다는 점과 쓰레기 때문에 질병이 발병할지도 모른다는 생각, 그리고 땅값이 떨어지고, 공해 물질^(다이옥신)의 방출 등 예상되는 많은 문제요인들이 있다. 그렇기 때문에 지역 주민들은 이 시설물들의 설립을 강하게 반대하고 있는 것이다.

이러한 갈등은 서로의 의견차이로 인한 싸움일 수도 있지만, 일을 처리하는 가운데 생기는 감정 문제로 인해 끝까지 이기겠다는 오기로 갈등이 점차 깊어지는 것일 수도 있다.

[출처] http://119.205.210.218/reporttag/윈윈전략/

 ## 3. 설득전략

협상에 있어 상대방을 설득하는 일은 필수적이다. 상대방을 설득하는 방법은 상대방에 따라, 상황에 따라 매우 다양하다. 설득은 이성적인 요인도 있지만 감정적인 요인도 작용하기 때문이다.

(1) See-Feel-Change 전략

설득전략으로 'See^(보고)-Feel^(느끼고)-Change^(변화한다)' 전략을 사용할 수 있다. 즉, 설득전략

을 사용하여 갈등관리를 순조롭게 하고, 설득전략을 통해서 협상의 목적을 성공적으로 달성할 수 있다. 협상전략 관점에서 볼 때, 'See'전략은 시각화하고 직접 보게하여 이해시키는 전략이며, 'Feel'전략은 스스로가 느끼게 하여 감동시키는 전략이며, 'Change'전략은 변화시켜 설득에 성공한다는 전략이다.

(2) 상대방 이해전략

협상 상대방을 설득하기 위해서는 설득에 장애가 되는 요인들을 척결해야 한다. 협상전략에 있어서 상대방 이해란 협상 과정 상의 갈등해결을 위해서 상대방에 대한 이해가 선행되어 있으면 갈등해결이 용이하다는 것이다.

예컨대, 상사가 부하를 설득하기 위해서는 부하에 대한 이해가 선행되어야 한다. 사용자가 노동자들을 설득하기 위해서는 노동자들에 대한 이해가 선행되어야 하며, 부처 간의 갈등에 있어서도 상대방 부처를 설득하기 위해서는 상대방 부처에 대한 이해가 선행되어야 한다.

(3) 호혜관계 형성전략

호혜관계란 협상 당사자 간에 어떤 혜택들을 주고받은 관계가 형성되어 있으면, 그 협상과정 상의 갈등해결에 용이하다는 것이다.

예컨대, 부처 간에 도움을 받으면 도움을 주어야 한다는 것이다. 이는 빚은 갚아야 한다거나 약속은 지켜야 한다는 것과 같은 사회적 의무에 관한 교육과 학습의 영향이다.

관리자와 부하 간의 호의에 있어서, 이 호의에는 부하가 원했든 원치 않았든 관계없이 모든 호의가 이에 해당된다. 따라서 부하를 일단 빚진 상태로 만들면 된다. 즉, 부하를 먼저 무언가 도와주면 된다. 시민과의 관계에서도 마찬가지다. 정부는 시민에게 먼저 어떤 호혜를 베풀면 된다. 그렇게 되면 부하와 상사 간에 또는 시민과 정부 간에 호혜관계에 놓이게 된다.

평소에 이렇게 호혜관계를 잘 형성해 놓으면, 차후에 어떤 정책을 추진할 때 다른 사람으로부터 협조를 잘 받아낼 수 있다.

(4) 헌신과 일관성 전략

헌신과 일관성이란 협상 당사자 간 기대하는 바에 일관성 있게 헌신적으로 행동하게 되면, 협상 과정 상의 갈등해결이 용이하다는 것이다.

헌신과 일관성이란 상대방의 기대에 헌신적이고 일관성 있게 부응하여 행동하는 것이다. 이는 일종의 습관같은 것으로, 만족하다가 보면 존재하지 않는 것도 존재하는 것처럼 착각해서 생기게 된다.

관리자가 부하들에게 대하는 행동도 마찬가지로 적용된다. 사소한 습관에서부터 큰 것으로 지속적으로 진행해야 한다. 도중에 나쁜 습관을 이것저것 허락하게 되면 헌신과 일관성의 법칙이 깨어지기 때문에 부하들은 자신들도 모르는 사이에 나쁜 버릇을 가지게 된다.

(5) 사회적 입증전략

사회적 입증이란 어떤 과학적인 논리보다도 동료나 사람들의 행동에 의해서 상대방 설득을 진행하는 것이 협상 과정 상의 갈등해결이 더 쉽다는 것이다. 사회적 입증이란 사람은 과학적 이론보다 자신의 동료나 이웃의 말이나 행동에 의해서 쉽게 설득된다는 것과 관련된 기술이다. 광고에서 말하는 소위 '입 소문'을 통해서 설득하는 것이 광고를 내보내서 설득하는 것보다 더 효과가 있다는 것이다.

(6) 연결전략

연결이란 협상 과정 상의 갈등상태가 발생했을 때, 그 갈등 문제와 갈등관리자를 연결하는 것이 아니라 그 갈등을 야기한 사람과 관리자를 연결하면 갈등해결이 용이해진다는 것이다.

연결이란 제품과 자신을 연결하는 것이 아니라 그 제품을 판매하는 사람과 자신을 연결한다는 것이다. 따라서 어떤 정책을 집행할 때 그 정책에 이해관계를 가진 집단들에게 우호적인 사람이 집행하게 되면, 그 정책으로 인해 발생하는 갈등을 용이하게 해결할 수 있다는 것이다.

따라서 연결기술을 효과적으로 사용하기 위해서는 우호적이거나 좋은 이미지, 협력적인 행정이나 정책들을 사용하여 다른 사람을 설득시키는 것이 용이하다.

(7) 권위전략

권위란 직위나 전문성, 외모 등을 이용하면 협상 과정 상의 갈등해결에 도움이 될 수 있다는 것이다.

설득기술에 있어서 권위란 직위, 전문성, 외모 등에 의한 기술이다. 사람들은 자신보다 더 높은 직위, 더 많은 지식을 가지고 있다고 느끼는 사람으로부터 설득 당하기가 쉽다. 대리의 말보다 사장님 말에 더 권위가 있고 설득력이 높다. 비전문가보다 전문가의 말에 더 동조하게 된다. 전문성이 있는 사람이 그렇지 않은 사람보다 더 설득력이 있다.

(8) 희소성 해결전략

희소성이란 인적·물적 자원 등의 희소성을 해결하는 것이 협상 과정 상의 갈등해결에 용이하다는 것이다. 그러나 이 희소성의 문제는 그 희소한 것을 강력히 소유하고자 하는 사람 또는 집단들의 소유욕이 있을 때에 한해서 통용된다. 즉, 아무리 자원이 희소하더라도 그것을 소유하고자 하는 사람이 없으면, 그 희소성으로 인해서 갈등이 야기되지 않는다는 것이다.

사람들은 시간적으로 희소하고 사회경제적으로 희소한 것에 대해서 더 강력히 소유하고자하는 큰 욕구를 가지고 있을 때 목숨을 걸 정도로 설득을 잘 당한다는 것이다.

(9) 반항심 극복전략

반항심이란 협상 과정 상의 갈등관리를 위해서 자신의 행동을 통제하려는 상대방에게 반항한다는 것에 관련된 것이다.

로미오와 줄리엣 효과는 희소성과 반항심리를 잘 묘사하고 있다. 부모들이 '하지 마라'라는 반대가 연인들의 반항심리를 불러일으켜 더 깊은 사랑을 하게 만든다. 부모들의 반

대가 심화되면 될수록 로미오와 줄리엣에게 희소성이 강화되고 반항심을 더욱 자극하여 더 깊은 사랑에 빠지게 만들고 결국엔 자살로 이어진다는 것이다.

부하나 시민들을 설득하는데도 마찬가지이다. 억압하면 할수록 더욱 반항하게 될 가능성은 높아진다. 부하나 시민들을 비난하거나 부정하는 말이나 행동으로 설득시키려 하면 부하나 시민들의 반항심리를 유발시켜 설득에 실패하게 될 확률이 높다.

 Level up Mission

 다음 [사례]를 읽고 이전에 학습한 설득의 9가지 전략 중에 어떤 전략에 해당하는지 팀원과 그 이유에 대해서 이야기 나누어보자.

설득전략	해당 이유
1. See-Feel-Change 전략	
2. 상대방 이해전략	
3. 호혜관계 형성전략	
4. 헌신과 일관성전략	
5. 사회적 입증전략	
6. 연결전략	
7. 권위전략	
8. 희소성 해결전략	
9. 반항심 극복전략	

사례 : 로미오와 줄리엣 효과

로미오와 줄리엣은 몬타규집안과 캐플렛집안 사이의 뿌리 깊은 반목으로 인하여 불운한 사랑으로 끝을 맺는 셰익스피어 희곡의 주인공이다.

두 사람은 그들 사이를 떼어 놓으려는 양가의 집요한 압력에 끝내 굴복하지 않고 비극적인 죽음을 통하여 저승에서 마침내 하나가 되었다. 우리가 특별히 관심을 가져야 할 사실은 이들의 자살 행위가 자유 의지의 궁극적인 표출 행위라는 점이다.

이들 연인들의 애정이 너무도 강렬하고 또한 그들의 행동이 너무도 극단적이어서 연극을 관람하고 난 관중들은 깊은 경탄과 함께 당혹감을 느끼게 된다. 어린 청소년들이 어찌하여 그처럼 단시간에 죽음도 두려워하지 않는 맹목적인 사랑에 빠질 수 있었을까? 낭만주의자들은 그들이 천생연분이었기 때문이라고 말할지도 모른다. 그러난 사회과학자들의 대답은 좀 다르다. 그 이유는 아마도 그들의 사랑에 대한 부모의 간섭과 그에 대한 심리적 저항 때문이었을 것이다.

로미오와 줄리엣의 사랑이 처음부터 양가의 거센 반발을 뛰어넘을 정도로 뜨겁지는 않았을 것이다. 그러나 양가의 반발이 계속되자 그들의 사랑은 오히려 더욱 뜨겁게 활활 타올라서 마침내 죽음에까지 치닫게 되었다. 부모의 반대가 없었더라면 그들의 사랑은 한 줌의 풋내기 사랑으로 끝나지 않았을까?

물론 로미오와 줄리엣은 연극의 주인공에 불과하기 때문에 위의 질문은 증명이 불가능한 한갓 가설에 지나지 않는다. 그러나 똑같은 질문을 현대판 로미오와 줄리엣에게 물어본다면 우리는 보다 확실한 대답을 들을 수 있을 것이다.

부모의 반대에 직면한 연인들은 부모의 반대에 저항하여 서로 간에 오히려 더욱 헌신하고 사랑하게 되었을까? 콜로라도 주에 살고 있는 140쌍의 부부에 대한 연구는 앞의 질문에 '그렇다'라고 답하고 있다.

연구자들이 발견한 것은 부모의 반대와 간섭이 그들 부부 사이에 약간의 문제를 초래하기는 했지만, 오히려 그 때문에 서로의 사랑을 더욱더 확실하게 확인하게 되었고 궁극적으로 결혼까지 하게 되었다는 것이다.

한편, 또 하나의 흥미로운 발견은 이들 부부에 대한 부모의 간섭이 강해지면 그에 비례하여 부부 사이의 애정이 더욱 강해지고, 부모의 간섭이 시들해지면 부부 사이도 시들해지고 있었다는 사실이었다.(Driscoll, Davis, & Lipetz, 1972)

[출처] 〈설득의 심리학〉, 로버트 치알디니 저, 이현우 역, 2002, 21세기 북스

학습평가 Quiz

1. 아래 내용은 설득의 6가지 법칙 중 어떤 법칙에 해당하는가?

> 상대방을 설득하고자 할 때 내가 무언가를 받고 싶으면, 내가 먼저 상대방에게 주는 경우에 활용하며 '황금률의 법칙'과 일맥상통한다.

① 호감의 법칙　　　　　　　② 상호성의 법칙
③ 일관성의 법칙　　　　　　④ 사회적 증거의 법칙

2. 협상의 설득전략 중 고속버스 터미널이나 기차역의 음식점처럼 단골을 확보할 필요가 없는 일회성 거래에서 주로 나타나는 전략은?

① 경쟁전략　　　　　　　　② 수용전략
③ 협동전략　　　　　　　　④ 회피전략

3. 설득전략 중 아래 내용은 어떠한 전략에 관한 설명인가?

> 협상당사자간에 어떤 혜택들을 주고받은 관계가 형성되어 있으면 그 협상과정상의 갈등해결에 용이하다는 것

① 호혜관계 형성 전략　　　　② 상대방 이해 전략
③ See-Feel-Change 전략　　　④ 헌신과 일관성 전략

4. 협상전략은 크게 협력전략, 유화전략, 회피전략, 강압전략으로 구분할 수 있다. 각각의 전략과 특징을 올바르게 연결시켜 보자.

협동전략 •	• "Lose-Lose"전략, "I Lose, You Lose, We Lose"전략
유화전략 •	• "Win-Win"전략, "I Win, You Win, We Win"전략
회피전략 •	• "Win-Lose"전략, "I Win, You Lose"전략
경쟁전략 •	• "Lose-Win"전략, "I Lose, You Win"전략

5. '협상'의 의미를 쓰시오.

학습내용 요약 Review (오늘의 Key Point)

1. 협상이란 갈등상태에 있는 이해당사자들이 대화와 논쟁을 통해서 서로를 설득하여 문제를 해결하려는 정보전달 과정이자 의사결정 과정이다.

2. 협상에 성공하기 위해서는 상대방을 잘 설득하는 것이 중요한데, '사람의 마음을 사로잡는 설득의 6가지 법칙'은 아래와 같다.

   ① 호감의 법칙   ② 상호성의 법칙   ③ 사회적 증거의 법칙
   ④ 일관성의 법칙   ⑤ 권위의 법칙   ⑥ 희소성의 법칙

3. 협상에 활용되는 전략은 다양한데, 크게 다음의 4가지 전략으로 요약할 수 있다.

   ① 협동전략(Win-Win)   ② 수용전략(Lose-Win)
   ③ 경쟁전략(Win-Lose)   ④ 회피전략(Lose-Lose)

4. 협상에 있어 상대방을 설득시키는 일은 필수적이다. 상대방을 설득시키기 위한 전략은 아래와 같이 9가지로 구분할 수 있다.

   ① See-Feel-Change전략 ② 상대방 이해전략 ③ 호혜관계 형성전략 ④ 헌신과 일관성 전략 ⑤ 사회적 입증전략 ⑥ 연결전략 ⑦ 권위전략 ⑧ 희소성 해결전략 ⑨ 반항심 극복전략

스스로 적어보는 오늘 교육의 메모

고객 서비스

Contents

4
PART

고객 서비스와 고객유형

Contents

1. 고객 서비스의 개념과 중요성
2. 고객불만 유형과 유형별 대처방안
3. 고객불만 처리 프로세스

Learning Objectives

1. 고객 서비스의 개념과 중요성을 설명할 수 있다.
2. 고객유형을 구분할 수 있다.
3. 고객유형별 응대방법을 설명할 수 있다.
4. 고객불만의 중요성을 설명할 수 있다.
5. 고객불만 처리 프로세스를 설명할 수 있다.

12
Chapter

'고객이 원하는 것은 무엇인가'

우리가 가져야 할 첫 번째 의문이다. '우리'의 생각이야 어떻든 고객이 인정하지 않는 목표는 의미가 없다. 이것이 자본주의의 기본 원리이자 변하지 않는 지침이다. 그럼에도 불구하고 자사의 관습과 전문성에 도취된 기업 가운데는 고객이 궁극적인 가치 평가자라는 사실을 망각하는 경우가 적지 않다.

그 대표적 사례로 항공업계를 들 수 있다. 모든 항공사는 안전을 위해 최선을 다하라고 승무원들에게 요구한다. 기장은 이런 안내방송을 한다. "저희 승무원들이 여기 있는 것은 무엇보다 여러분의 안전을 위해서입니다. 편안한 여행을 위해 저희 승무원에게 요청하실 게 있다면 주저하지 마시고 말씀해주시기 바랍니다." 이 내용에서는 승무원들이 서비스보다는 안전 전문가임을 강조한다. 물론 가장 중요한 것은 안전이다. 그리고 친절하고 사려깊은 서비스는 부가적인 부분이다.

그러나 승객이 항공사를 선택할 때 반드시 안전평가 점수에만 집착하지는 않는다는 점을 간과하는 항공사들이 적지 않다. 승객들은 어떤 항공사를 선택하든 목적지까지 무사히 도착하고 싶어한다. 승객은 안전을 원한다. 그러나 그 때문에 깊은 인상을 받는 것은 아니다. 따라서 안전만을 강조하는 것이 바람직한 목표는 아니다.

예외적인 경우로 사우스웨스트 항공을 다시 한 번 생각해보자. 사우스웨스트의 승무원들은 안전 전문가들이다. 그렇지만 안전이 업무의 핵심은 아니다. 핵심은 즐거움이다. 사우스웨스트의 최고 경영자 허브 켈러허(Herb Kellerher)는 모든 승객과의 교감을 강조하는 인물이다. 비행이란 불가피하게 스트레스를 유발한다는 점, 이런 공포를 완전히 없애는 것은 불가능하다는 점을 그는 잘 알고 있다. 그래서 노래나 우스갯소리, 게임 들을 통해 승객들에게 최대한 즐거운 여행을 제공할 수 있도록 승무원들을 격려한다. 결론적으로, 사우스웨스트의 모든 직원들이 적절한 목표에 집중하는 것이 켈러허의 의도다.

켈러허의 접근방식은 이제까지의 결과물을 보면 대단히 효과적이다. 그러나 더 큰 효과를 거두기 위해서는 고객의 시각으로 세상을 바라보려는 노력이 필요하다.

[출처] 〈유능한 관리자〉, 마커스 버킹엄 저, 한근태 역, 21세기북스, 2009

12장에서는 고객 서비스의 개념과 중요성을 살펴본다. 고객불만 유형을 구분하여 유형별 대처방안을 알아볼 것이다. 또한 이에 따른 고객불만 처리 프로세스를 살펴본다.

1. 다음 중 고객중심 기업의 특징이 아닌 것은?

① 고객 만족에 중점을 둔다.
② 고객이 정보, 제품, 서비스 등에 쉽게 접근할 수 있도록 한다.
③ 기업이 실행한 서비스에 대한 평가는 한 번만 실시한다.
④ 보다 나은 서비스를 제공할 수 있도록 기업정책을 수립한다.

2. 다음 중 트집형 고객에 대한 응대로 적절하지 않은 것은?

① 이야기를 경청하고 추켜세우며 설득한다.
② 분명한 증거나 근거를 제시하여 확신을 갖도록 유도한다.
③ 고객의 지적이 옳음을 표시하고, "저도 그렇게 생각하고 있습니다만…"하고 설득한다.
④ 잠자코 고객의 의견을 들어주고 사과를 하는 응대가 바람직하다.

3. 다음 중 고객불만 처리 프로세스가 바르게 제시된 것은?

① 경청   - 공감표시 - 사과 - 해결 약속 - 정보 파악 - 신속 처리 - 처리 확인 - 피드백
② 공감표시 - 사과   - 경청 - 해결 약속 - 정보 파악 - 신속 처리 - 피드백   - 처리 확인
③ 경청   - 공감표시 - 사과 - 해결 약속 - 정보 파악 - 신속 처리 - 피드백   - 처리 확인
④ 공감표시 - 사과   - 경청 - 해결 약속 - 정보 파악 - 신속 처리 - 처리 확인 - 피드백

1. 고객 서비스의 개념과 중요성

　고객 서비스는 재화나 서비스 상품을 구입한 고객에게 제공되는 사전 및 사후 관리 서비스를 말한다. 오늘날 많은 기업들이 고객들이 고객 서비스를 주요 경쟁우위 수단으로 간주하고 '고객만족헌장'이나 '고객 서비스헌장'을 제정, 그 실천을 위해 노력하고 있다. 여기서 고객 서비스란 다양한 고객의 요구를 파악하고, 대응법을 마련하여 고객에게 양질의 서비스를 제공하는 것을 말한다.

　'세계적인 기업이 되기 위해서는 고객 서비스가 탁월해야 한다.'는 말이 소비재뿐만 아니라 품질력이 최우선시 되는 반도체 부문에서도 중요시 되고 있어, 이제 '고객 서비스가 호텔이나 백화점에서만 하는 활동'이 아님을 실감할 수 있다. 이는 대부분의 경영자들이 현대 사회에서 고객 서비스에 문제가 있을 시에는, 그들의 가장 중요한 자산인 고객이 자사를 떠나 버린다는 사실을 잘 알고 있기 때문이다. 그리고 '아마존 닷컴'을 최고의 인터넷 커머스 기업으로 이끈 제프 메이조스 회장은 '고객의 경험'을 중시하는 것이 성공의 비결이라고 말한 바 있다. 이처럼 적당히 서비스를 제공하는 것만으로는 고객을 다소 만족시킬 수는 있어도 그를 자사의 열렬한 전도자로는 만들 수 없다는 것이 오늘날의 실정이라 하겠다.

　고객 서비스를 제공하는 목적은 조달, 생산, 판매, 혹은 고객지원 등의 기업활동 중 어디에 중점을 두느냐에 따라 다르다. 여기서 고객중심 기업의 일반적 특성을 알아보면 다음과 같다.

- 내부고객, 외부고객 모두를 중요시 한다.
- 고객만족에 중점을 둔다.
- 고객이 정보, 제품, 서비스 등에 쉽게 접근할 수 있도록 한다.
- 기업의 전반적 관리시스템이 고객 서비스 업무를 지원한다.
- 기업이 실행한 서비스에 대해 계속적인 재평가를 실시함으로써 고객에게 양질의 서비스를 제공하도록 서비스 자체를 끊임없이 변화시키고 업그레이드한다.

고객 서비스를 통해서 기업의 성장을 이루는 과정은 우선 고품위의 고객 서비스를 제공하여 고객은 감동을 받고, 이로 인해 회사에 대한 충성도, 즉 애착이 생기게 된다. 이로 인해 기업에 대한 선호도가 고객들 사이에 높아져 성장과 이익을 달성할 수 있는 것이다.

 Level up Mission

☎ 무조건 친절한 것이 고객 서비스가 아니다. 그렇다면 고객 서비스란 무엇인가?
　 최근 일주일 간 여러분이 경험한 고객 서비스에 대해서 세 가지만 적어보자.

1. _____

2. _____

3. _____

 사례 : 리츠칼튼호텔의 '고객인지 프로그램 Mystic'

로버트는 미국 출장길에 샌프란시스코의 리츠칼튼호텔에서 하루를 묵은 적이 있었다. 그는 서양식의 푹신한 베개가 싫어서 프런트에 전화를 걸어 좀 딱딱한 베개를 가져다 달라고 요청하였다. 호텔 측은 곧 딱딱한 베개를 가져다주었고 덕분에 편하게 잘 수 있었다. 다음날 현지 업무를 마치고 다음 목적지인 뉴욕으로 가서 우연히 다시 리츠칼튼에서 묵게 되었는데, 아무 생각없이 방안에 들어간 그는 깜짝 놀랐다. 침대 위에 전날 밤 사용하였던 것과 똑같은 딱딱한 베개가 놓여 있는게 아닌가.

어떻게 뉴욕의 호텔이 그것을 알았는지 그저 놀라울 뿐이었다. 그는 호텔 측의 이 감동적인 서비스를 잊지 않고 출장에서 돌아와 주위 사람들에게 침이 마르도록 칭찬했다. 어떻게 이런 일이 가능했을까?

그것은 바로 리츠칼튼호텔의 고객인지 프로그램인 'Mystic Program' 때문이었다. 리츠칼튼호텔은 세계 70여 개 이상의 모든 체인점이 실시간으로 공유할 수 있는 Mystic이라는 고객 데이터베이스를 구축하고 있었고, 이 정보를 활용해서 리츠칼튼을 다시 찾는 고객에게 완벽한 서비스를 제공하고 있었던 것이다.

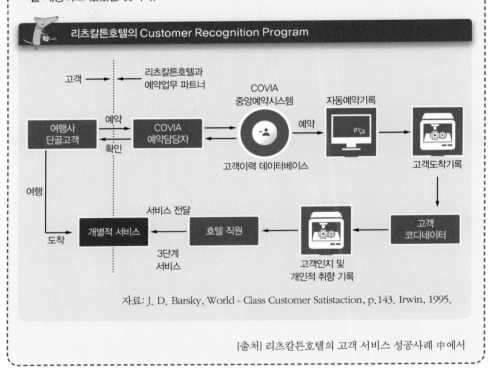

리츠칼튼호텔의 Customer Recognition Program

자료: J. D. Barsky, World - Class Customer Satistaction, p.143. Irwin, 1995.

[출처] 리츠칼튼호텔의 고객 서비스 성공사례 中에서

2. 고객불만 유형과 유형별 대처방안

고객을 다루기 위해서는 고객의 유형을 알아야 한다. 회사의 제품이나 서비스에 만족하는 고객이 있는가 하면, 만족하지 못하는 고객이 있다. 고객 서비스 능력을 향상시키기

위해서는 불만족한 고객을 다룰 줄 아는 것이 매우 중요하다.

불만족한 고객은 불만을 표현하는 방식이 매우 다양하다.

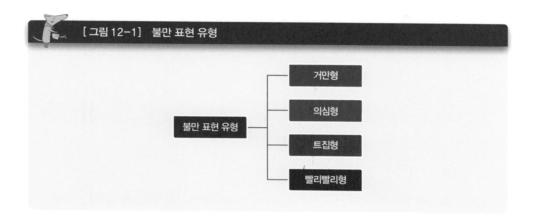

[그림 12-1] 불만 표현 유형

거만형은 자신의 과시욕을 드러내고 싶어하는 사람으로, 보통 제품을 폄하하는 사람들이 많이 있다. 의심형은 직원의 설명이나 제품의 품질에 대해 의심을 많이 하는 사람이고, 트집형은 사소한 것으로 트집을 잡는 까다로운 고객을 말한다. 빨리빨리형은 성격이 급하고, 확신 있는 말이 아니면 잘 믿지 않는 고객을 말한다. 이런 고객들을 상대하는데 있어 주의해야 할 사항을 요약하면 다음과 같다.

① 거만형

㉠ 정중하게 대하는 것이 좋다.

㉡ 자신의 과시욕이 채워지도록 뽐내든 말든 내버려 두는 것이다.

㉢ 의외로 단순한 면이 있으므로, 일단 그의 호감을 얻게 되면 여러 면으로 득이 될 경우가 많다.

② 의심형

㉠ 분명한 증거나 근거를 제시하여 스스로 확신을 갖도록 유도한다.

㉡ 때로는 책임자로 하여금 응대하는 것도 좋다.

③ 트집형

㉠ 이야기를 경청하고, 맞장구치고, 추켜세우고, 설득해가는 방법이 효과적이다.

㉡ 예 : '손님의 말씀이 맞습니다. 역시 손님께서 정확하십니다.'하고 고객의 지적이 옳음을 표시한 후 '저도 그렇게 생각하고 있습니다만...'하고 설득한다.

㉢ 잠자코 고객의 의견을 경청하고 사과를 하는 응대가 바람직하다.

④ 빨리빨리형

• "글쎄요?", "아마...", "저..." 하는 식으로 애매한 화법을 사용하면 고객은 신경이 더욱 날카롭게 곤두서게 된다.

• 만사를 시원스럽게 처리하는 모습을 보이면 응대하기 쉽다.

고객의 불평은 서비스를 개선하기 위해 매우 중요한 정보가 된다. 불평에 대한 잘못된 인식을 하지 않고, 좋은 방안으로 활용하기 위해 꼭 알아야 할 사항을 정리하면 다음과 같다.

• 불만족한 고객 대부분은 불평하지 않는다. 불평하는 고객은 사업자를 도와주려는 생각에서 불평을 하는 경우가 많다. 따라서 고객의 불평을 감사하게 생각해야 한다.

• 고객의 불평은 종종 거친 말로 표현된다. 그러나 그것은 꼭 불만의 내용이 공격적이기 때문에 그런 것은 아니다.

• 대부분의 불평고객은 단지 기업이 자신의 불평을 경청하고, 잘못된 내용을 설명하고 제대로 고치겠다고 약속하면서 사과하기를 원한다.

• 미리 들을 준비를 하고 침착하게 긍정적으로 고객을 대하며, 대부분의 불평은 빠르게 큰 고통 없이 해결된다.

 Tip 고객을 화나게 하는 7가지 태도

1. 무관심 : 내 소관, 내 책임이 아니며 나와는 상관이 없다는 태도로서, 고객에 대한 책임감과 조직에 대한 소속감이 없는 직원의 경우에 나타나는 태도이다. 왜 그 자리에 있는가?

2. 무시 : 고객의 불만을 못들은 체 하거나 별 것 아니라는 식, 그까짓 것을 가지고 그러냐는 식으로 대하는 태도이다. 상대의 입장에서 문제를 바라보라.

3. 냉담 : 고객을 귀찮고 성가신 존재로 취급하여 차갑고 퉁명스럽게 대하는 태도이다. 고객은 우리가 존재할 수 있게 하는 가장 소중한 존재이다.

4. 거만 : 고객을 무지하고 어리숙하게 보거나 투정을 부린다는 식으로 대하는 태도로서, 의사 등 전문가들 사이에 많이 나타나는 태도이다. 나보다 더 잘할 수 있으면 나에게 말하지도 않을 것이다.

5. 경직화 : 마음을 담지 않고 인사나 응대, 답변 등이 기계적이고 반복적으로 고객을 대하는 태도를 말한다. 고객은 로봇을 상대하고 싶어하지 않을 것이다.

6. 규정제일주의 : 항상 회사의 규정만을 내세우며 고객에게 준수토록 강요하거나, 자기는 규정대로 한다는 식의 태도를 말한다. 우리 회사 규정을 왜 고객이 준수해야 하는가?

7. 발뺌 : 자기의 업무영역, 책임한계 만을 말하며 처리를 타 부문에 떠넘기는 태도를 말한다. 고객은 회사의 관리자나 담당자가 아니다.

[출처] www.wisdom21.co.kr

3. 고객불만 처리 프로세스

불만고객이란 자신에게 서비스 제공자(기업)를 상대로 불만을 표현하고 해결을 요구하는 고객을 말한다. 고객불만은 서비스 제공자의 불친절한 태도, 고객에 대한 무관심, 고객의 요구 외면 또는 무시, 건방떨기, 무표정과 기계적 서비스, 규정 평계, 고객전화 다른 부서로 떠넘기기 등 여러 가지 원인에 의해 발생한다.

많은 서비스 제공자들은 고객의 불만에 대해서 다른 사람들은 아무 소리 안하는데 왜 이 고객만 유별나게 구느냐고 성가시게 여기는 경향이 있다. 그러나 이렇게 유별난 고객이야말로 기업에게 소중한 고객이며, 기업이 안고 있는 문제를 해결해주는 스승이 된다. 왜냐하면, 불만을 밖으로 표출하는 고객은 100명 중에서 4명 밖에 되지 않고, 나머지 불만을 품은 96명은 소리없이 떠나가는 고객이 되기 때문이다. 그리고 불만고객은 자신이

겪은 불만사항에 대하여 8~10명의 다른 사람들에게 전파하며, 불만족 고객의 80%가 거래를 중단한다고 한다.

반면에 불만이 있어도 그것이 만족스럽게 해결되면 54~70%가 다시 거래를 하며, 불만이 신속하게 해결되기만 하면 반복구매율이 95%까지 증가하고, 이들은 단골고객이 되기도 한다. 서비스 분야에서 오랜 경력을 가지고 베테랑이라고 자처하는 사람들도 까다로운 고객이나 화가 난 고객을 응대할 경우에는 어려움을 호소하곤 한다. 그러나 이런 특별한 상황은 우리에게 오히려 차별화되고 특별한 서비스를 제공하는 성공 기회가 될 수도 있다. 그러므로 평소 고객의 불만을 다루는 프로세스를 몸에 체득하고 있으면 이를 쉽게 해결할 수 있을 것이다.

고객불만 처리 프로세스는 8단계로 나누어질 수 있는데, 이는 아래의 그림과 같다.

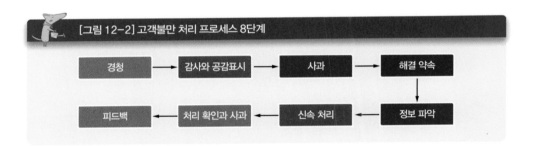

[그림 12-2] 고객불만 처리 프로세스 8단계

각 단계에 대한 자세한 설명은 다음과 같다.

① 경청

• 고객의 항의에 경청하고 끝까지 듣는다.
• 선입관을 버리고 문제를 파악한다.

② 감사와 공감표시

• 일부러 시간을 내서 해결의 기회를 준 것에 감사를 표시한다.
• 고객의 항의에 공감을 표시한다.

③ 사과

• 고객의 이야기를 듣고 문제점에 대한 인정과 잘못된 부분에 대해 사과한다.

④ 해결 약속

• 고객이 불만을 느낀 상황에 대해 관심과 공감을 보이며, 문제의 빠른 해결을 약속한다.

⑤ 정보 파악

• 문제해결을 위해 꼭 필요한 질문만 하여 정보를 얻는다.
• 최선의 해결방법을 찾기 어려우면 고객에게 어떻게 해주면 만족스러운지를 묻는다.

⑥ 신속 처리

• 잘못된 부분을 신속하게 시정한다.

⑦ 처리 확인과 사과

• 불만처리 후 고객에게 처리 결과에 만족하는지를 물어본다.

⑧ 피드백

• 고객불만 사례를 회사 및 전 직원에게 알려 다시는 동일한 문제가 발생하지 않도록 한다.

고객의 불만을 해결하는 과정을 제대로 이해하고 이행하는 것은 고객 서비스를 향상시키는 데 있어 매우 중요한 역할을 한다. 고객의 불만을 처리하는 방법은 다음 다섯 가지와 같다.

첫째, 고객의 불평사항을 잘 듣는다. 고객이 말하는 것을 성의를 가지고 메모를 하면서 듣고, 고객과는 의견 대립을 하지 않으며, 불평사항을 긍정적으로 받아들인다.

둘째, 원인을 분석한다. 요점을 파악하여 고객의 착오는 없었는지를 검토한다. 또한 과거의 예와 비교하여 어디에서 책임을 져야 할 문제인가 또는 즉시 대답할 수 있는가를 생각한다.

셋째, 해결책을 마련한다. 회사의 방침과 결부하여 결정하며, 자신의 권한 밖에 있을 때는 이관하되 진행은 자신이 한다.

넷째, 해결책을 전달한다. 신속하게 해결책을 마련하여 처리하고, 친절하게 해결책을 납득시킨다.

다섯째, 결과를 검토한다. 결과를 검토·반성하여 두 번 다시 동일한 고객불만이 발생하지 않도록 유의한다.

 Tip **고객불만 처리에 유용한 '삼변주의'**

- 사람을 바꾼다. : 상급자에게 보고(예 판매사원에서 책임자로)
- 장소를 바꾼다. : 대화 분위기의 변화(예 매장에서 사무실이나 응접실, 고객상담실)
- 시간을 바꾼다. : 즉답을 피하고 잠시 냉각시간을 가진다.(예 따뜻한 차 한잔을 제공)

사례 : 현대해상, 불만고객을 명예사원으로 위촉

현대해상(대표이사 서태창)은 지난 1년간 VOC(Voice Of Customer, 고객의 소리) 시스템을 통해 접수된 고객의 불만 사례를 분석해 총 27가지의 서비스 개선사항을 발굴하고, 불만을 통해 서비스 개선의 계기를 제공한 고객 중에서 30명을 선발해 명예사원으로 위촉했다고 28일 밝혔다.

서울 광화문 본사에서 강북지역본부 관할의 명예사원 5명에게 CCO(Chief Customer Officer) 이성재 상무와 지역본부장인 김갑수 상무가 직접 명예사원증과 순금 1돈으로 제작된 순금명함패를 수여하는 등 전국 각 지역본부별로 'Thanks-VOC 명예사원' 위촉식을 가졌다.

이날 위촉된 명예사원들은 앞으로 1년간 현대해상 모니터로 활동하며, 현대해상의 각종 서비스를 우선적으로 체험한 후 실제 고객의 입장에서 서비스 이용 만족도를 평가하고, 개선 방향에 대한 의견을 제시하는 역할을 하게 된다.

현대해상 CCO 이성재 상무는 "'Thanks-VOC 명예사원'은 불만고객의 소리를 감추는 것이 아니라 오히려 그들의 목소리를 더 키워 소중한 경영자원으로 활용하고 차별화된 고객 서비스를 제공하고자 만든 제도"라며, "고객의 의견을 더욱 경청하는 기업문화를 조성하고 불만 속에 숨어있는 서비스 개선의 실마리를 찾기 위해 더욱 노력할 것"이라고 말했다.

[출처] 〈소비자경제신문〉, 2011년 9월 28일 자

학습평가 Quiz

1. 다음 중 불만고객 응대 시 분명한 증거나 근거를 제시하여 스스로 확신을 갖도록 유도하는 것이 좋은 불만고객의 유형은?

   ① 거만형   ② 의심형

   ③ 트집형   ④ 빨리빨리 형

2. 다음 중 '빨리빨리 형' 고객에 대한 응대로 적절하지 않은 것은?

   ① 이야기를 경청하고 바로 피드백하며 응대한다.

   ② 만사를 시원스럽게 처리하는 모습을 보이면 응대하기 쉽다.

   ③ "글쎄요?", "아마…", "저…" 하는 식으로 여지를 남겨둔다.

   ④ 향후 어떻게 처리하고 개선해 나갈지에 대한 내용을 확실히 얘기한다.

3. 다음 그림의 고객 불만 처리 프로세스를 완성하시오.

4. 고객불만 표현 유형에 알맞은 지침을 연결하시오.

거만형 •	• 이야기를 경청하고 맞장구 쳐주고 추켜 세워 준다.
의심형 •	• 정중하게 대하는 것이 좋다. 자신의 과시욕이 채워지도록 내버려 둔다.
트집형 •	• 애매한 화법을 사용하지 않는다. 만사를 시원스럽게 처리하는 모습을 보인다.
빨리빨리형 •	• 분명한 증거나 근거를 제시한다. 때로는 책임자로 하여금 응대하게 한다.

5. 고객 서비스의 정의 중 빈칸에 알맞은 말을 채워 넣으시오.

> 고객 서비스란 다양한 고객의 (   )를 파악하고, 대응법을 마련하여, 고객에게 양
> 질의 (   )를 제공하는 것을 말한다.

학습내용 요약 Review (오늘의 Key Point)

1. 고객 서비스란 다양한 고객의 요구를 파악하고 대응법을 마련하여, 고객에게 양질의 서비스를 제공하는 것을 말한다.

2. 고객만족을 추구하는 기업이라면 불만고객을 소중히 여기고, 이를 신속하게 처리할 수 있는 직원들의 자세와 시스템을 완비해야 한다.

3. 고객의 불만 표현 유형은 크게 4가지로 나눌 수 있다. 거만형은 자신의 과시욕을 드러내고 싶어 하는 사람으로, 보통 제품을 폄하하는 사람들이 많이 있다. 의심형은 직원의 설명이나 제품의 품질에 대해 의심을 많이 하는 사람이고, 트집형은 사소한 것으로 트집을 잡는 까다로운 고객을 말한다. 빨리빨리형은 성격이 급하고, 확신 있는 말이 아니면 잘 믿지 않는 고객을 말한다.

4. 고객불만 처리 프로세스의 8단계는
   '경청 → 감사와 공감 표시 → 사과 → 해결 약속 → 정보 파악 → 신속 처리 → 처리 확인과 사과 → 피드백'으로 이루어진다.

스스로 적어보는 오늘 교육의 메모

고객만족경영

Contents

Learning Objectives

1. 고객만족경영의 개념을 설명할 수 있다.

2. 고객만족 조사의 목적을 설명할 수 있다.

3. 고객만족 조사계획 수립 4가지를 설명할 수 있다.

4. 고객만족 방법 10가지를 설명할 수 있다.

13
Chapter

이야기 속으로 ...

아마존의 고객만족경영

인터넷의 가상 세계에서는 "총체적 고객 경험"의 만족이 무엇보다도 중요한 요소이다. 아래의 아마존 사례는 이러한 고객 경험을 고객만족으로 이끌어 내는 경영 방식으로 성공을 거두고 있다. 아마존은 지금도 '지구상에서 가장 큰 선택(Earth's Biggest Selection)' 이라는 슬로건을 내걸고 인터넷 비즈니스 세계에서 공격적인 판매활동을 펼치고 있으며, 1999년 아마존 1/4분기 보고서에 따르면 아마존의 네트워크 매출은 2억 9,360억달러로 원화로 환산하면 3개월 동안 네트워크 매출이 3,670억원에 이른다. 또한 전세계 160개국에 걸쳐 840만 명에 달하는 고객을 확보하고, 그 가운데 아마존을 통해 지속적으로 서적을 주문하는 사람이 전체의 절반을 넘는 66%에 달하고 있다고 한다. 이러한 성공의 비결을 아마존의 "고객 감동 서비스"에서 찾고 있다.

아마존은 흔히 '지상 최대의 가상서점'으로 일컬어지고 있다. 하지만 그 이상의 의미를 담고 있다. 아마존 웹사이트는 가장 폭 넓은 범위의 소매 거래를 경험하게 해준다. 아마존은 지속적으로 판매 방식을 개선해 나가고 있으며, 경쟁자들에 한 발 앞서 사업 모델을 발전시키고 있다. 아마존은 310만 명에 달하는 엄청난 열성 고객을 확보하고 있다. 아마존과의 사이에서 이루어지는 고객 경험이 너무나 만족스러운 나머지, 다른 곳은 쳐다보지도 않게 만드는 것, 이것이 바로 아마존의 성공을 설명하는 가장 중요한 요인으로 꼽고 있다. 다음은 이러한 아마존의 고객중심 경영의 구체적인 사례이다.

한국에 사는 P씨는 Amazon.com을 통해 몇 가지 책과 음반 CD를 주문했다고 한다. 아마존이 전자우편으로 재차 확인한 도착시간이 지났건만, 물건은 감감 무소식이었다. 애가 탄 그는 황급히 주문한 물건이 아직까지 도착하지 않았다는 전자우편을 아마존 측에 다시 보냈다. 아마존은 국제우편의 경우 고객이 주문한 물건을 컴퓨터로 정확하게 추적할 수 있는 시스템이 갖추어지지 않았음을 죄송하게 생각한다며, 그 다음날로 전세계 네트워크망을 보유한 FedEx를 통해 주문한 물건을 다시 보내주었다. 고객 P씨의 주장을 전적으로 신뢰했음은 물론 한 푼의 추가요금도 받지 않고, 다음과 같은 전자우편을 함께 보냈다. : "만약 첫 번째 발송한 물건이 도착했다면 아마존의 너그러운 선물이라 생각하고 그냥 받아주십시오. 혹시 그 책이 필요 없다면, 주변에 유익하게 사용할 수 있는 사람에게 전해주십시오."

[출처] http://tip.daum.net/question/48923453

13장에서는 고객만족경영의 유래 및 구성요소를 살펴보고, 고객 서비스 향상을 위해 필수적인 고객만족 조사에 대해서 학습한다. 또한 고객만족경영을 위한 주요 개념들을 살펴보고 구체적인 방안들을 학습해본다.

1. 다음 중 고객만족 조사계획과 관련한 설명으로 적절하지 않은 것은?

   ① 조사 분야와 조사 대상을 명확하게 설정해야 한다.
   ② 고객만족 조사 방법에는 설문조사, 심층면접법 등이 있다.
   ③ 고객만족 조사는 궁극적으로 종업원의 업무성과를 평가하는데 목적이 있다.
   ④ 보통 1회 조사로 고객만족 조사를 하는 경우가 많지만, 1회 조사는 실패하기 쉽다.

2. 고객만족 조사계획에서 수행되어야 할 것이 아닌 것은?

   ① 조사 분야 및 대상 결정
   ② 조사 인원 설정
   ③ 조사 방법 및 횟수
   ④ 조사 결과 활용 계획

3. 다음 중 고객만족 조사의 목적이 아닌 것은?

   ① 전체적 경향의 파악
   ② 평가목적
   ③ 개선목적
   ④ 고객통제

1. 고객만족경영의 이해

고객만족경영이란 두산 백과사전의 정의에 따르면, 경영의 모든 부문을 고객의 입장에서 생각하고 고객을 만족시켜 기업을 유지하고자 하는 신 경영기법으로, 1980년대 후반부터 미국과 유럽 등지에서 주목받기 시작하였다.

고객만족을 높이기 위해서는 고객의 기대를 충족시킬 수 있는 제품을 제공하고, 고객의 불만을 효과적으로 처리하며, 사원들의 복지향상과 일체감 조성 등 기업에 대한 사원만족도 필수요소이다.

고객만족경영이란 경영의 모든 부문을 고객의 입장에서 우선적으로 생각하고 진정한 의미에서 고객을 만족시켜 기업의 생존을 유지하고자 기업의 최종 목적을 고객만족의 향상에 두는 경영전략이라고 할 수 있다. 고객만족을 위해서는 고객이 기대를 충족시킬 수 있는 품질을 제공해야 하고, 고객의 불만을 효과적으로 처리해야 한다. 또한 고객만족을 위해서는 기업에 대한 종업원의 만족이 필수적이므로 사원들의 복지향상, 일체감 조성 등 사원만족도 아울러 뒤따라야 한다.

2. 고객만족 조사의 목적과 계획 수립

(1) 고객만족 조사의 목적

대부분의 고객만족 조사는 고객의 요구를 파악하고, 이를 비즈니스 프로세스에 입안하려는 의도가 보이지 않는 구성을 하거나 자사의 가시적인 성과만을 보여주려는 의도가 보인다. 사전에 고객의 요구도 파악하지 않고, 고객에 대한 지식이 전혀 없는 사람이 고객 조사 설문을 작성했을 때의 결과는 전혀 엉뚱한 결과가 될 것이다. 그야말로 형식적인 조사에 그치는 경우가 많다.

고객만족 조사의 목적은 고객의 주요 요구를 파악하여 가장 중요한 고객요구를 도출하고, 자사가 가지고 있는 자원을 토대로 경영 프로세스의 개선에 활용함으로써 경쟁력을 증대시키는 것이라고 할 수 있다. 결국 기업은 수익이 증대되고 품질향상으로 인한 유형 및 무형의 가치를 창출하게 된다.

고객만족을 측정하는데 있어서 많은 사람들이 오류를 범할 수 있는데, 그 유형을 정리하면 다음과 같다.

- 고객이 원하는 것을 알고 있다고 생각한다.
- 적절한 측정 프로세스 없이 조사를 시작한다.
- 비전문가로부터 도움을 얻는다.
- 포괄적인 가치만을 질문한다.
- 중요도 척도를 오용한다.
- 모든 고객들이 동일한 수준의 서비스를 원하고 필요하다고 가정한다.

(2) 고객만족 조사계획 수립

고객만족 조사를 적절히 수행하기 위해서는 적절한 조사계획이 수립되어야 한다. 고객만족 조사계획에서 수행되어야 할 것은 조사 분야 및 대상 결정, 조사 목적 설정, 조사 방법 및 횟수, 조사 결과 활용 계획으로 나눌 수 있다.

① 조사 분야 및 대상 설정

시장이 다양화되고, 제품 및 서비스가 점점 복잡화 함에 따라 조사 분야와 대상을 확실히 설정하는 것이 필요하다. 그렇지 않으면 정확히 측정하고자 하는 것에 대한 고객만족을 조사할 수 없게 될 것이다.

기업의 어떤 제품에 대한 고객만족인지, 아니면 서비스에 대한 고객들의 만족도를 조사할 것인지를 분명히 선정해야 한다.

② 조사 목적 설정

고객만족 조사의 목적은 크게 4가지로 나눌 수 있다.

㉠ 전체적 경향의 파악

    ⓐ 고객만족도 수준은 어떠한 상황에 있는지, 어떻게 변화하고 있는지, 어떠한 요인에 의해 결정되는지, 고객의 심리는 어떻게 되어 있는지 등 전체적인 관점에서 조사한다.

    ⓑ 객관성, 공평성, 과학적 합리성이 요구되는 조사가 실시되어야 한다.

㉡ 고객에 대한 개별대응 및 고객과의 관계유지 파악

    ⓐ 개별고객의 불만해소, 니즈 파악, 이후의 비즈니스 관련 정보입수 등이 중요

    ⓑ 조사대상의 선택은 무작위이어서는 안 된다. 중요한 고객을 우선해야 한다.

㉢ 평가목적

    ⓐ 포괄적인 질문, 상세한 질문은 불필요하다.

    ⓑ 평균치 계산으로 많은 목적이 달성된다.

㉣ 개선목적

    ⓐ 고객심리 및 평가의 결정요인의 해명 등이 분석의 대상

    ⓑ 가능한 한 고객의 감정에 따른 질문 작성이 요구되며, 비교적 상세한 질문 및 자유회답이 바람직하다.

③ 조사 방법 및 횟수

㉠ 조사 방법

고객만족 조사에 사용되는 방법으로는 설문조사, 심층면접법이 있다.

    ⓐ 설문조사

    • 고객만족을 측정할 수 있는 문항으로 구성된 설문지를 통하여 응답자들의 인식을 조사하는 방법이다.

    • 비교적 빠른 시간 내에 조사를 실시할 수 있다.

    • 조사 결과를 통계적으로 처리할 수 있다. 응답자들이 쉽게 알아들을 수 있는 말로 질문을 구성해야 한다.

ⓑ 심층면접법

- 조사자와 응답자 간의 일대일 대면접촉에 의해 응답자의 잠재된 동기, 신념, 태도 등을 발견하는데 사용한다.
- 30분에서 1시간 정도의 비교적 긴 시간이 소요된다.
- 다른 방법을 통해 포착할 수 없는 심층적인 정보를 경험적으로 얻을 수 있다.
- 독특한 정보를 얻을 수 있다.
- 인터뷰 결과를 사실과 다르게 해석할 수 있다.

ⓒ 조사 횟수

보통 1회 조사로 고객만족 조사를 하는 경우가 많이 있지만, 1회 조사는 실패하기 쉽다. 조사 방법이나 질문 내용이 부적절하기도 하고, 정확한 조사 결과를 얻기 어렵기 때문이다. 그래서 보통 연속조사를 하는 것을 권장한다. 연속조사 시 주의해야 할 사항은 다음과 같다.

- 조사 방법 및 질문 내용을 가능한 한 변경하지 않는 것이 필요하다. 조사에 생각하지 않은 영향이 있기 때문이다.
- 위험을 초래하지 않는 경우라며 조금씩 변경하거나, 일시적으로 예전의 질문과 새로운 질문을 병행시키는 등의 계획을 하는 것도 좋다.

④ 조사 결과 활용 계획

조사 결과 활용 계획은 앞선 조사목적과 일맥상통한다. 조사 결과를 평가에 반영하기 위한 것인지, 아니면 서비스나 제품을 개선하기 위한 것인지에 따라 활용계획은 달라질 것이다. 목적에 맞는 활용계획을 설정해 놓는 것이 조사의 방향에 일관성을 부여할 수 있다.

 Level up Mission

☎ 고객만족을 측정하는데 있어서 많은 사람들이 범할 수 있는 유형을 3가지만 적어보고, 그 이유를 팀원과 이야기 나누어보자.

1. _____

   _____

2. _____

   _____

3. _____

   _____

사례 : 최고의 서비스가 행해지는 위안의 공간

청주공항 고객감동 사례

떠날 때의 설렘, 도착의 안도감.

그동안 내 안에서 갖는 공항의 이미지는 이 두 가지였습니다. 그러나 지금은 '최고의 서비스가 행해지는 위안의 공간'이 아닐까 합니다.

3개월을 품고 있었던 우리 아가는 예정되었던 봄빛을 보지 못한 채 이 가을에 사라졌습니다. 초음파 기계를 이리 저리 저으며, "어, 이상하네.."라는 의사의 한 마디 이후, 며칠간의 기억 또한 함께 사라졌습니다. 그렇게 며칠을 보내고 이대로는 안 되겠다는 생각에 무작정 집을 나섰습니다.

청주에 내려와 산지도 10개월 정도가 흘렀지만 딱히 만날 사람도 없었고, 갈 곳은 더더욱 없었습니다. 무슨 정신으로 공항을 찾았는지는 모르겠지만 이제와 생각해보면 복잡한 심경을 떠나보내고 싶다는 마음이 공항으로 발길을 이끈 것 같습니다.

평일 오후의 청주국제공항은 꽤 한산했습니다. 딱히 목적이 있어 찾은 것이 아니었기에 공항을 어슬렁거리며 지친 몸과 마음을 쉬게 해줄 공간을 찾았습니다. 또르르 눈물이 흐를 것 같아 내 얼굴을 드러내지 않는 곳에서 머물고 싶었습니다. 구석구석을 돌아다니다 보니 위층에 커다란 창이 뚫려 있고 그 앞에 의자가 있었습니다. 큼지막한 창으로 적당한 햇살이 들어오고, 파란 하늘을 볼 수 있는 그곳은 여행을 떠나려는 사람들이 잠시 머물며 설렘을 발산하고, 소중한 사람들이 돌아오기를 기다리는 곳 같았습니다.

큰 창 너머로 보이는 하늘은 너무나도 맑았고, 1층에서 구입한 커피는 그때의 제 상황과는 달리 참 달고 맛있었습니다. 커피 몇 모금을 마셨을 때쯤 어디선가 아이 울음소리가 나서 돌아보니 신나게 달리던 아이가 넘어진 듯 했습니다. 아이엄마가 부리나케 달려와 달래주는 모습을 보고 있자니 이제는 뱃속에 없는 아기가 생각났습니다. 아가가 우리에게 찾아와 준 것을 확인한 날, 처음으로 아기 심장 소리를 듣던 날, 이제 부모가 된다는 생각에 남편과 마주보며 웃었던 날들이 하나하나 떠올랐습니다. 멀지 않은 기억들인데 참 아득하게 느껴진다는 그 '사실'에 참았던 눈물이 터졌습니다. 슬퍼하는 모습을 가족에게 보이면 모두에게 슬픔이 번져 나갈까봐 꾹꾹 참아왔던 감정들이 나를 모르는 이들로 가득한 낯선 공간에 오니 그제야 분출된 것입니다.

그렇게 어깨를 들썩들썩, 콧물을 찍찍 흘려가며 한참을 서럽게 울고 있을 무렵, 갑자기 누군가 툭툭 하고 어깨를 쳐서 돌아봤습니다. 복장과 분위기를 보니 아마 공항에서 일하시는 직원 분이 셨던 것 같습니다. 아까 지나가다가 보고 안 그래도 얼굴이 참 안 좋다고 생각했는데, 지금 보니 울고 있어서 그냥 지나칠 수가 없었다고 하셨습니다. 그리고 손에 쥐고 있던 사탕 하나와 티슈를 건네 주셨습니다. 힘내라는 한 마디와 함께.

서비스업계에서는 고객을 위한 봉사와 친절한 태도 등을 모토로 삼고 업무를 합니다. 저는 그동안 공항을 이용하면서 그들의 모토에 맞는 서비스를 받아 보았고, 그에 대한 감사한 마음을 품기도 했습니다. 그러나 '고객'의 입장에서 그들의 서비스를 당연하게 여겼던 것도 사실입니다. 서비스는 그들이 해야만 하는 '업무'라고 생각했기 때문입니다. 그러나 공항에서 겪은 이번 일을 계기로 그들이 고객에게 하는 '서비스'에 대한 진심의 농도에 대해 다시 한 번 생각을 하게 되었습니다. 공항을 찾는 모든 고객들 하나하나에게 관심을 갖고 눈여겨보며, 그들의 마음을 헤아리고자 한 그 서비스 정신이 있었기에 굳이 말을 걸지 않아도 됐을 상황이었음에도 저에게 따뜻한 말씀을 건네주셨다고 생각했기 때문입니다. 그것은 저에게 있어서 단순한 '말 한마디'가 아닌 정말 큰 '위안'이 되었기에 그 분에게 받은 서비스를 앞으로도 결코 잊을 수 없을 것입니다.

사람을 떠나게 하는 것도, 찾아오게 하는 것도 결국은 '사람'입니다. 청주공항은 공항을 찾은 사람을 위한 따뜻한 마음이 깃든 서비스가 있는 곳이기에 그 진심이 더 많은 이들의 발걸음과 마음을 끌어당길 것입니다.

[출처] 한국공항공사 홈페이지(www.airport.co.kr) 고객의 소리 中

3. 고객만족 방법

고객생애가치(CLV, Customer Lifetime Value)란, '한 소비자가 일생동안 얼마만큼의 이익을 가져다 주는가'를 돈으로 환산한 개념이다. 한 명의 고객이 줄 수 있는 가치는 생각보다 훨씬 크다. 한 명의 만족한 고객은 다른 어떠한 것보다 더 효과적인 광고 수단이기 때문이다. 고객 만족도를 향상시키는 10가지 방법은 아래와 같다.

① '고객이 원하는 것'은 고객에게 직접 물어보자.

고객이 무엇을 원하는지 모르고 최고의 서비스를 제공할 수는 없으므로 고객이 얼마나 서비스에 만족하고 있는지, 더 원하는 것은 없는지 주기적으로 체크하라. 고객에게 질문을 던지는 것만으로도 고객들은 만족감을 느낀다. 또한 이렇게 얻게 된 피드백은 향후 비즈니스를 어떻게 꾸려나갈지 정하는 데에 많은 도움을 준다.

② 만족도의 변화를 체크하자.

고객 만족도를 파악할 때는 여러 기간에 걸친 조사로 그 변화를 체크해야 한다. 한 번의 설문조사로는 고객의 만족도를 알 수 없다. 예를 들면, 설문조사를 통해 오늘 고객 만족도가 75%라는 결과가 나왔다고 해서 고객 만족도가 높다고 결론을 내릴 수는 없는 것이다. 평소에 고객 만족도가 85% 정도였다면, 75%는 절대 높은 수치가 아닐 것이다. 과거의 수치와 비교해보면서 끊임없이 고객 만족도를 향상시키기 위해 노력해야 한다.

③ 고객의 피드백을 바탕으로 서비스를 개선하자.

고객들의 피드백이 모두 서비스 개선에 도움을 주는 것은 물론 아니다. 하지만 고객의 피드백을 듣고 서비스에 변화를 줌으로써 소비자들의 반응을 볼 수 있으므로 긍정적인 효과를 기대해 볼 수도 있다.

④ 고객의 요구에 재빨리 대응하자.

신속하게 고객의 문의에 응답하는 것은 매우 중요하다. 전화를 이용할 수도 있고, 이메

일이나 SNS를 통해서 이뤄질 수도 있다. 어떠한 방법으로 이뤄지든, 고객의 문의에 최대한 빨리 답변을 해야 한다는 점은 한결같이 지켜져야 할 원칙이다.

'문의에 답변을 한다는 것'이 꼭 모든 문제를 해결해줘야 한다는 뜻은 아니다. 고객의 메시지에 신경을 쓰고 있다는 것을 보여주는 것만으로도 상당한 효과가 있다.

⑤ 고객 응대 시스템을 안정적으로 유지하자.

고객의 요구에 재빨리 대응하기 위해서는 안정적인 시스템을 구축할 필요가 있다. 문제가 터지고 난 후에는 이미 고객이 실망하고 떠났을지도 모르기 때문에 미리 대비하는 자세가 필요하다. 이메일이나 SNS에서 고객의 문의에 답변을 하거나 빈번하게 발생하는 문제를 해결하는 전담 팀을 만드는 것도 하나의 방법이다.

⑥ 불만 사항이 접수되면 겸허히 받아들이자.

아무리 회사나 직원이 잘못한게 없어 보여도, 고객들이 불만족스러워 한다는 사실에는 변함이 없다. 고객들은 긍정적인 평가보다 부정적인 평가에 더 민감하다. 그렇기 때문에 불만 사항이 접수되면 문제가 없다는 점을 피력할 것이 아니라, 귀 기울여 듣고 정중히 사과하는 것이 훨씬 더 좋은 결과를 낳을 수 있다.

⑦ 고객에게 지속적으로 정보를 제공하자.

만약 고객이 문의를 했는데 곧바로 답변을 줄 수가 없는 상황이라고 해도, 지금 처리 중이니 나중에 연락을 달라는 식으로 매듭지어서는 안된다. 계속해서 일이 어떻게 진행되어가고 있는지 설명해주어야 한다. 예를 들면, 고객이 홈페이지 로그인이 안 된다고 문의했는데, 담당하는 개발팀이 부재중일 경우가 있겠지만 고객에게 현재 어떤 상황인지 알리고 문제가 해결되기까지 어느 정도의 기간이 소요될 것인지 구체적으로 전달해야 한다. 문제가 해결된 후에도 고객에게 바로 통보해주고 또 다른 문제는 없는지 확인하면 고객의 만족도를 더 높일 수 있을 것이다.

⑧ 상담 전화 대기 시간을 줄이자.

고객들은 불평 접수를 하거나 궁금한 것이 있어서 전화 거는 것을 굉장히 싫어한다. 대

기 시간도 긴데다 문제 상황을 해결해줄 수 없는 부서와 연결되어 같은 말을 반복하는 것이 다반사이기 때문이다. 그러므로 문의 전화에 응대하기 위한 시스템을 구축할 때는 대기 시간이 너무 길어지지 않도록 하는 것이 좋다.

⑨ 단골 고객에게 더 많은 관심을 기울이자.

모든 고객은 중요하지만 오랫동안 여러분의 서비스를 각별히 사랑해준 고객이 있다면 당연히 더 많은 관심을 기울여야 한다. 고객의 이름이나 직업같은 개인적인 사항들을 기억하는 것만으로도 고객은 자신이 대우받고 있다는 느낌을 받는다. 단골 고객은 반복해서 구매를 한다는 점은 물론, 주변인에게 추천을 하기도 한다는 점을 고려한다면, 고객에 대한 작은 관심은 미래를 위한 내실 있는 투자라고 볼 수 있다.

⑩ 직원 교육을 철저히 하자.

최고의 서비스는 직원 몇 명이 하는 것이 아니라 모든 직원이 마음을 합쳐야 하는 것이다. 그렇기 때문에 고객 서비스에 대한 중요성을 잘 이해하고 있는 사람을 고용하고, 직원들을 상대로 정기적인 고객 응대 교육을 시행해야 한다. 고객에게 불만 사항이 접수되고 특정한 조치를 취했다면, 다른 직원에게도 이 내용이 전달되도록 해야 한다. 비슷한 문제가 발생했을 때 모든 직원이 효과적으로 대응할 수 있기 때문이다.

Level up Mission

☎ 여러분이 최근 경험했던 고객만족 사례를 세 가지만 적어보고 팀원들과 이야기 나누어보자.

1. _____

2. _____

3. _____

사례 : 페덱스의 고객생애가치

세계적인 물류 서비스업체인 '페덱스(FedEx)'의 직원들은 고객을 대할 때 항상 이 고객생애가치를 고려한다고 한다. 고객 한 명의 가치가 1회의 택배 비용인 5,000원이 아닌, 그 이상의 가치로 인식한다는 뜻이다.

예를 들면, 한 명의 고객이 자사의 서비스를 이용하게 되면, 한 달에 3회, 그리고 평생 50년간 서비스를 이용한다고 가정하자. 그렇다면 그 고객의 가치는 1회의 택배 비용인 5,000원이 아닌, 5,000원 × 3회 × 50년이 되는 것입니다. 즉, 900만원이 되는 것이다. 또한 이 고객이 서비스에 만족해서 다른 고객에게 추천을 할 수도 있다. 그렇다면 그 가치는 더 어마어마해지게 된다.

[출처] http://blog.wishket.com

학습평가 Quiz

1. 다음 중 고객만족을 측정하는데 있어 많은 사람들이 범하는 오류가 아닌 것은?

   ① 고객이 원하는 것을 알고 있다고 생각함
   ② 적절한 측정 프로세스 없이 조사를 시작함
   ③ 전문가로부터 도움을 얻음
   ④ 포괄적인 가치만을 질문함

2. 고객만족도를 향상시키는 방법이 아닌 것은?

   ① 만족도의 변화를 체크하자.
   ② 불만 사항이 접수되면 사실여부를 확실히 한다.
   ③ 상담 전화 대기 시간을 줄이자.
   ④ '고객이 원하는 것'은 고객에게 직접 물어보자.

3. '고객만족도 수준은 어떠한 상황에 있는지'를 조사하는 것은 아래 내용 중 어느 것에 속하는가?

   ① 전체적 경향의 파악   ② 평가목적
   ③ 개선 목적   ④ 고객통제

4. 고객만족 조사에서 이루어져야 할 4가지 항목을 적으시오.

   (   ), (   ), (   ), (   )

5. 고객만족경영이란 무엇인가?

학습내용 요약 Review (오늘의 Key Point)

1. 고객만족경영이란 경영의 모든 부문을 고객의 입장에서 우선적으로 생각하고 진정한 의미에서 고객을 만족시켜, 기업의 생존을 유지하고자 기업의 최종 목적을 고객만족의 향상에 두는 경영전략이라고 할 수 있다.

2. 고객만족 조사의 목적은 고객의 주요 요구를 파악하여 가장 중요한 고객요구를 도출하고, 자사가 가지고 있는 자원을 토대로 경영 프로세스의 개선에 활용함으로써 경쟁력을 증대시키는 것이라고 할 수 있다.

3. 고객만족 조사계획에서 수행되어야 할 것은 조사 분야 및 대상 결정, 조사 목적 설정, 조사 방법 및 횟수, 조사 결과 활용 계획으로 나눌 수 있다.

4. 고객만족 방법에는 다음의 10가지가 있다.
   ① '고객이 원하는 것'은 고객에게 직접 물어보자.
   ② 만족도의 변화를 체크하자.
   ③ 고객의 피드백을 바탕으로 서비스를 개선하자.
   ④ 고객의 요구에 재빨리 대응하자.
   ⑤ 고객 응대 시스템을 안정적으로 유지하자.
   ⑥ 불만 사항이 접수되면 겸허히 받아들이자.
   ⑦ 고객에게 지속적으로 정보를 제공하자.
   ⑧ 상담 전화 대기 시간을 줄이자.
   ⑨ 단골 고객에게 더 많은 관심을 기울이자.
   ⑩ 직원 교육을 철저히 하자.

참고문헌

- 〈5가지 팔로워십 유형〉, 박정민, 리더스인사이트그룹, 2011
- 〈CEO도 반하는 평사원 리더〉, 마크 샌번 저, 안진환 역, 비전과 리더십, 2007
- 〈간호사의 팀워크가 직무만족에 미치는 영향〉, 강소영 외, 2014
- 〈갈등관리와 협상전략〉, 백종섭, 창민사, 2015
- 〈고객 서비스 실무〉, 심윤정 · 신재연 저, 한올, 2013
- 〈관광서비스 매너〉, 나태영 외 공저, 한올, 2013
- 〈기초직업능력 프로그램〉, 한국산업인력공단, 2016
- 〈대인관계능력〉, 박경록 · 이철규, 한올, 2017
- 〈대인관계능력〉, 이재희 외, 양성원, 2016
- 〈대인관계능력 : NCS 기초직업능력 프로그램 교수자용 매뉴얼〉, 한국산업인력공단
- 〈리더십 프레임〉, 이재희 저, 한올, 2016
- 〈리더십〉, 임창희 · 홍용기 저, 비엔엠북스, 2011
- 〈리더십의 이해〉, 백기복 외, 창민사, 2009
- 〈말콤 볼드리지 성공법칙〉, MAP자문단 저, 김영사, 2005
- 〈비즈니스 협상 전략〉, 송이재, 경성대학교 출판부, 2014
- 서울시 갈등관리매뉴얼 2012
- 〈설득의 심리학〉, 로버트 치알디니 저, 이현우 역, 21세기 북스, 2002
- 〈아주 특별한 경영수업〉, 예종석 저, 리더스북, 2006
- 알더퍼의 ERG이론, 장한별
- 어떻게 탁월한 팀이 되는가 슈퍼팀, 코이 뚜 저, 이진구 역, 한국경제신문, 2014
- 〈유능한 관리자〉, 마커스 버킹엄 저, 한근태 역, 21세기북스, 2009
- 〈최고의 협상〉 로이 J, 레위키 저, 김성형 역, 스마트비즈니스, 2005
- 〈카네기 인간관계론〉, 앤드류 카네기, 씨앗을 뿌리는 사람들, 2007
- 〈코액티브 코칭〉, 김영순 옮김, 김영사, 2016
- 〈코칭 입문 교육〉, 최현국 저, PMA코칭센터, 2017
- 〈팀워크 툴박스〉, 김준성 외, 밥북, 2016
- 〈팔로워십, 리더를 만드는 힘〉, 신인철 저, 한스미디어 , 2007
- 〈하버드 협상 수업〉, 왕하이산, 이지북, 2016

- 〈한국형 협상스킬〉, 이재현 외, 형설아카데미, 2015,
- 〈협상의 공식〉, 남학현, 고려원북스, 2016
- 〈협상의 기술〉, 짐 토머스 저, 이현우 역, 2007
- 뇌신경연결을 만드는 '반복의 힘' 2017. 3 brainup
- 변화에 저항하는 사람들의 4가지 유형, 작성자 솔개
  《성공을 퍼트려라(Scaling up Excellence)》의 내용을 참고
- 〈소비자경제신문〉, 2011년 9월 28일 자
- 주간경제 818호, LG경제연구원
- 조직 갈등 관리, 체질과 문화에 대한 개념을 이해해야 …, 작성자성과경영연구소
- 중앙시사매거진. 심영섭의 심리학 교실 l 인간은 무엇으로 움직이나? 동기심리학의 세계
  - 물통에 물을 채우기보다 인간의 마음에 불을 지펴라 - 2015.12.27
- 충청타임즈 심리학으로 보는 세상만사 - 양철기 박사(2014.07.21)
- 한국경제신문 2013년 11월 8일 자
- [네이버 블로그/지식백과] 미디어 리더십(미디어 경영·경제, 2013. 2. 25., 커뮤니케이션북스)
  리더십 이론
- [네이버 블로그/지식백과] 인간의 가장 본능적인 욕구는 무엇일까? - 매슬로우의 인간 욕구 5단
  계 이론
  (시장의 흐름이 보이는 경제 법칙 101, 2011. 2. 28., 위즈덤하우스)
- '맛집' 등장에 유명 브랜드 몰락…고개숙인 외식업계 아시아경제 오주연 기자, 2016.11.18
- http://blog.naver.com/gnrbon/220889834096 대인관계의 중요성
- http://blog.naver.com/trues7/220737984841 [출처] [인재경영] 한화,난임 여성에 시술비…경남은
  행, 출산휴가 휴일빼고 120일…삼성,저염식 저칼로리 식단 제공l작성자 열린마음 리더십
- http://blog.naver.com/sorcier008/155179886 블링크의 블로그
- http://blog.naver.com/sunstar000/220859959913
- http://blog.naver.com/warmspeech3/220876710366, 동기부여
- http://cafe.naver.com/ohtour/3012 코닥의 몰락
- http://www.charmvitpartners.com
- http://kin.naver.com/qna/detail.nhn?d1id=11&dirId=1112&docId=221254571&qb=66as642U7Iu
  t7J2YIOygleydmA==&enc=utf8&section=kin&rank=5&search_sort=0&spq=0&pid=TLHIvspVu
  FRssc/7TrdssssssCK-367930&sid=cUCbIBGZ5x8bqcTZY8BZzw%3D%3D
- http://kin.naver.com/qna/detail.nhn?d1id=4&dirId=404&docId=51314922&qb=66as642U7Iut7J
  2YIOygleydmA==&enc=utf8&section=kin&rank=2&search_sort=0&spq=0&pid=TLHIvspVuFR
  ssc/7TrdssssssCK-367930&sid=cUCbIBGZ5x8bqcTZY8BZzw%3D%3D

- http://lgljk.blog.me/130128367128 [출처] 변화를 거부한 1등기업 _ 131년 코닥의 몰락!!!! 작성자 이정관 비즈니스코치
- http://rhkdghz2.blog.me/220684673419 매슬로우의 욕구 5단계 이론
- http://www.disciplen.com/View.asp?BID=2046 국제제자 훈련원 [리더십] 535호 - 감정은행 계좌의 6가지 적립방법
- http://www.wpcon.co.kr/index.php(WISE POST Partners)ㆍ변화관리란 무엇인가?
- https://ko.wikipedia.org/ 변화관리
- https://subokim.wordpress.com/2012/10/30/changmgmt/ 변화관리 체크리스트. 사람을 행복하게 하는 기술연구소
- www.wisdom21.co.kr
- 한국공항공사 홈페이지(www.airport.co.kr)

    http://blog.wishket.com

    http://tip.daum.net/question/48923453

NCS 대인관계능력

초판 1쇄 발행   2018년 1월 10일
재판 1쇄 발행   2019년 2월 20일
재판 3쇄 발행   2024년 2월 10일

저 자   권인아 · 오정주
펴낸이   임 순 재
펴낸곳   **(주)한올출판사**
등 록   제11-403호
주 소   서울시 마포구 모래내로 83(성산동 한올빌딩 3층)
전 화   (02) 376-4298(대표)
팩 스   (02) 302-8073
홈페이지   www.hanol.co.kr
e-메 일   hanol@hanol.co.kr
ISBN   979-11-5685-599-6